David Grossman

Der geteilte Israeli

Über den Zwang, den Nachbarn nicht zu verstehen

Aus dem Hebräischen
von Barbara Linner

Carl Hanser Verlag

Die hebräische Originalausgabe ist unter dem Titel
Nochahim Nifkadim (Absent Presentees)
1992 beim Verlag Hakibbuz Hame'uchad erschienen
und wurde für die deutsche Ausgabe:
vom Autor geringfügig gekürzt.

1 2 3 4   95 94 93 92

ISBN 3-446-17064-2
© David Grossman, Jerusalem 1992
Alle Rechte der deutschen Ausgabe:
© Carl Hanser Verlag München Wien 1992
Satz: Fotosatz Otto Gutfreund GmbH, Darmstadt
Druck und Bindung: Franz Spiegel Buch GmbH, Ulm
Printed in Germany

»Die Juden wissen nicht genug über uns. Sie wollen nicht einmal wissen, daß es hier ein anderes Volk gibt. Wer interessiert sich dafür, was ich empfinde? Wer wird überhaupt dein Buch über uns lesen wollen? Aber wir sind auch schuld, denn wir haben gar nicht versucht, sie wissen zu lassen, wer wir sind. Wir haben verzichtet. Vielleicht weil wir so ein Gefühl haben, daß die Herrschenden sowieso alles über uns wissen. Sie sind die Patrone, so scheint es, der Geheimdienst, der Staat, das Unterrichtsministerium, und dem Anschein nach haben sie für uns schon von vornherein alles festgelegt. Sie haben für uns bereits die Zukunft geplant, und uns bleibt nichts anderes übrig, als diesen Weg zu gehen, den sie vorgezeichnet haben. Und wirklich – wir gehen ihn. Das ist eine Abwertung, und das ist das Unrecht, das wir uns selbst zufügen.

Aber die Juden müssen unsere wahren Gedanken kennen. Unsere Bestrebungen haben wir schon zum Ausdruck gebracht, und es ist nichts dabei, was die Juden verletzen könnte, man kann es ganz offen und ohne jede Verstellung sagen: wir lieben die Juden nicht, wir sind nicht glücklich, kein ›ach, wie ist das schön, daß sie hier sind‹. Aber sie sind hier, und damit werden wir leben, leben müssen. Und wenn wir nicht aufrichtig mit uns sind – werden wir untergehen. Wenn wir uns verstellen und darüber nachdenken, wie wir nach außen hin nett sein könnten – dann haben wir die ganze westliche Politik verinnerlicht und unsere Identität wird völlig verschwinden.«

(Muhammad Darausche, 28, Ichsal)

Vorwort

In einer warmen Nacht im Juli 1991 besuchte ich das Jugendlager im Lavi-Wald. Israelische Jungen und Mädchen, Juden und Araber, standen da und diskutierten miteinander über die Einstellung des Staates zu seinen arabischen Bürgern, darüber, wie die Araber vor der komplizierten Situation Israels die Augen verschlossen, über die Art und Weise, wie die Armee die Intifada bekämpfte – mit größtem Zorn und der ganzen Heftigkeit ihrer Jugend brachten sie ihre berechtigten Argumente vor, die von allzu häufigem Gebrauch schon ganz abgenutzt waren. Ich sah sie mir genau an: Dem Aussehen nach konnte ich nicht sagen, wer Jude und wer Araber war. Ihre Gesichtszüge ähnelten sich, Kleider und Haare trugen sie nach dem Diktat der gleichen Mode, sogar die Mimik und das Hebräisch, das sie sprachen, waren gleich, nur die Aussprache war verschieden. Ich erinnerte mich, selbst schon einmal an einem solchen Jugendlager teilgenommen zu haben, als ich ungefähr in ihrem Alter war, in Akko. Damals, vor über zwanzig Jahren, unterschieden wir uns vielleicht in Kleidung, Sprache, im Grad der Heftigkeit während der Diskussion voneinander, aber im Prinzip hat sich seitdem nichts geändert – die Intensität der beiderseitigen Empfindungen, das immense Bedürfnis danach, gerade dieser bestimmte Mitmensch möge dich verstehen und eine Bestätigung für deine Empfindungen abgeben, und die Verwirrung, die Täuschung – denn einmal war er zu nahe, ein andermal zu fern, und wie konnte sich jemand, der so nah war, so in mir täuschen, und wie konnte jemand, der so weit entfernt war wie er, mich so kennen...

Auf einmal öffnete sich der Kreis der Debattierenden ein wenig. Ein etwa vierzehnjähriger Junge, der außerhalb stand, wurde in meine Richtung geschoben, gefolgt von einem an- und abschwellenden Raunen. »Das ist der, der davongelaufen ist«, sagte jemand halblaut, und sofort erstarb die Diskussion.

»Wir haben den ganzen Tag mit ihm zusammengesessen, drei Juden und drei Araber«, erklärte ein Junge mit Namen Ittai. »Wir haben mit ihm geredet, wir haben ihm das Denken ausgetrieben.«

Der Junge, mit Namen M., hörte zu, was über ihn gesagt wurde. Er war etwas überdimensioniert, bleich, mit zurückhaltenden Bewegungen, sein Blick reifer als sein Alter.

»Es hat mich getroffen, daß M. weggelaufen ist«, sagte Sana aus Akko, »aber es war mir wichtig, daß er hierbleibt, daß wir die Vorurteile zusammen angehen. Denn es gab hier zwei jüdische Jungen, Jemeniten, die beschlossen, nach Hause zu fahren...«

Laute der Zustimmung von Juden wie Arabern, ein leichter Anflug von gemeinschaftlichem Stolz. Ich fragte M., weshalb er ins Lager gekommen sei.

»Um Spaß zu haben, was sonst. Zur Erholung«, antwortete er in sich gekehrt, schien aber trotzdem nicht unter dem allgemeinen Interesse an seiner Person zu leiden: »Ich habe gelesen, daß das ein Gemeinschaftslager für Juden und Araber ist, aber ich habe nicht kapiert, daß das wirklich Juden und Araber zusammen heißt. Davor, wie soll ich sagen, ich habe mich nicht gerade darum gerissen, mit Arabern zusammen zu sein...« Während er sprach, waren die anderen verstummt, angezogen von seiner irgendwie freimütigen Art: »Ich kam hier an und sah sofort, daß das sehr gemeinschaftlich ist. Mehr, als ich dachte. Die ganze Zeit sind wir mit ihnen zusammen. Sogar in der Nacht. Und ich habe mich gleich nicht wohlgefühlt.«

Ein arabischer Junge namens Bassel fragte, ob er vorher Araber gekannt habe.

»Ja, ich war schon mal mit Arabern zusammen, aber nicht so. Ich war mit den Arbeitern meines Großvaters zusammen. Aber mit ihnen war es anders, und hier wurde mir klar, na, daß mir diese Idee nicht unbedingt gefiel, daß man zusammen schlafen muß. Ich und sie, wirklich im gleichen Zelt.«

»Mich hat es nicht gestört, zusammen mit Juden in einem Zelt zu schlafen«, bemerkte Bassel.

»Mich nur am Anfang«, sagte Rula aus Taibe, »denn bei uns daheim im Zelt waren immer alle aus der Familie, und plötzlich mußten wir zusammen mit Fremden schlafen.«

»Ich . . .« M. zögerte: »In der Nacht habe ich gemerkt, daß ich nicht mehr kann . . . Ich ging hinter die Zelte, bis ich ein Loch im Zaun fand, und bin raus.«

Ich dachte an den Weg, den ich durch den Wald zum Lager gefahren war: eine schmale, gewundene Straße zwischen Kieferstämmen, Lichtungen, Felsspitzen.

»Man hat uns gewarnt, nicht hinauszugehen«, sagte Ittai. »In dem Wald hier gibt es Wasserlöcher.«

»Es war am Abend, nach neun«, fuhr M. mit leiser und über seinen Bericht erstaunter Stimme fort, als ob er erst beim Reden begriff, daß die Geschichte *ihm* zugestoßen war: »Es war schon ganz dunkel. Niemand hat mich hinausgehen sehen. Ich bin durch den Zaun, gebückt, damit mich niemand sieht, und in den Wald hineingegangen.«

Die Jugendlichen hingen hypnotisiert an seinem weißen Gesicht. Die merkwürdige Geschichte ließ die Überheblichkeit der Jugend von ihnen abfallen, und für einen Augenblick sahen sie aus wie Kinder. Jenseits des kleinen, engen Kreises schien das Lager wie eine ferne Erinnerung: Lampen verbreiteten schwaches Licht über den Feldbetten, Möchtegernerwachsene kehrten auf dem Pfad vom Duschen zurück; in einem der Zelte produzierte sich ein Junge vor einem Mädchen, und auf dem benachbarten Bett, direkt neben ihnen, lag ein anderes Mädchen auf dem Bauch, vergraben in ein Buch.

»Aber wovor genau hast du Angst gehabt?« flüsterte Sana mit einer Haarsträhne im Mund.

M.: »Ich habe eben Angst gehabt, woher soll ich das wissen? Daß sie mich ausrauben, daß sie mir etwas tun, . . . ich habe mich wirklich nicht wohlgefühlt bei der Sache.« Er zuckte entschuldigend mit den Achseln. »Das heißt – in dem Zelt, wo ich der einzige Jude war, und alle um mich herum Araber. Daß man zusammensein muß, und zwar wirklich.«

»Und hast du gewußt, wo du hingehst?« fragte eine Stimme aus der Dunkelheit.

»Ungefähr . . . nicht genau. Ich ging dahin, wo ich glaubte, daß die Hauptstraße sei, und ich hatte vor, dort bis zum Morgen zu warten, einen Autobus zu finden und nach Hause, nach Jerusalem zu fahren.«

»Hast du den Weg gekannt?«

»Ich wußte, daß man hinuntergehen muß. Ich war auch ziemlich durcheinander.«

»Und hast du die Straße gefunden?«

»Die Polizisten haben mich schon an der Straße gefunden.«

»Sie haben ihn gefunden, er war völlig durcheinander und hat geweint«, flüsterte ein Mädchen hinter mir.

»Wie lange bist du so herumgeirrt?«

»Ich weiß nicht.«

»Und du hattest keine Angst im Wald?«

»Sicher hatte ich Angst«, sagte M., »aber im Zelt hatte ich noch mehr Angst.«

Das ist es, in Kürze, worum es in diesem Buch geht: um das gemeinsame Zelt, um die Angst, sich darin aufzuhalten, um das, was einen draußen erwartet, und um das, was die Nachbarn wider Willen, etwa vier Millionen Juden und neunhunderttausend Araber, tun, um sich nicht gemeinsam darin aufhalten zu müssen, und zwar wirklich.

1. Kapitel

Eines Morgens war die Stimmung der im ›midafa‹ – dem Empfangsraum für Gäste – im Hause Hassan Ali Massalha's in Kfar Kara auf den Matten lagernden Männer stürmisch erregt, und zwischen dem alten Hassan Massalha und seinem Sohn brach ein Streit aus; er sagte: »Die Palästinenser haben durch die Intifada nur verloren und werden weiter verlieren«, und sein Sohn sprang auf und hielt ihm entgegen: »Was ist schon wirtschaftlicher Verlust? Ist das ein Verlust? Es gibt jetzt Kultur dort! Werte! Keine Kriminalität! Keine Drogen!«, doch der Alte, der bequem auf einer dünnen Matte lag und sich auf ein besticktes Kissen stützte, tat seine Worte mit einer einzigen Handbewegung ab, und ein anderer Greis mit Namen Fahmi beugte sich inmitten des Tumults zu meinem Ohr und sagte: »Die Palästinenser werden einen Staat haben, aber wir, für uns ist der Zug schon abgefahren...« Und während ich noch notierte, erbebten plötzlich die Fenster des großen, möbellosen Raumes von einem lauten Knall, und ein mir unbekannter Blick flackerte über die Gesichter der Anwesenden, sprang wie ein Funke von einem Auge zum anderen; »es ist nur ein Flugzeug«, sagte ich beruhigend zu dem Mann neben mir, wie wir das in Jerusalem mit Erleichterung zueinander sagen, wenn ein starkes Explosionsgeräusch zu hören ist. »Ich weiß«, erwiderte der Mann ruhig, »es fliegt sicher in den Libanon.« Ich wollte ihn noch etwas fragen, aber da begann der Tumult von neuem, der Streit zwischen dem greisen Vater und dem zornigen Sohn, und jener Augenblick verlor sich wieder aus meinem Gedächtnis.

In Beit Hanina, nördlich von Jerusalem, in einer kleinen Siedlungswohnung voll sprießender Blumentöpfe, hatte mir Adel Mana'e aus dem Dorf Majd el Kurum im Galil die Geschichte seiner Kindheit erzählt, und sie fiel mir wieder ein.

Eine lange und harte Geschichte. Das Dorf leistete 1948 Widerstand gegen die israelische Armee, und nach der Eroberung versammelte die Armee die Dorfbewohner auf dem Hauptplatz, und laut Adel Mana'e erschossen die Soldaten vier von denen, die am Kampf teilgenommen hatten. Danach luden sie einige hundert Dorfbewohner in Autobusse, fuhren sie ins Wadi Ara, warfen sie mitten in der Nacht irgendwo hinaus und sagten: Nach Osten, und wer zurückkehrt – den erschießen wir. Mana'e selbst war damals ein Jahr alt, er wanderte mit seinen Eltern nach Nablus, nach Jordanien, Syrien, in den Libanon, hier begannen bereits seine ersten deutlichen Erinnerungen: wie sich ihnen dort im Flüchtlingslager weitere Familienmitglieder anschlossen, wie sich sein Vater über die Grenze nach Israel stahl, um Geld von der Großmutter und den Schwestern zu holen, die in Majd el Kurum geblieben waren, oder sich einschmuggelte, um ihnen bei der Oliven- oder Getreideernte im Sommer zu helfen.

»Anfang '51 ›immigrierten‹ wir nach Israel«, erzählte er. »Wir machten das, was ihr zur Mandatszeit (britisches Mandat über Palästina, 1920–1948) eine ›illegale Einwanderung‹ genannt habt. Wir kamen mit dem Boot von Sidon nach Akko, zusammen mit einigen anderen Familien aus dem Dorf. Der Onkel, Vaters Bruder, zögerte, sich unserer Einwanderung anzuschließen. Natürlich wollte er ins Dorf zurückkehren, aber er hatte Angst davor, was die Israelis dort mit ihm machen würden. Und er hatte auch Angst, weil viele getötet wurden, während sie versuchten, die Grenze zu überqueren. Als wir aufbrachen, blieb er dort in Ein el Hilwe zurück.«

»Und was ist seit damals aus ihm geworden?«

»Er heiratete und hat eine Familie dort. Zweimal haben wir einen Antrag auf Besuchserlaubnis für ihn gestellt – und die

Genehmigung erhalten, und er kam. Das letzte Mal war '82. Danach wurde es nicht mehr genehmigt. Heute gelingt es uns kaum mehr, die Verbindung mit ihm aufrechtzuerhalten. Wenn möglich, lassen wir ihm Briefe überbringen. Das ist alles. Wenn wir hören, daß die Luftwaffe im Libanon bombardiert hat, denken wir natürlich als erstes sofort daran, was mit ihm, was mit seinen Söhnen ist.«

Damals, mit einigen Wochen Verspätung, erreichte schließlich auch mich jener flackernde Blick der auf den Matten lagernden Männer im ›midafa‹.

In Nazareth erzählte mir Lutfi Masch'ur, der Herausgeber der Zeitung ›Assinara‹: »Meine Frau ist aus Bethlehem. Sie ist die Beute, die ich aus dem Sechs-Tage-Krieg mitgebracht habe, so daß bei dieser ganzen Eroberung auch etwas Gutes herausgekommen ist... Meine Töchter haben dort einen Großvater, den Vater meiner Frau. Einmal ging der Großvater auf die Zivilverwaltung und wollte seine Fahrerlaubnis erneuern lassen. Er ist fünfundachtzig, aber bei ausgezeichneter Gesundheit, und wollte weiter Auto fahren. Er kam also zur Verwaltung und sah dort Araber knien. Nicht auf beiden Knien, sondern nur auf einem. Und der Soldat sagte zu ihm: Mach das auch. Großvater sagte: Ich bin schon fünfundachtzig Jahre alt, du kannst mich erschießen, aber ich werde mich nicht hinknien. Der Soldat verzichtete darauf, sagte aber: Dafür gehst du jetzt alle durch und sammelst ihre Papiere ein. Es waren etwa dreihundert Leute. Und Großvater, der mit seinen fünfundachtzig Jahren die Beleidigung hinnehmen mußte, daß der junge Soldat ihn als Laufburschen benützte und er seinen knienden Brüdern auch noch die Papiere abnehmen mußte, sagte zu dem Soldaten: Du hast die Macht, also werde ich es tun, aber warum zwingst du sie, vor dir zu knien? Der Soldat erwiderte: Wie soll ich sie sonst alle sehen? – Hol eine leere Tonne und stell dich darauf. – Ich soll mich anstrengen?, lachte ihn der Soldat aus.

Und das müssen sich meine Töchter anhören. Dabei sind die Mädchen bereits in den Staat Israel hineingeboren, und jeden Tag hören sie eine neue Geschichte vom Großvater, von den Onkeln, und es reicht ihnen. Ich muß dir eins sagen, wir haben beschlossen, sie ins Ausland zu schicken, damit sie dort studieren, denn wenn sie hierbleiben, weiß ich nicht, was hier mit ihnen passieren würde. Sie haben die sechzig Stationen der Hölle durchlaufen, seit sie klein waren, mit Beleidigungen und Flüchen, in dürftigen Schulen, bei Durchsuchungen an Straßensperren und am Flughafen; und jetzt mit diesen Geschichten, die man mit ihrem Großvater macht, ich sage dir, mein Freund, wenn sie nur noch etwas länger hierbleiben, verlieren wir die Kontrolle über sie; wenn ich an ihrer Stelle wäre, ich wäre längst außer Kontrolle, und ich weiß nicht, was ihnen in Zukunft noch alles passieren wird. Was glaubst du: Wir haben hier eine neue Generation, eine Generation, die nicht mit unseren Ängsten lebt. Daß sie euch bloß nicht einmal die Rechnung präsentiert!«

In solchen Augenblicken wurde vor meinen Augen, wie aus einer photochemischen Lösung heraus, ein scharfes und detailliertes Bild entwickelt, das ich dem Anschein nach bereits hätte erkennen müssen. Schließlich wußte ich wie alle, daß die Palästinenser, die in Israel leben, weitverzweigte Verbindungen mit den Palästinensern in den besetzten Gebieten und den arabischen Ländern haben. Und ich kannte den historischen Hintergrund, ungefähr hundertsechzigtausend Araber waren hiergeblieben, etwa sechshunderttausend ihrer Verwandten waren geflohen oder vertrieben worden; und ich erinnerte mich auch sehr gut an das Heimweh der Flüchtlinge in den Lagern nach den kleinen Städten und Dörfern, aus denen sie vertrieben worden waren, und nach ihren Verwandten dort. Doch erst, als ich die leichten, unfreiwilligen Seufzer hörte, oder beim Anblick der Verfärbung der Gesichter der Menschen mir gegenüber, als ein Flugzeug über uns hinwegflog, konnte ich dieses Gefühl zum ersten Mal fast pur in meinem Innern spüren. Wieder und wieder gab es solche Augenblicke, zum Beispiel bei der Geschichte vom Sohn des Onkels, der in Nablus verschwand, nachdem er vom Militär zum Verhör abgeführt worden war, eine ganze Woche lang wußte man nicht, was aus ihm geworden war, und die gesamte Familie, in Schefar'am wie in Nablus, wurde fast verrückt vor Sorge; wie der Atem stockt, bis geklärt ist, welche Namen genau sich hinter den lakonischen Radionachrichten von Toten oder Verletzten während der ›Ordnungswidrigkeiten‹ in Jenin oder Ramalla verbergen; und was einem durch den Kopf geht, wenn ›alle unsere Flugzeuge wohlbehalten von einem Einsatz im Libanon zurückgekehrt sind‹.

»Mein palästinensischer Bruder dort«, sagte Hassan Ali Massalha, der korpulente, lächelnde alte Mann aus Kfar Kara, »ist nicht gegen meinen Staat; er ist nur gegen euer Regime dort. Er möchte leben. Ihr sollt meinen Bruder nicht töten. Ihr sollt ihn achten, dann werde ich euch achten. Dieses Blut ist kein Wasser.«

». . . Wie kommt es, daß ihr Juden so etwas nicht versteht«, sagte einer der jungen Anführer der Intifada im Dorf Barta'a zu mir: »Wenn es bei euch um Blutsbande geht, seid ihr bereit, bis nach Afrika zu fliegen und an einem Tag 15 000 Äthiopier dort herauszuholen, nur weil sie vor zweitausend Jahren eure Verwandten waren. Und wenn sie euch irgendwelche Juden in Brooklyn oder Belgien umbringen, macht ihr auf der Stelle ein Mordsgeschrei und Geheule.«

Und als es endlich – durch alle funktionalen Schutzschichten hindurch – ins Bewußtsein dringt, wie sehr die Palästinenser innerhalb Israels und in den besetzten Gebieten unter vielerlei Gesichtspunkten eine lebendige Einheit sind, ein organisches Gewebe, erwacht die Frage nach den Kräften der Selbstbeherrschung, die diejenigen aufbringen müssen, die in Israel sind, um sich weiterhin zu beherrschen. Sofort wird dieser Selbstbeherrschung gegenüber Verwunderung geäußert – sind sie zu einer Übereinkunft mit sich selbst gekommen?, haben sie dabei in Rechnung gestellt, was diese Selbstbeherrschung für sie bedeutet?, haben sie die Bedeutung dieser Zurückhaltung mit sich selbst geklärt und eine Erklärung für ihr Arrangement mit dem täglichen Leben in

Israel gefunden?, wie, um es so zu formulieren, finden sie sich mit der Tatsache ab, daß sie, Hunderttausende loyaler Bürger, mit ihrem Geld, ihren Steuern jenes Flugzeug finanzieren und die Bomben, die es trägt, und den Soldaten in Bethlehem, der den Großvater auslacht: »Ich soll mich anstrengen?«

»Nein, mir ist bei der Reaktion der Palästinenser in Israel auf die Intifada überhaupt nicht wohl«, sagte Azmi Bschara, gebürtig in Nazareth, der heute an der Spitze der philosophischen Fakultät der Universität Bir Zeit steht. »Paß auf: das ist nicht der gleiche Kampf. Es ist ganz sicher nicht der gleiche Preis. Es ist nicht einmal ein vergleichbarer Kampf zu dem in den besetzten Gebieten. In Jenin herrscht Ausgangssperre, die Leute leiden Hunger, und in Nazareth, zwanzig Minuten entfernt: das übliche Leben. Aber was soll's? Wir sind dafür *solidarisch* mit ihnen... Ich fühle mich schlecht dabei. Es widerstrebt mir. Ich glaube nämlich, daß es zwischen dem palästinensischen Nationalismus und dem beleidigenden Opportunismus der Häupter der arabischen Republiken einen Weg gibt, der uns als Bürger im Staate Israel leiten kann. Bürger in dem Maße, daß wir uns selbst etwas mehr *Solidarität* mit der Bevölkerung der besetzten Gebiete erlauben. Das heißt, daß ich beginne, mich ein wenig wie die israelische Linke zu verhalten. Na und? Und ich würde mich überhaupt nicht schämen, fünfzigtausend Araber in Tel Aviv aufmarschieren zu lassen. So wie sich Martin Luther King für seine fünfzigtausend Schwarzen in Washington nicht geschämt hat. Ich habe kein Problem damit, daß man mich einen Nationalisten nennen könnte: Ich bin kein Nationalist. Diese Schlagwörter sind nicht nationalistisch. Sie sind ganz und gar bürgerlich. Wenn der Getränkekonzern ›Tempo‹ alle arabischen Arbeiter aus seinen Reihen entfernt, rufe ich die arabische Bevölkerung im Lande auf, ihn gänzlich zu boykottieren! Wenn sie mich nicht wollen, soll ich dann vielleicht ihr ›Makkabi‹-Bier trinken?«

»Das heißt: interner arabischer Boykott?«

»Kein Boykott als Araber! Kein palästinensischer Boykott! Als Israeli habe ich nichts dagegen, wenn eine schwarze Masse in Tel Aviv aufmarschiert und die Ruhe der Stadt stört! Denn die Bewohner der besetzten Gebiete können das nicht tun, aber wir können es. Ich hätte Aufmärsche wie zu Beginn der Intifada organisieren müssen und können. Damals gab es genügend Massenimpuls für einen solchen Schritt. Aber unsere Führung stirbt vor Angst. Unsere Führerschaft fürchtet sich, denn all diese guten Juden, die für den ›Sektor‹ verantwortlich sind (auch dieses Wort, wie ›Solidarität‹, ist brechreizerregend), lächeln uns an und sagen mit dieser netten Stimme: ›Wollt ihr wie die in den besetzten Gebieten sein? Bitte, los, tut etwas, dann behandeln wir euch genau wie sie. Und denkt immer schön daran, daß nichts in unserem Verhältnis zu euch selbstverständlich ist, ihr seid letztendlich geduldete Gäste hier. Und Gäste kann man auch vor die Tür setzen.‹«

Er ist fünfunddreißig, hat schwarzes Haar, ein dunkles Gesicht und einen dicken Schnurrbart. Mit sechzehn organisierte er das Landeskomitee der arabischen Gymnasiasten hier, es war die erste nationale arabische Jugendbewegung in Israel. In den Morgenstunden nahm der junge Bschara seine Mappe, und anstatt in die Schule zu gehen – drehte er ›Arbeitsrunden‹ und organisierte die Gymnasiasten dort für den Kampf um ein gleichberechtigtes Ausbildungssystem.
»Wir bestreikten mehrmals die Schulen, eine sehr militante Geschichte. Wir konnten ganz entschieden eine Schule lahmlegen, ohne Probleme. Du mußt bedenken, es war keine einfache Zeit: '74 liefen wir mit der Kafiya (dem Palästinensertuch) herum. Es war die Zeit, in der Arafat vor den Vereinten Nationen sprach, in der die ägyptische Armee den Kanal überquerte, wir hatten sehr viel palästinensisches Pathos.

Heute? Heute gibt es einen Unterschied zwischen uns und den Palästinensern in den besetzten Gebieten. Unsere Erfahrungen sind bereits verschieden von den ihren. Und auch das Pathos ist ein anderes. Sie sind fähig, einen gewalttätigen

Kampf gegen euch zu führen. Wir schon nicht mehr. Nicht wegen des Schin Bet (Geheimdienst), sondern weil wir selbst nicht mehr in der Lage sind, darin eine Möglichkeit zu sehen. Das widerspricht bereits dem Temperament unserer Bevölkerung, die Jahrzehnte mit euch zusammengelebt hat, und sie ist schon ein Teil der Wirtschaft, der Lebenserfahrung und einer Million anderer Dinge. Die Araber hier sind ein integraler Bestandteil eurer ganzen Geschichte, auch wenn ihr das noch nicht verstanden habt. Als die Intifada begann, mußten wir eine schnelle und klare Entscheidung fällen: Sind wir ein Teil davon oder nicht. Punkt. Und wir haben entdeckt, daß sich unsere Bestrebungen hier von den Bestrebungen der Palästinenser in den besetzten Gebieten unterscheiden. Aber in einem Punkt gibt es keinen Unterschied: Von eurer Warte aus sind sowohl wir als auch sie Fremde hier. Nicht erwünscht. Abgelehnt. Und daher sage ich, daß die alte Haltung der Araber in Israel zum Staat Schiffbruch erlitten hat. Man darf nicht so weitermachen. Gerade wegen der Fremdheit, in die ihr mich hineindrängt, gerade deswegen, weil ich Angst habe, gerade deswegen, weil eurer Meinung nach nichts an eurem Verhältnis zu uns selbstverständlich ist, muß es auch mir erlaubt sein, daß mein Verhältnis zu euch nicht von vornherein so selbstverständlich sein muß. Ich erwähnte vorhin Martin Luther King; als dieser Mann in den 60er Jahren in Amerika die Bewegung für die Gleichberechtigung organisierte, forderte er die totale Gleichberechtigung. Punkt. Eine Gleichberechtigung, die bis hin zu einer Positivdiskriminierung der Schwarzen reichen sollte, um das jahrzehntelange Unrecht wiedergutzumachen. Gleichzeitig hatte er keinerlei Probleme damit zu schreien ›I AM A PROUD AMERICAN‹ – das heißt, der Staat war auch für ihn als Schwarzen seiner. Und jetzt frage ich mich, ob die Indianer in Amerika so etwas machen könnten. Ob der Indianer aus ganzem Herzen schreien könnte: Ich bin ein stolzer Amerikaner.«

»Und du bist in diesem Beispiel der Indianer.«

»Ich denke schon. Unter diesem Aspekt sind sich der Palästinenser in den besetzten Gebieten und ich gleich. Man will uns beide nicht. Und ich stecke auch noch in einem absoluten Dilemma: Ich muß ein loyaler Bürger in einem Staat sein, der von sich selbst erklärt, daß er nicht mein Staat ist, sondern der Staat des jüdischen Volkes, nun sag selbst.«

Ein kräftiger Mann, empfindsam, von Geburt an »dagegen«; mit wilden Bewegungen erweckt er das Gefühl, daß ständig ein Kampf in ihm tobt. Er lebt in Nazareth, Jerusalem, Bir Zeit. Er liebt große Städte und ambivalente Menschen. »Am allergefährlichsten sind – die gesunden und mit sich selbst zufriedenen Menschen, Menschen ohne Widersprüche, vor ihnen nehme ich mich in acht. Auch Berlin habe ich geliebt, als es geteilt war. Jetzt – ich kann es nicht mehr betreten. Es hat mich enttäuscht. Es ist normal geworden.«

»Und eine Verbundenheit mit der Erde hier, fühlst du die?« fragte ich. »Eine Beziehung zur Natur, zur Landschaft? Gibt es irgendeinen Ort in Israel, den du besonders liebst?«

Er stieß ein langes, herzhaftes Lachen aus: »Hättest du vielleicht gerne, daß ich Karmiel gegenüber etwas empfinde? Afula? Es gibt nichts Graueres als diese Orte. In jeder Hinsicht. Diese Ablehnung findest du bei mir schärfer ausgeprägt als bei israelischen Arabern, die die Situation und die Erfahrung schon etwas verdaut haben, die hier geheiratet haben und Kinder haben und am Wochenende an den Strand fahren. Ich fahre am Wochenende nicht an den Strand. Ich kenne die Strände dieses Staates nicht. Ich hasse den israelischen Strandtyp. Er hat etwas Arrogantes, Gewalttätiges, Protziges, ich kann ihn nicht ertragen. Ich fühle mich fremd unter Israelis. Es ist nicht nur, daß ich blinde Flecken statt der jüdischen Siedlungen auf der Landkarte habe. Ich habe auch ein großes Loch, was die Natur angeht. Man redet immer von der Natur- und Erdverbundenheit der Palästinenser. Ich habe keinerlei Beziehung zur Natur, nicht zu Wäldern, nicht zu Bergen, und ich kenne keine Namen von Pflanzen und Bäumen wie meine israelischen Freunde. In den arabischen

Liedern in Israel tauchen alle Pflanzennamen auf ... und ich kenne sie nicht, kann sie nicht auseinanderhalten, und es ist mir egal, welche welche sind. Für mich ist diese Natur irgendwie der jüdische Nationalfonds (Fonds der zionistischen Bewegung für Grunderwerb und Landesentwicklung), der ›Keren Hakayemet‹. Die ganzen Wälder und ihre Pflanzen sind ein einziger ›Keren Hakayemet‹. Das ist alles künstlich und falsch. Stell dir vor, ich gehe in den Hügeln herum, einfach so spazieren, und plötzlich kommt ein ›Hüter der Natur‹ und fragt mich, was ich da mache?«

Als ich ihn zum ersten Mal traf, vor Jahren, empfand ich sein Aussehen als irgendwie bedrohlich. Ich zwinge mich, das hier zu schreiben, denn das ist schließlich ein Teil des Themas: irgendwie arabisch bedrohlich, ich dachte: mit seinem dunklen Gesicht, seinem dicken Schnurrbart, mit der Aggressivität, die ich ihm zuschrieb, stellte er für mich in meinem Dunstkreis von Angst und Befangenheit in groben Umrissen ›den Araber‹ dar. Seit damals denke ich jedesmal daran, wenn sich unsere Wege kreuzen: es liegt eine spezielle Befriedigung in dieser Demontage des gesamten Stereotyps, das er verkörpert, die Befriedigung des Siegs über die eigene Schwäche.

Ich fragte, wie seiner Meinung nach die Palästinenser in den besetzten Gebieten dem Dilemma der in Israel lebenden Araber gegenüberstünden.

»Im Augenblick beginnt bei ihnen gerade die Verachtung. Doch, doch. Vor der Intifada war es das Gegenteil: Bewunderung. Und in einer gewissen Periode sogar falsche Bewunderung. Eine Bewunderung, die das arabisch-israelische Experiment überbewertete. Ich zum Beispiel bin auf gar nichts stolz. Auf was sollten wir denn so stolz sein? Darauf, daß die Araber in Israel nichts von irgendwelcher Bedeutung aus ihrer Mitte hervorgebracht haben? Keine Kultur, keine Elite, nichts. Ihre intellektuelle Verfassung ist erschütternd Auf was soll man stolz sein? Darauf, daß sie ›gestandenen‹ Berufen nachrennen, Geld und noch mal Geld? Auf das

Fehlen der geistigen Dimension? Es gibt keinen einzigen Intellektuellen, auf den ich stolz wäre. Kein Philosoph, nicht ein einziger Schriftsteller, auf den ich stolz bin. Richtige Zwerge. Oder Emil Habibi, der aus der ›arabisch-israelischen Erfahrung‹ eine Ideologie macht. Und mit jeder Äußerung verkündet er: Seit dreiundvierzig Jahren sind wir hiergeblieben! Wozu seid ihr geblieben? Worum machst du soviel Aufhebens? Aber bei ihm kommt dieses Dableiben wie eine *Konspiration* heraus. Verstehen Sie? (Er senkte seine Stimme:) Es gibt hier Leute, die haben Sitzungen und Beratungen abgehalten, und nach einem Monat inneren Ringens haben sie beschlossen, im Staate Israel zu bleiben, hier die Hinterlassenschaft zu hüten... Dabei geht es doch bei der ganzen Geschichte der Araber in Israel nur ums Überleben. Und das ist kein sehr prophetischer Kampf. Es ist im Prinzip die Geschichte von Bücklingen, viel Heuchelei und Opportunismus, Imitation von Israel, und als die Araber hier begannen, endlich ein wenig mehr Sicherheit zu bekommen – da waren sie schon zu Israelis geworden. Und welche arabisch-israelischen Symbole gibt es, mit denen sich ein Mensch wie ich identifizieren kann? Keine. Auch wenn es so aussieht, als gäbe es ein authentisches Phänomen wie ›die islamische Bewegung‹ – es stellt sich als Fälschung heraus. Ich war in Haifa mit einem ihrer Führer konfrontiert, Scheich Abdalla Nimer Darwisch. Ein offenes Streitgespräch vor Publikum. Und ich war überrascht davon, wie wenig er vom Islam versteht. Oberflächlich. Unwissend. Der Islam ist für ihn nur eine politische Axt, die man nach Belieben schwingen kann.

Also, wo sind die Reden von unserem Stolz und unserem Heldentum? Hören Sie sich eine heldenhafte Geschichte an: Einmal war im ›Haus der Freundschaft‹ der Kommunisten in Nazareth eine Protestversammlung, die Polizei umstellte das Gebäude. Am nächsten Tag lautete die Schlagzeile in ›Ittihad‹: Belagerung – ein zweites Beirut! Verstehen Sie? Sie haben das ›Haus der Freundschaft‹ in Nazareth umstellt! Abgesehen von den sechs Opfern am ›Tag der Erde‹ (palästinensische Demonstration gegen die Enteignungen seitens Israel) 1976 haben die Palästinenser in Israel nicht viel bluten müssen. So sieht die Wahrheit aus . . . Es ist unmöglich, es ist eine Schande, sie mit den Palästinensern in den besetzten Gebieten zu vergleichen. Man muß das dort gesehen haben, wenn einer redet – in seinen Worten liegt eine ganze Geschichte, in deren Namen er spricht. Es hat Symbolik, Rhetorik, Pathos, Feuer. Und bei uns hört man einen halben Satz und spürt, wie hohl das alles ist. Unsere Geschichte ist abgebrochen.«

Als Bschara zum Treffen kam, war er sehr erregt: kurz davor hatte er sich mit seiner Schwester in einem Lokal in Ostjerusalem aufgehalten. Seine Schwester ist Ärztin, die zeitweilig in Beit Jala wohnt, und ihr Citroen hat das blaue Nummernschild der besetzten Gebiete. Aber an ihrer Windschutzscheibe klebt ein kleines Schild ›Arzt‹, auf Hebräisch . . . »Und stell dir vor«, ächzte er, »da stand ich dort in Gesellschaft der Grenzwache, und zusammen versuchten wir, ein Feuer zu löschen, und das brachte mich ganz schön in Verlegenheit!«

Trotzdem konnte er über die Situation, die dort entstanden war, lachen, und ich konnte mich nicht enthalten, ihm zu sagen, nun, da hattest du das Feuer, das du wolltest. Danach fragte ich, ob er den Brandstiftern böse sei.

»Im Gegenteil«, sagte er sofort, »ich war glücklich, daß sie israelischen Wagen gegenüber dermaßen aufmerksam sind . . .«

Nach einem Monat mit Begegnungen und Gesprächen wußte ich bereits, daß ich fast immer eine Antwort erhalten würde, die ich nicht erwartete. Die Situation des in Israel lebenden Arabers ist so kompliziert und verfahren, daß ich aufhören mußte, im voraus etwas wissen zu wollen, und ab jetzt nur noch zuzuhören hatte, um diese Kompliziertheit ans Licht dringen zu lassen, daß ich versuchen mußte, ihr Platz einzuräumen. Ihnen einen Platz in unserer Mitte einzuräumen. Wie macht man das? Das ist nämlich genau das, was wir, die Mehrheit, ihnen mit geübter Entschlossenheit vorenthalten.

Und da beginnt etwas in Gestalt eines nervösen Sicherheitsbeamten um mich herumzutanzen und ordnet von neuem die Zeilen, die ausgebrochen sind. Mir scheint, die Worte ›ihnen einen Platz einräumen‹ haben ihn alarmiert. Er ist ein Teil von mir, ich habe ihn im letzten Monat bereits öfter getroffen. Im Moment will er wissen, was ich mit meinen Worten präzise meinte: wieviel Platz genau sollen wir ihnen einräumen? Und auf Kosten wessen? Und ob es zwingend notwendig ist, die Diskussion darüber ausgerechnet jetzt zu beginnen, während der Friedensgespräche? Während der Staat mit letzter Kraft versucht, eine massive Einwanderungswelle zu absorbieren?

Während er spricht, entdecke ich in zunehmendem Maße etwas höchst Unangenehmes bei mir: Daß, während zum Beispiel Azmi Bschara auf eine »schwarze Masse« hofft, die »in Tel Aviv aufmarschiert«, etwas in mir zurückschreckt. Sich krümmt. Und plötzlich bin ich derjenige, der auf dem Prüfstand steht: Wie echt und aufrichtig ist in mir der Wunsch nach einer ›Ko-Existenz‹ mit den Palästinensern in Israel. Stehe ich voll und ganz hinter den Worten ›ihnen einen Platz in unserer Mitte einräumen‹? Verstehe ich wirklich, was eine jüdisch-arabische Koexistenz bedeutet? Und was wird dabei von mir als Jude in Israel gefordert? Wieviel Platz bin ich in Wahrheit bereit, ›ihnen‹ in dem jüdischen Staat einzuräumen? Habe ich mir jemals in allen Einzelheiten und aller Lebensechtheit eine wirklich demokratische, pluralistische und gleichberechtigte Lebensweise in Israel vorgestellt? Die Fragen stürmten auf mich ein und trafen mich unvorbereitet: ich hatte ein abstraktes, vielleicht simplifizierendes Bild von einem gemeinsamen Leben, und auf Grund dieses Bildes hatte ich diese Reise anscheinend unternommen; natürlich wollte ich andere von der Notwendigkeit dieses gemeinsamen Lebens überzeugen, doch wie schnell war plötzlich die Hülle der Schlagwörter aufgesprengt und der Inhalt nach draußen expediert worden, fordernd, drohend, zerrend, alle Verteidigungsmechanismen erschütternd...

2. Kapitel

Dem Balkon des schönen Hauses von Tagrid und Abed Yunes gegenüber erstrecken sich Olivenhaine und Weizenfelder. Jenseits davon die Straße des Wadi Ara und dahinter niedrige Hügel, golden im Licht der Nachmittagssonne. Ein wuchernder Weinstock überzieht den Schuppen am Eingang, und im Haus riefen mir Majed und Sumu'a (»Ruhm« und »Zier«), er zwei Jahre alt, sie ein Jahr, in ihren Windeln herumwatschelnd jauchzend hebräische Wörter entgegen, die sie aufgeschnappt hatten: »In Ordnung!«, »Vorwärts!«. Sie schmiegten sich an ihre Mutter Tagrid und machten es unmöglich, irgendein Gespräch zu führen, jemand mußte die Kinder zur Großmutter bringen, Tagrid würde es tun.

»Ich traf sie bei ihr zu Hause«, erzählte Abed ihre Geschichte, als wir es uns auf dem Balkon bequem gemacht hatten und über die Felder blickten. »Ich hatte sie zuvor schon einmal gesehen und gehört, daß man Gutes über sie sagte, aber eine Begegnung – das war nur bei ihren Eltern möglich. Ich kam mit einem Freund, der der Vermittler zwischen mir und ihr war. Wir setzten uns mit ihrem Vater zusammen. Die Mutter bewirtete uns. Es war ganz in Ordnung. Es ist eine liberale, freie Familie. Meine Familie – sagen wir: es gibt da einen Unterschied.

Zwei Tage danach reiste sie mit einer Delegation ins Ausland, und ich ging jede Woche zu den Eltern, fragte nach Tagrid, ob sie geschrieben, ob man etwas gehört hatte, war interessiert.

Als sie schließlich aus dem Ausland zurückkehrte, fuhr ich mit meinem Auto zum Flughafen, um sie abzuholen. Sie verstand überhaupt nicht, was ich dort machte. Ich dachte, sie würde mit mir in meinem Auto ins Dorf zurückfahren, statt dessen gab sie mir ihre Koffer mit.

Am nächsten Morgen, ich ließ sie bis um elf Uhr ausschlafen, rief ich sie an: Wie geht es dir, Tagrid? Wie hast du geschlafen? Wie war es im Ausland? Kann ich dich besuchen?

Ich kam zu ihr, und wir saßen allein zusammen. Was heißt hier allein genau? Alle zwei Minuten kam jemand, holte etwas, räumte etwas auf, und die Türen standen offen.

So fingen wir also an, miteinander zu reden. Sie begann, sich über mich im Dorf zu erkundigen, fragte, ob ich ihr erlauben würde, weiterzustudieren. Sie wollte, daß ich Elektroingenieur würde, ich wollte aber nicht: mir genügte Diplomingenieur. Aber ich versprach ihr, sie nicht von ihrem Studium abzuhalten. Schon damals sah ich, daß ihr ihre Unabhängigkeit sehr, sehr wichtig ist.«

»Was habt ihr über mich schon alles geredet?« Tagrid war zurückgekommen. Sie servierte Saft. Brachte Obst. Ein klingendes Lachen. Feine Gesichtszüge, strahlend vor Ausdruckskraft. Energisch und stürmisch. Abed schien ihr gegenüber sehr darum bemüht – was ein Teil der Anziehungskraft in der Beziehung des Paares ausmacht –, nüchtern und kontrolliert zu wirken. Aber das ist schwer angesichts ihres tänzerischen Charmes, und so lag die ganze Zeit der Anflug eines Lächelns auf seinen Lippen.

»Sie hörte nicht auf, mit mir über ihre Unabhängigkeit und ihre Freiheit zu reden, und ich versprach es ihr. Ganz sicher.« Er nickte mit dem Kopf, sie nickte mit dem Kopf. »Und als ich sie geheiratet hatte, war das ein bißchen schwierig für mich. Nun, am Anfang wollte sie Dinge von mir, an die ich überhaupt nie gedacht hatte: ›Komm, Abed, wir machen zusammen Frühstück.‹ Zusammen Frühstück machen?! Und sie: ›Du brauchst dich nur neben mich zu stellen, Abed, brauchst nur da sein.‹ Als ich noch zu Hause wohnte, stand ich in der Früh auf, und Mutter hatte immer schon alles fertig. Ich kam mitten in der Nacht um eins mit Freunden nach

Hause, weckte Mutter auf, wir haben Hunger, und sie stand auf und machte für alle etwas zu essen.

»Diese Tage sind vorbei«, lachte Tagrid. »Ich habe Abed erklärt, was meiner Meinung nach die Bedeutung einer Ehe ist; sie ist doch zur emotionalen Unterstützung da, damit man einen richtigen Partner hat, stimmt's?«

»Nun gut, langsam habe ich sie dann verstanden. Heute reicht es, daß ich neben ihr stehe, und das ist für sie eine Hilfe. Ich stehe da, ich rede mit ihr, und sie macht das Essen. Ich habe mich daran gewöhnt.« Er sagte schwerfällig, wie einstudiert: »Denn wir sind beide arbeitende Menschen. Wir sind beide Lehrer. Der Anstand sagt mir, das ist meine Frau, und es wird mir nichts helfen, wenn ich gemein bin und sage, daß ich nicht helfen will. Auch sie ist müde. Ich kann zwar nicht kochen, aber helfen. Ein bißchen was erledigen.«

Ich fragte: »Den Kindern die Windeln wechseln?«

»Nein. Das nicht.«

»Warum eigentlich nicht? Es ist schließlich nur eine Windel. Einfach zu wechseln.«

»Nein, wieso, das ist nichts für mich. Ich soll... nein. Schluß! Darüber haben wir uns schon gestritten!«

»Ich möchte wirklich nicht, daß er die Windeln wechselt«, sagte sie.

Und er: »Ein Kind baden kann ich auch nicht allein. Zusammen schon. Danebenstehen – ja.«

»Und ein Kind füttern? Hm, Abed?« Sie neckte ihn.

»Das nicht. Das kann nur die Mutter machen. Gleich werde ich wütend auf dich.«

Sie: »Die Lösung ist zu einfach, Abed.«

Er: »Auch wenn eine Frau dich bittet, ihr zu helfen – sie will gar nicht, daß du alles machst. Was soll das, ein Mann, der alles macht? Soll er vielleicht auch kochen?«

Und sie, geduldig: »Ich bitte dich nicht, daß du Sumu'as Windeln wechselst. Aber mir beim Abwaschen helfen? Warum nicht? Das tue ich schon.«

»Vielen Dank«, beendete er das Thema mit einem Lächeln,

und die Falte zwischen seinen Augen vertiefte sich für einen Augenblick.

»In der Generation meiner Eltern«, erzählte Tagrid, nachdem sie in die Küche verschwunden war, Kaffee eingeschenkt und Kekse gebracht hatte, »war die Aufgabenteilung von Männern und Frauen eindeutig. Meine Mutter hat nicht einmal um Hilfe gebeten. Unter dem Zwang der Umstände gehörte das Haus völlig ihr allein. Bei uns arbeitete Vater schwer. Wenn er nach Hause kam und sich vor den Fernseher setzte, sagte er immer zu uns: Programm umschalten, und wir machten das mit Freuden für ihn. Nur um ihm zu helfen. Meine Mutter hatte kein gesellschaftliches Leben. Die einzigen Beziehungen, die sie hatte, spielten sich innerhalb der Familie ab. Außerhalb der Familie war es verboten. Und keine Hobbys. Keine Ambitionen. Keine Selbstverwirklichung außer Kinder großziehen.«

»Und wie verhält sie sich deiner Lebensweise gegenüber?«

»Seitdem ich mit meiner Art Leben begonnen habe, hat Mutter mir immer weniger zu sagen gehabt. Ihre Ratschläge betrafen mich nicht. Sie paßten auf einen anderen Typ Frau. Den mehr traditionellen: nachgiebig sein, immer dem Mann zustimmen, nicht auf deiner Meinung bestehen. Meine Mutter sagt immer, ›es liegt in der Natur der Frau, schwächer zu sein und nachzugeben und nicht die ganze Zeit zu streiten‹. Und immer sagt sie, ›sei nicht so grundsätzlich‹, und die Wahrheit ist, daß meine Mutter sich damit gar nicht so sehr von vielen Frauen in meinem Alter unterscheidet.

Aber damit du mich nicht falsch verstehst, ich mache ihr keine Vorwürfe. Mutter ist eine wunderbare Frau, sie hat uns alles aus vollem Herzen gegeben. Mit Leib und Seele hat sie uns gegeben. Wollte Gott, ich hätte ihre natürliche Weisheit. Du mußt Mutter im Kontext ihrer Generation verstehen: Sie lebten ihr Leben ohne meine Konflikte. Sie machten keine Bekanntschaft mit politischer Unterdrückung. Es gab nichts, was sie zum Aufstand veranlaßte, nicht einmal zu Kritik. Darum beneide ich sie, du wirst lachen, denn sie hat von zu Hause Werte, Denk- und Verhaltensweisen mitbekommen, die in sich gefestigt waren. Ihre Generation war keiner anderen Welt ausgesetzt, die ihr das Gegenteil der ihren vor Augen geführt hätte, es gab keine Verlockung. Sie hatten Ruhe und Geborgenheit, während ich...«, sie lächelte in sich hinein, »und glaub ja nicht, daß Mutter keine Erwartungen an uns hatte: unsere Lebensweise ist nicht gerade das, was sie wollte. Und immer beschwerte sie sich, daß die Töchter nicht bei ihr zu Hause waren. Denn wir lernten hart, dann fingen wir an zu arbeiten, heirateten sofort, dann die Karriere... und genau wie mir die Mutter als Freundin fehlte, so fehlte ihr die Tochter als Freundin; es schmerzen sie Dinge, die ich tue, und ich erinnere mich, daß sie mich, als ich nach der ersten Prüfung weiterstudieren wollte, anschrie: Schluß! Genug! Du bist nun zweiundzwanzig, mach, daß du heiratest! Was soll aus dir bloß werden! Und jedesmal, wenn ich jemanden ablehnte, der um meine Hand bat, schrie sie mich wieder an.«

»Das sagt sie, damit man denkt, daß viele sie heiraten wollten«, bemerkte Abed mit undurchdringlichem Gesicht.

»Einmal hat meine Großmutter für Abed die Bewerber zusammengerechnet, sie kam auf dreißig.«

»Vielleicht hat man sie alle zusammen im Autobus angekarrt?«

»Und was ist das Ende vom Lied?« Tagrid lächelte. »Ich mußte in der Gesellschaft hart kämpfen, ich habe gelitten, gestritten, und danach war das Ganze für meine Schwestern sehr leicht! Jetzt habe ich eine Schwester, die zwei Jahre jünger ist als ich, siebenundzwanzig, und sie drängen sie schon gar nicht mehr zum Heiraten.«

Ich zitierte, was mir Rima Othman aus Beit Zafafa gesagt hatte: Sie hatte erzählt, daß sie in London Araber getroffen hatte, die ›völlig außen vor‹ waren. »Ein Junge und ein Mädchen aus dem Lager Sabra in London. Ursprünglich aus Akko. Das Mädchen sagte zu mir: Es ist nicht gut, daß ihr euch mit der Intifada identifiziert und mit dem Heiraten aufgehört habt. Ihr müßt heiraten und viele Kinder machen, und sie sagte, daß bei ihnen, wenn jemand im Lager getötet worden war, sofort auf seinem Grab eine Hochzeit gefeiert wurde, und die Mutter des Toten tanzte.«

»Was Kinder angeht«, brummte Abed, »das heißt, wie viele wir haben werden – das ist ein Streitpunkt zwischen uns.«

»Wieso Streitpunkt?« Das war Tagrid: »Wie viele wolltest du denn?«

»Nicht viele, aber ein paar mehr.«

»Ich wäre aber ausgerechnet mit ein paar weniger zufrieden.«

Abed: »Ich auch. Sechs. Gut: fünf.«

»Abed!«

»Was schreist du so? Wir haben ja schon fünfzig Prozent davon, wenigstens fast.«

»Wenn ich bei der nächsten Geburt einen Sohn kriege – dann hilft dir alles nicht mehr.«

Er klagte: »Aber Kinder werden groß und verlassen das Haus...«

Tagrid wandte sich ihm ganz langsam zu, mit dem feierlich strahlenden Aussehen einer Sonnenblume: »Wenn ich nur dich habe, Abed, brauche ich keine Kinder!«

Wir lachten. Lachten sogar zuviel. Auch ich lachte, als ob ich überhaupt nichts mit diesem Witz zu tun hätte. Als ob es hier nur die Mattigkeit der Nachmittagshitze gäbe und die neckischen Sticheleien zwischen dem jungen Mann und seiner Frau. Als ob ein Jude und zwei Araber in Israel bereits freundschaftlich über einen Witz lachen könnten, dessen Wurzel mit, wie heißt es doch gleich, der »demographischen Gefahr« zu tun hatte.

»Wir haben keinerlei Verlangen, ›um der Heimat willen‹ mehr Kinder zu machen, und das auf Kosten unseres Lebens«, sagte Tagrid. »Ich bin nicht selbstsüchtig, aber ich glaube, wenn wir drei Kinder haben, die ich gut erziehen und großziehen kann, wie es sich gehört, werden sie der Gesellschaft nützlicher sein und mehr dazu beitragen können als die neun, die er heraufbeschwört, die keine gute Erziehung erhalten würden und die wir nicht ernähren könnten.«

»Segnen möge dich unsere heilige Gnade«, zitierte ich eine Überschrift, die bis vor wenigen Jahren in den arabischen Zeitungen in Israel zu finden war: »Der Sieg wird nicht auf dem Schlachtfeld kommen, sondern auf den Entbindungsstationen!«

Tagrid hörte konzentriert zu. Sie verneinte nachdenklich.
»Ich selbst würde sehr gerne das Kinderkriegen einschränken und zu Dingen übergehen, die mir sehr wichtig sind. Es ist mir wichtig, Karriere zu machen. Es ist mir wichtig, Soziologin zu sein. Es ist wichtig für mich, für die Gesellschaft der Palästinenser in Israel aktiv etwas zu tun. Wenn ich viele Kinder hätte – ich wäre zu Hause angebunden. Meine Bestrebungen wären zunichte gemacht.«

»Wenn ich das zum ersten Mal hören würde, würde ich wütend werden«, seufzte Abed, »aber ich habe mich daran gewöhnt.«

»Gib zu, daß ich dich nicht damit überrascht habe! Gib zu, daß wir vor der Heirat ausführlich darüber gesprochen haben!«

»Als du nicht hier warst, habe ich davon erzählt«, sagte er leicht niedergeschlagen.

»Was bist du doch für ein anständiger Mensch, Abed!«

Wenige Tage danach erwachte ich im Dorf Ichsal bei Nazareth. Ich ging durch die Straßen: ein Dorf ohne Charme, quadratische Betonhäuser, löchrige Straßen, in deren Mitte die Strommasten aufgestellt worden waren. Die Höfe jedoch quollen über von Aprikosen- und Guajavenbäumen, Palmen, Feigen und Granatäpfeln. Frauen mit entblößten Waden besprengten ihre Häuser mit Wasserkrügen, scheuerten die Treppen, klopften Teppiche aus, eine junge Frau schickte ihr vor Sauberkeit glänzendes, glattgekämmtes Kind in die Schule und sah ihm, halb hinter der Tür verborgen und auf einen Strohbesen gestützt, nach, bis es von einer Gruppe lärmender Kinder verschluckt wurde. Ich ging ihm nach, ein wenig um ihretwillen, ein wenig um mich selbst zu prüfen, wann genau der Augenblick eintreten würde, in dem ich mich bereits nicht mehr an ihren Kuß auf seine Wangen erinnerte und das Kind in meinen Augen wieder zu einem unter vielen werden würde.

In dem Dorf war vor etwa einem Monat eine junge Frau ermordet worden. Ihr Bruder und Vater standen unter dem Verdacht, sie lebendig verbrannt zu haben, weil sie, ihrer Behauptung nach, von einem fremden Mann schwanger war. Als ich die Leute nach ihr fragte, begegnete ich verschlossenen Gesichtern. »Du kennst unsere Kultur«, sagte Leila D., »die Araber können eine solche Tat der Schande, wie sie sie begangen hat, nicht dulden ... sie mußten sie töten ...«

»Trotzdem«, wagte sich ein junges Mädchen vor, das mit drei älteren Frauen beim Morgenkaffee zusammensaß, »man hätte sie ins Krankenhaus nach Afula bringen können, eine Abtreibung machen lassen, oder nicht?« Die drei senkten den Kopf, antworteten nicht.

»Wenn sie dem Gesetz des Islam gehorcht hätte, wäre das nicht passiert«, erklärte mir der Konditor von Ichsal, Muhammad Suliman, Mitglied der ›islamischen Bewegung‹ (das Gespräch wurde auf Arabisch geführt). »Nach diesem Gesetz erhält ein unverheiratetes junges Mädchen, das Unzucht getrieben hat, achtzig Schläge mit der Peitsche. Wenn sie verheiratet ist, wird sie zu Tode gesteinigt.« Etwas an meinem Gesichtsausdruck, meine profane Skepsis, erzürnte ihn offenbar, seine Hände zermalmten den Teig: »Aber der Islam ist äußerst vorsichtig: der Tatbestand der Unzucht oder die Existenz geschlechtlicher Kontakte zwischen ihr und dem fremden Mann muß bewiesen werden. Man muß vier Zeugen beibringen, die sie bei der Tat selbst gesehen haben, vier! Was denkst denn du?!«

Heute gibt es bereits eine Maschine, die das ›Knafe‹ bäckt. Man vermengt Mehl und Wasser, gibt ein wenig Öl und

Milch und Salz dazu. Den Teig gießt man in einen großen Trichter und von dort fließt er in einzelnen Strängen auf das gerundete braune Holztablett, das langsam auf der Achse hin und her schlingert; während mir der Bäcker mit einem seltsamen Vergnügen detailliert die Strafen für Unzucht und die Arten der Steinigung schilderte, sammelte sein Lehrling, ein taubstummer Junge, hinter ihm die langen und goldenen Teigflechten ein, nahm sie mit seinen ungeschlachten Händen vorsichtig auf und legte sie über ein Gestell.

Der Bäcker war um die fünfunddreißig. Sein Schnurrbart war mehlig, sein Trikothemd mit Eier- und Ölflecken übersät, seine Arme Muskelpakete. Über seinem Kopf hingen die Ka'aba und die Al Aksa-Moschee neben dem Gewerbeschein und dem Innungszeugnis. Er hatte drei Töchter. »Ich habe meine Töchter kein einziges Mal geschlagen«, sagte er, und obwohl ich das nicht bezweifelte, beschwor er es einige Male beim Propheten. Der Junge hinter ihm füllte die Teigflechten mit weichem Käse und rollte sie mit flinken Bewegungen zusammen.

»Und wenn, was Gott verhüten möge«, fragte ich, die Augen auf dem kleinen Knafe, das sich hinter dem Rücken des Bäckers rundete und wölbte, »eine von ihnen Unzucht treibt?«

Mit einem Seufzer stützte er seine kräftigen Arme auf den Tisch vor ihm, richtete seinen Blick geradewegs auf mich: »Stellen – wir – sie – in – einen – Kreis«, skandierte er die Worte, »und stellen uns alle um sie herum. Und jeder wird einen Stein in die Hand nehmen und sie zu Tode steinigen. So muß es sein. Es gibt keine andere Wahl. Ich habe Mitleid mit ihr, aber wer sündigt«, sagte er streng und mit gewollt undurchdringlichem Gesichtsausdruck, eine Maske des Glaubens, »man muß dem Gesetz entsprechend damit umgehen. Das Gesetz ist weise, wer daran glaubt, wird ins Paradies kommen, aber wenn du nicht daran glaubst, kommst du in die Hölle, ins Feuer. So war es auch mit dem Mädchen in Ichsal, das verbrannte.«

»Das sie verbrannten«, korrigierte ich.

»Verbrannten, sie verbrannte, sie ist tot.«

»Es werden täglich arabische Mädchen verbrannt«, erzählte Marwa J'bara in ihrem Haus in Taibe, »kein physisches Verbrennen. Und wenn ich seelisch verbrenne, weil ich höre, daß sie wieder ein junges Mädchen wie mich umgebracht haben, schlage ich Alarm. Ich kann nicht schweigen. Ich sehe, was bei der Intifada passiert ist. Wie die Frauen da anfingen, sich selbst zu befreien, und dann die Männer davor erschraken. Gleichzeitig haben die Besatzungsbehörden mitgeholfen, die religiösen Bewegungen anwachsen zu lassen, und im Namen der Religion fingen die Männer an, die Frauen wieder zu unterdrücken. Aber sie unterdrücken uns nicht, weil der Koran es ihnen vorschreibt, sondern sie suchen sich aus dem Koran die Stellen aus, die ihnen gerade passen. Also, mein Vater hat mir alles mögliche gesagt, was er mir irgendwo vielleicht ganz gerne auch von sich aus gesagt hätte, aber es war bequemer für ihn zu sagen: unsere Religion, unsere Tradition. Auch er nützte diesen Zwang aus. Gerade im Islam aber gibt es Dinge, die die Frau auch zu ihrem Vorteil nutzen kann; zum Beispiel kann die Frau die Scheidung aussprechen, und nicht nur der Mann, wußtest du das?

Und deshalb will ich, wenn ich heirate, in den Vertrag mit meinem Ehemann hineinschreiben, in unseren ›Ehekontrakt‹, daß ich das Recht habe, mich von ihm scheiden zu lassen. Es gibt Mädchen, die das bereits in ihren Verlobungsvertrag hineingeschrieben haben. Allein in Taibe gibt es schon drei solche Mädchen.

Oder, etwas ganz Einfaches, daß immer der Vater der Frau kommt und so tut, als ob er sie dem Ehemann gäbe. Dem Islam zufolge gilt das nur, wenn eine unter siebzehn ist, da *gibt* der Vater sie her, aber über siebzehn ist sie davon befreit, und trotzdem *gibt* der Vater immer noch seine Tochter jemandem zur Frau. Was soll das? Ist sie irgendein Ding? Oder hat sie keine Lust, und er kann sie vermarkten?«

Zweiundzwanzig. Blaue Augen, eine klare Stirn, doch

während sie redete, war ihr junges, hübsches Gesicht vor Anstrengung und Bitterkeit wie zu einer Faust zusammengepreßt, sie sprach schnell und drängend, es gab so viel zu tun, zu erreichen, einzuholen: »Manchmal sage ich mir, wenn ich eine Marwa wäre, die in Frankreich geboren wäre, wäre ich jetzt mindestens im zweiten Studienabschnitt, vielleicht würde ich mich auf meine Promotion vorbereiten und mein Leben wäre geordneter; ich würde mehr lernen, mehr lesen, ich würde zu Vorträgen gehen, ich würde mich entwickeln. Aber ich – bis jetzt habe ich noch nicht einmal den BA (Bachelor of Arts). Selbst wenn ich an eine Beziehung mit einem Mann denke, sage ich mir, bei Allah, eine solche Beziehung würde mich sicher viel Energie kosten, und ich brauche meine Energie für Dinge, die mir wichtiger sind. Und manchmal denke ich sogar, ich werde ganz ohne diese Dinge leben. Dann denke ich wieder, nein... unmöglich. Wenn ich nicht imstande bin, auf mich und mein Ich Rücksicht zu nehmen, wie soll ich dann dazu fähig sein, auf andere Rücksicht zu nehmen? So geht es auch nicht. Ohne Liebe höre ich auf, ein Mensch zu sein. Ohne Liebe, was ist da die Menschlichkeit? Nichts.«

Sie machte die Hand zur geballten Faust, eine Bewegung der palästinensischen Frauen, die symbolisiert: ›doppelter Wandel, gesellschaftlich und politisch‹. Von dem Haus, das auf der Spitze des Hügels von Taibe liegt, wirft sie ihre Fäden aus, knüpft sie die Verbindungen. Es gibt bereits ein ›Hauptquartier‹ der Bewegung sowie Frauenorganisationen, die sie unterstützen, jüdische Frauen, italienische, deutsche. Es werden öffentliche Diskussionen über die Stellung der Frau abgehalten, über die Frage der Geschlechtertrennung in den Schulen, über eine Besserstellung der arabischen Frauen, die geschieden sind, und über die Sexualerziehung, die in den arabischen Schulen nicht existiert: »Deswegen wirst du, wenn du dich umschaust, sehen, daß in arabischen Schulen der Trend zu Biologie immer am stärksten ist, und das kommt nicht daher, daß plötzlich alle so wild auf Biologie sind, sondern weil sie dort wenigstens etwas über Körper und Geschlecht erklärt bekommen. Das ist die einzige Chance, daß ein arabisches Mädchen Sexualerziehung erhält. Ich saß immer mit den erwachsenen Frauen zusammen und hörte ihnen zu, ist das vielleicht Aufklärung? Sie reden Unsinn, sie können nicht offen sprechen, und jedes zweite Wort bei ihnen ist Schande, die ganze Zeit Schande, Schande, alles ist eine Schande, alles ist schlecht schlecht schlecht. Auf der einen Seite geben sie uns also überhaupt keine Erklärungen, andererseits erwarten sie von uns, daß wir sozusagen sexy werden, daß wir Männer anziehen, daß wir schnell heiraten...«

J'baras Mutter starb, als sie sechs Jahre alt war. Nahezu seit dieser Zeit meisterte sie stolz ihr eigenes Leben. Als junges Mädchen machte sie ihr eigenes Geschäft auf, saß da und nähte Kleider. Auch die Teilnahme an einem Journalistikkurs finanzierte sie sich selbst, um nicht gezwungen zu sein, Geld von ihrem Vater anzunehmen. Vater J'bara hätte es ihr gegeben, aber Marwa bat nicht darum. »Ich glaube, daß Unabhängigkeit mit wirtschaftlicher Unabhängigkeit anfängt. Solange ich noch Geld von meinem Vater kriege, kann ich nicht von Gleichberechtigung reden, stimmt's?«

Und sie erzählte:

»Als ich in der zweiten Klasse war, kam die Lehrerin herein – bis heute hasse ich sie dafür – und sagte: ›Morgen ist unser Unabhängigkeitstag, die Juden haben unser Land von den Briten befreit, und morgen werden wir unseren Tag der Unabhängigkeit feiern.‹ Immer wenn ein Fest war, bat ich meine Tante, mir einen Kuchen zu backen. Sie buk mir einen. Und in der Früh nahm ich also den Kuchen, einen wunderschönen Kuchen«, für einen einzigen Augenblick schwankte ihre Stimme, »und wollte gerade aus dem Haus gehen, als mein Vater kam und den Kuchen mit beiden Händen packte, ihn vor mir zerbrach, zerbröselte. Ich verstand nicht, weshalb er das tat, und er erklärte mir auch nichts. Er machte ihn kaputt und ging. Ich weinte, brachte ihn weinend so in die Klasse, und erzählte, daß mein Vater das gemacht hatte und ich nicht wußte, warum. So ein Unschuldslamm war ich.

Und danach war der ›Tag der Erde‹. In Taibe wurde Ra'afat Zuheiri getötet, und ich war dort und sah, wie er getötet worden war. Da begann ich, meine Augen aufzumachen. Ein Jahr später nahm ich an der ersten Demonstration teil, die stattfand, es kamen wirklich nur ganz wenig Leute, denn damals hatten sie Angst, und ich erinnere mich, wie ich in der ersten Reihe ging, ganz fest den Kranz hielt, neun Jahre alt war ich da, und ungefähr damals begann ich, mit meinem Vater überall hinzugehen, auf Symposien, auf Versammlungen, und die ganze Zeit war ich die Jüngste dort und das einzige Mädchen.

In dieser Zeit fing ich auch an zu lesen und zu suchen – ganz allein, nicht in der Schule –, was ›Tag der Erde‹ eigentlich ist, was das für Tage sind, die den Palästinensern wichtig sind, wer das überhaupt ist, die Palästinenser, was das ist, die palästinensische Frage, was wir früher waren, alles habe ich gelesen, verschlungen und gelernt.«

Ich sah sie vor mir als kleines Mädchen, mit dieser Versessenheit, die ihr noch anzusehen war, mit dieser wilden Entschlossenheit, und die Welt, die sich vor ihr auftat, sie aufs Neue erschuf. Denn ich erinnerte mich an mich selbst mit acht oder neun Jahren, wie ich begierig die Geschichten von Scholem Aleichem las, Geschichten für Kinder und Erwachsene, und nur zur Hälfte verstand, was das ist, ein Pogrom, Gojim, Galut, daß ich unklar erfaßte, daß hier von der Kindheit meines Vaters die Rede war, als er in meinem Alter war, daß die Menschen, von denen ich las, in verborgener Beziehung zu mir standen, daß sie ich waren, ich selbst jedoch – ich war ein anderer; und bis heute ist jenes Kind in mir sehr lebendig, das ›Tevje der Milchmann‹ bis zum Ende durchlas, ihn, seine Töchter und seine Frau begleitete, als sie aus ihrem Zuhause vertrieben wurden, und ich erinnere mich genau, wie ich plötzlich im Innersten, durch und durch erschüttert und in Tränen ausbrechend, erkannte, wie schwer es ist, ein

Jude zu sein, und darüber hinaus verstand, zum ersten Mal verstand und wußte, daß ich, das Kind, selbst auch ein Jude war.

»Im Libanonkrieg war ich dreizehn, und ich fing an, in die Krankenhäuser in Israel zu gehen, in die die Armee verwundete Palästinenser aus dem Libanon brachte. Ich ging wirklich dorthin, um mit Palästinensern zu reden, nur mit Palästinensern. Menschen aus den Flüchtlingslagern. Ich ging immer ins Tel Haschomer- und ins Beilinson-Krankenhaus und blieb drei oder vier Tage. Manchmal eine Woche. Ich sprach hauptsächlich mit den Kindern dort. Da war ein Junge, dessen Zuhause völlig zerstört und dessen ganze Familie getötet worden war, er war der einzige, der es bis ins Krankenhaus geschafft hatte, und ihm fehlte ein Bein. Er war ein Jahr und drei Monate alt, und zu jeder Frau, die er sah, sagte er Mutter. Ich verbrachte viel Zeit dort, ich war erst dreizehn, und er sagte auch zu mir Mutter. Wir dachten sogar daran, ihn zu adoptieren, Vater und ich. Dann stellte sich heraus, daß sein Großvater noch am Leben war, er kam und nahm ihn mit.

Und jedesmal, wenn ich mir sage, genug, ich will mit dem ganzen Schluß machen, ich will ein Leben wie alle Mädchen in Taibe führen, studieren, jemanden in gesicherter finanzieller Position heiraten, dann fallen mir diese ganzen Bilder ein, und ich höre jemanden, der mich von innen her antreibt, du mußt weitermachen, für sie alle und auch für dich selbst.

Und nach dem Libanonkrieg kam die Intifada. Das sind nicht nur irgendwelche Leute dort. Es sind meine Onkel, denn meine Mutter ist in Nablus geboren, und Freunde, Kinder, die ich seit meiner Geburt kenne. Und auf einmal ist das ein Kampf von uns allen, wie könnte es anderes sein, oder?«

»Du hast dich also der Intifada angeschlossen?«

Sie zögerte einen Moment, die Hand an ihrem glatten Hals.

»Nun gut«, sagte sie schließlich, »das ist die Wahrheit.«

Und sie erzählte in einem Fluß, fast ohne Luft zu holen:

»Seit die Intifada begonnen hat, habe ich den Drang verspürt, dort zu sein. Ich habe im Fernsehen die palästinensischen Frauen gesehen, wie sie demonstrierten und euren Soldaten gegenüberstanden, und ich habe sie beneidet. Ich wollte alles, bloß nicht hier sein. Ich wollte beim Krieg gegen die Besatzung dabeisein. Wann immer ich konnte, fuhr ich dorthin. Ich mußte alles sehen, hören, mit den Leuten dort reden. Ich war sogar zufällig gerade in Nablus, als euere Einheiten einen ›Schwarzen Panther‹ (palästinensische Gruppe, die der Al Fatah nahesteht) töteten, und ich ging zur Mutter des Friseurs, in dessen Laden sie sich versteckt hatten, und sie zeigte mir alles, wo sie hereingekommen und wo die Einschußlöcher waren. Es war ein achtjähriger Junge dort, der den Vorfall mitangesehen hatte, er hatte sich unter dem Tisch versteckt, als sie hereinkamen und schossen, er hatte alles gesehen und war nicht verletzt worden, du kannst dir vorstellen, wie das ist, die Dinge direkt von Leuten zu hören, die selbst dabei waren, beteiligt waren, und nicht nur davon zu lesen oder es im Fernsehen zu sehen.

Oder wir hörten zum Beispiel die ganze Zeit von Morden an Kollaborateuren. Einmal, als ich bei meiner Tante in Nablus war, lief gegen drei Uhr morgens jemand vorbei und schrie, alle Lichter aus, und die ganze Straße wurde dunkel. Die jungen Männer gingen ins ›Amarat al Masri‹ und holten einen Jungen raus, den sie verhören wollten. Sie waren in der Garage des Gebäudes, und ich und meine Kusine lugten aus dem Fenster und hörten die Stimmen, und jedesmal, wenn sie uns sahen, schrien sie, wir sollten reingehen. Ich konnte nicht ruhig dasitzen und einfach nichts sehen, denn als sie ihn verhörten, sagte ich, bei Allah, gut daß sie ihn verhören, aber plötzlich kam das Militär in die Gasse, die jungen Männer hatten den Verdacht, daß die Eltern des Jungen die Soldaten alarmiert hatten, sie zogen eine Waffe heraus und verwundeten den Jungen damit. Ich war erschüttert, als ich das sah, denn sie haben ihm nicht deshalb etwas getan, weil sie ihn für schuldig hielten, sondern weil das Militär im Anrücken war, das heißt, sie hatten ihn gar nicht richtig verhört, und dann rannten sie davon.

Ich war während einer Ausgangssperre dort. Ich kann dir das kaum beschreiben. Einerseits fühlte ich mich wie im Gefängnis. Ich hatte das Gefühl, ein Nichts zu sein. Eine Null. Daß es Leute gibt, die mit meinem Schicksal spielen und bestimmen, wann ich hinausgehen darf und wann ich eingesperrt zu bleiben habe. Andererseits: was war in dieser Zeit im Haus los! Einmal gab es eine Ausgangssperre von acht Tagen in der Altstadt. Es gab schon keine Milch mehr für die Babys. Man gab ihnen nur Wasser. Dann ging das Wasser aus. Man begann sich gegenseitig zu helfen. Sich um die kleinen Kinder und Alten zu kümmern. Und die Hoffnung – es ist schwer zu erklären. Jetzt ist das vielleicht ein bißchen anders geworden, aber als wir damals beim Frühstück saßen, da war das letzte Wort am Ende der Mahlzeit: ›Inschallah mit El Nasser; Inschallah mit Al Daula. Gebe Gott, daß wir uns im Sieg wiedersehen; gebe Gott – im Staat.‹ Und wenn ich bei einer Freundin eingeladen war, sagte ich zum Schluß immer, gebe Gott, daß das nächste Mal, wenn ich komme, unter palästinensischer Herrschaft sein wird.«

Ihr Gesicht veränderte sich mir gegenüber: mit Leib und Seele zog es sie dorthin. So sahen die Menschen in den Flüchtlingslagern aus, als sie mir vor Jahren von der Quelle in dem Dorf, aus dem sie herausgerissen, vertrieben worden waren, erzählten, von den Obsthainen, die sie verloren hatten.

»Bei mir zu Hause, in Taibe, wenn ich im Radio Namen von Todesopfern hörte, tat es mir weh, sicher, aber das ist etwas anderes, als wirklich in das Haus zu gehen und die Mutter und die Familie zu sehen von . . .«

Sie brach erstickt ab.

»Entschuldige, das nimmt mich etwas mit. Wenn ich in das Haus eines Gefallenen ging, war das, als ob ich eine Moschee betreten würde. Die ganzen Bilder, die ringsherum an den Wänden hingen, alle Aufrufe, die Briefe von den ganzen Organisationen, und vor allem der Anblick der Zusammengehörigkeit aller in diesem Moment, denn in der Trauer – sind alle vereint.

Und ich ging hinaus, fuhr zurück in mein Dorf in Israel, und dort war alles wie immer, das Leben, die Geschäfte, alles, was die Leute so interessiert, und ich – in meinem alltäglichen Verhalten bin ich dortgeblieben, schaute mich um und dachte: Ich will nicht so leben, wie ihr hier lebt. Auch wenn ich hier bin, möchte ich wie sie dort leben. Es stimmt, daß ich nicht Hunger leide wie sie. Aber jedesmal, wenn ich etwas esse – gut, vielleicht nicht jedesmal, aber oft –, schaue ich das Essen an und denke mir: jetzt esse ich. Jetzt bin ich satt. Ich habe alles. Und es gibt andere, die nichts haben. Und ich habe zu essen aufgehört. Ich hatte irgendwie eine Art Zorn auf mich, daß ich die Dinge habe, die anderen fehlen. Sowohl bei meinem Vater als auch bei mir, wir haben das nicht, was man ›Ich‹ nennt. Das Ich existiert bei uns nicht. Vater – er gab seinen ganzen Lohn immer den Leuten in Tulkarm, damit sie sich etwas zu essen kaufen konnten. Jetzt kann bald keiner mehr sein Minus auf der Bank ausgleichen. Aber er kann nicht aufhören. Und bei mir ist es genauso.«

»Und in Nablus«, fragte ich, »erkennen sie dort an, was du tust? Wie verhalten sie sich dir gegenüber?«

»Na, wie wohl«, antwortete sie mit melodischem Akzent, und ihre Lippen kräuselten sich. »Wie zu einer israelischen Palästinenserin«, und sie legte die Betonung dabei auf das ›israelisch‹. Schweigen, eine unausgesprochene Frage und Marwa legte wieder los: »Und was soll das überhaupt, diese Bezeichnung, ›israelischer Palästinenser‹? Ich kenne diese Gruppe überhaupt nicht. Ich bin kein Produkt ›MADE IN ISRAEL‹. Du zum Beispiel fühlst eine Zugehörigkeit zum Staat Israel, stimmt's? Ich nicht. Das genau ist der Unterschied. Ich lebe nun zweiundzwanzig Jahre im Staat Israel, und ich habe überhaupt nicht das Gefühl, eine Israelin zu sein! Ich trage nur einen israelischen Ausweis mit mir herum. Und ich werde auch nie eine Beziehung dazu haben, solange israelische Soldaten die Söhne meiner Tante in Nablus erschießen.«

»Aber Israel besteht nicht nur aus schießenden Soldaten«, unterbrach ich ihren Redefluß, »gibt es in Israel keine anderen Dinge, mit denen du gefühlsmäßig verbunden bist?«

»Ich werde dir was sagen, die Kinder in den besetzten Gebieten wissen überhaupt nicht, was das sind, Israelis. Für sie ist Israeli gleich Soldat.«

»Aber du bist nicht aus den besetzten Gebieten.«

»Stimmt. Aber es gibt einen Teil, weshalb ich die gesamte israelische Gesellschaft nicht akzeptieren kann. Weswegen ich sie als Ganzes ablehnen muß.«

»Trotzdem, versuche mir zu sagen, in was du dich israelisch fühlst.«

Die Tür fiel vor mir ins Schloß. Sie bewegte den Kopf in entschiedener Verneinung von rechts nach links. Schweigen. »... in was ich israelisch...?« Und wieder ein langes Schweigen. Man konnte spüren, wie sehr der Kampf um die Freiheit sie belastete, innerlich geradezu in Stücke riß: »Ich bin nicht in der Lage, irgend etwas zu sagen...« War es Marwa J'baras Versagen oder das Israels? Wer hatte wen verloren? »Nein, wirklich«, brachte sie schließlich heraus, »es fällt mir schwer, Dinge an mir zu finden, die israelisch sind.« Sie arbeitete als Journalistin bei ›Yediot Acharonot‹; sie organisierte die erste Frauendemonstration ihrer Art in Taibe, im Stil der israelischen ›schwarzen Frauen‹; sie spricht fließend Hebräisch. »Ich bin eine Fremde in Israel. Ich bin auch in Taibe fremd. Trotzdem – Taibe ist mein Ort. Ich gehöre an diesen Ort... Ich habe einmal gedacht, daß ich sicher jemanden aus den besetzten Gebieten heiraten und dort hinziehen würde. Als ich sechzehn war, schwor ich mir: Ich werde nie jemanden von hier heiraten. Hier gibt es keine Männer. Nur dort. Die, die kämpfen, das sind Männer. Die, die dort sind, sie... egal... Aber heute bin ich sicher, auch wenn ein palästinensischer Staat errichtet werden sollte, ich werde nicht dort hinziehen, denn ich habe hier etwas angefangen, den

Kampf um die Rechte der palästinensischen Frau in Israel, und das möchte ich zu Ende bringen. Und wenn ich mich in Nablus niederlassen würde, oder in einem Palästinenserstaat, wenn es soweit ist, würde ich mir selbst ein leichtes Leben machen. Das heißt – dort sein, wo es für mich bequemer ist.«

»Aber du hast dich auch dort fremd gefühlt.«

»Stimmt... sie schreckten vor mir zurück.. eine Israelin... Ich habe sogar gehört, daß sie angefangen haben, uns ›Sahne-Araber‹ zu nennen, wir sind für sie Leute, die an Sahne gewöhnt sind. Wobei sie das Wort ›Sahne‹ absichtlich auf Hebräisch sagen.« Sie lächelte bitter, achselzuckend: »Was soll ich dir sagen? So ist unsere Lage... Ich mache mir keine Illusionen: es gibt niemanden, der wirklich will, daß wir dazugehören. Auch als Arafat in Algier seine Deklaration verkündete – er sprach nicht von uns. Auch bei der Friedenskonferenz, die stattfinden wird, werden sie uns nicht erwähnen. Wer also kämpft meinen Kampf?«

Zwischen ihren fragend ausgebreiteten Händen dehnte sich für einen Moment das verborgene Netz, das sich zwischen den Palästinensern dort und hier spannt, die beiderseitige Mißgunst, der Neid, die Beschuldigungen, die sie sich gegenseitig vorhalten – wir sind hiergeblieben, in Unterdrückung und Erniedrigung, um das Pfand der Erde hier zu hüten, und ihr seid geflohen, habt die Heimat preisgegeben; nein, ihr seid bloß dageblieben, um dem Feind zu dienen, wie eine Frau, die von einem Mann vergewaltigt wurde und damit einverstanden ist, seine Nebenfrau zu werden, während wir in Leid und Kampf den wahren Funken des Volkes hüten; ihr... ihr habt sogar den heroischen Freiheitskampf in eine Serie von Morden verwandelt, ihr habt nichts gelernt seit '36; und was habt ihr gelernt? Nur schön dahinreden... Ein Knäuel von Schuldgefühlen, und die Folge – gegenseitige Schuldzuweisungen, und ein tiefgreifendes Gefühl von Verrat, das an den einen wie den anderen nagt, Verrat an der Erde, Verrat an der Freiheit, Verrat an den Verpflichtungen dem

Schicksal gegenüber, das für immer das Leiden ist, und Verrat schon aus dem einfachen Grunde, weil deine Existenz anders ist als die meine; Verrat, an dem vielleicht niemand schuld ist, und trotzdem muß irgend jemand schuld daran sein, denn es bleibt immer irgendein unteilbarer Rest an Wut und Frustration, den sie gegen Israel wenden.

Ich stieg die gewundenen Straßen von Taibe zum Hause Marwa J'baras und ihres Vaters hinauf. Auf den Gehsteigen an der Hauptstraße waren Olivenbäume gepflanzt, es gab französische Straßenlaternen, mehrstöckige Häuser, wie in den Vierteln von Kfar Saba, und in den Höfen einen Traktor oder einen Stroh kauenden Esel oder drei Ziegen, mit ihren Vorderläufen nachdenklich an einen Obstbaum gelehnt. Je weiter man zu dem Haus auf der Spitze des Hügels hinaufstieg, desto enger und staubiger wurden die Straßen, überall hochgezogener Beton, aber bei Marwa, in dem kleinen gepflegten Hof, gab es einen wundervollen Limonenbaum, das Haus war warm und einladend, summte vor Gästen, Nachbarn und Kindern. Die ganze Zeit kamen Leute.

In der Zimmerecke eine ›Skulptur‹, die sie aufgestellt hatte, aus Gasgranaten, die die Polizei verschossen hatte, und Mauerstücken der Häuser, die die Sicherheitskräfte am ›Tag des Hauses‹ in Taibe zerstört hatten. Bänder in Rot, Schwarz und Grün umhüllten die Stahl- und Steinstücke. Über ihrem Kopf das Bild eines jungen Mannes, der ein Schiff mit einer Miniaturausgabe der Omar-Moschee zur Küste hin zog. Um das Fenster herum, wie um die Fenster in allen palästinensischen Häusern, die ich besucht habe, zeichnete sich – wie eine Art ironischer Rahmen für die ganze Geschichte – das bekannte Rechteck ab, den der Klebstreifen aus den Tagen des Golfkrieges hinterlassen hatte. Marwa selbst war klein, wirkte aber trotzdem hochgewachsen; mit durchgedrücktem Kreuz ging sie wie eine Fürstin. Und wenn einer der Anwesenden im Zimmer, ihr Vater oder einer ihrer Freunde, die auf Besuch gekommen waren, ihren Worten widersprach, schoß sie einen entsprechenden Blick auf sie ab, und dann konnte ich sie mir vorstellen, klein und tapfer, mit gesträubtem Gefieder, wie sie zum Beispiel in die Halle marschierte, in der sich im vergangenen Jahr die Vertreter aller arabischen politischen Parteien zum ›Tag der Erde‹ versammelt hatten, dreihundert Männer waren dort, und Marwa J'bara stand da und verlangte zu wissen, wie es möglich war, daß keine Frauen dabei waren, »und damals war Ramadan, und die Versammlung hatte gerade die erste Mahlzeit nach dem Fastenende zu sich genommen, und die Männer kamen, um zuzuhören und zu diskutieren, und da sagte ich zu ihnen, ich will auf der Stelle hören, warum eure Frauen nicht hier sind? Habt ihr sie etwa daheim gelassen, um das Geschirr hinter euch abzuspülen oder das Essen für morgen zu kochen? Oder sind die Symposien vielleicht nur für euren Auftritt gedacht, und sie müssen zu Hause bleiben?«

»Und wie haben sie reagiert?«

»Ein Teil lachte. Einer sagte: ›Bei Allah, gestern erst ist mir eingefallen, daß wir keine Frauen eingeladen haben!‹ Und lachte auch. Verstehst du: Wir sind dreimal unterdrückt: zuerst einmal die politische Unterdrückung, gemeinsam mit den Männern; dann unterdrücken uns die unterdrückten Männer – das ist ganz logisch, und deshalb wird sich, wenn wir mit dem politischen Kampf Erfolg haben und die Unterdrückung aufhört, auch unsere Unterdrückung in unserer Gesellschaft auflösen –, und dann haben wir noch eine dritte Art von Unterdrückung, und das ist unsere Selbstunterdrückung. Wir haben immer noch ein Problem damit, die arabische Frau davon zu überzeugen, daß sie unterdrückt ist.

Dazu kommt noch, daß wir so jung sind. Denn wenn wir unsere Pläne anschauen, was wir mit der arabischen Gesellschaft vorhaben, und dann uns anschauen – dann liegt scheinbar ein Abgrund dazwischen. Immer muß irgendein Mann dasein, der das alles macht. Jemand, der stark ist, der im Sessel sitzt, mit Bauch, und dann wird sein Plan übernommen. Bei jungen Mädchen auf Diät, da ist das anscheinend viel schwieriger...«

›Jafra‹ ist nicht die einzige Frauenorganisation, die in der letzten Zeit in der arabischen Gesellschaft in Israel aktiv zu werden begonnen hat. Vielleicht ist das Auftauchen solcher Organisationen und der neue Geist, der in ihnen weht, die Ursache dafür, daß die Ermordung des jungen Mädchens in Ichsal eine Schockwelle auslöste, die die arabische Gesellschaft erschütterte und in die Konventionen einbrach, bis hin zu offener Kritik und Demonstrationen gegen die Zivilverwaltung. Ein Fremder kann sich nur schwer die Mauern vorstellen, die die Aktionen der neuen Frauenbewegungen einzureißen gezwungen waren. In mancher Hinsicht verschlangen sie Hunderte von Jahren – auf einen Schlag. Das Blut des Stammes war aufgezehrt, und davon zehrte der voranschreitende Feminismus.

»Und dann die Sache mit der Jungfernhaut. Bis heute wird ein Mädchen nach ihrer Jungfräulichkeit bewertet, und das bringt mich um. Denn es gibt viele Mädchen, die tun und lassen, was sie wollen und mit wem sie wollen, und ein paar Tage vor der Hochzeit haben sie dann eine kleine Operation, die . . . also sie lassen sich wieder zusammennähen, gehen zu einem jüdischen Arzt, ganz sicher einem jüdischen, und alles ist in bester Ordnung! Und da ist nun meine Nachbarin, die steht gerade kurz vor der Scheidung, weil sie geheiratet hat und Jungfrau war, aber kein Blut da war. Vielleicht hatte sie schon von Geburt an kein Jungfernhäutchen, oder vielleicht, vielleicht. Und jetzt, zwei Monate nach der Hochzeit, wird sie geschieden, und das will einem nicht in den Kopf, daß es eine solche Primitivität gibt.«

Ich fragte, ob ›Jafra‹ auch für das Recht der arabischen Frauen kämpfte, mit Frauen zusammenzuleben.

J'bara blinzelte mit den Augen: »Meinst du – lesbisch?«

»Lesbisch.«

»Schau . . . das ist sehr kompliziert . . . sehr extrem . . .«

Ihr junger Hals lief rosa an, und sie kicherte verlegen: »Wenn eine so leben will . . . nun gut, das ist ihr freigestellt, ich schreibe ihr nicht vor, wie sie zu leben hat, aber bis ich soweit bin, über so etwas zu reden, muß ich erst einfachere Dinge erreichen, die für uns Dinge auf Leben oder Tod sind...«

Dann erzählte sie vom ›Kilukal‹. Es sind im Prinzip zwei Wörter, die zusammengesetzt wurden: ›man sagt und er sagte‹, was soviel wie Gerede, Klatsch bedeutet. Es ist eine der effektivsten Waffen in der arabischen Gesellschaft. Es ist die Peitsche, die über den Köpfen der jungen Kamele zittert, die leichtfüßig ihres Weges ziehen, und auch über dreisten Lämmern. Eine höchst effektvolle Waffe, der sich jeder gegen jeden bedienen und die manchmal auch tödlich sein kann. Nach Schätzungen der Gruppe ›Schutafut‹, einer jüdisch-arabischen Gruppierung, die gegen das Phänomen von Morden aus verletzter Familienehre kämpft, werden jedes Jahr in Israel etwa vierzig Frauen ermordet. Das ›Kilukal‹ spielt bei diesen Morden eine zentrale Rolle. Auch Frauen, die das Dorf verlassen haben und an der Universität in der Stadt studieren, finden sich unter der Beobachtung des allwissenden Auges wieder. Gebildete Männer und Frauen, dem äußeren Anschein nach aufgeklärt, machen gemeinsame Sache mit dem Verfolgungs- und Strafapparat, an dessen Anfang ein Flüstern und am Ende bisweilen eine scharfe Messerklinge steht.

»Wir in der ›Jafra‹ haben große Angst davor«, sagte J'bara, »und bei jedem Schritt, den wir machen wollen, haben wir das ›Kilukal‹ im Hinterkopf, denn wir sind klein, Anfängerinnen, und wir wollen verändern und beeinflussen, aber jeder kleinste Sturm kann alles, was wir wollen, zunichte machen.«

»Und gibt es ›Kilukal‹ auch über dich?«

»Ich weiß es nicht. Vielleicht ja. Über mich ist das verbreitetste Gerücht, daß ich verhaftet worden bin. Daß ich im Gefängnis bin. Es gibt Leute, die ganz erstaunt sind, mich zu sehen: Ach, wir dachten, du bist verhaftet worden!«

»Und wenn du im Dorf umhergehst, so gekleidet, mit einem ziemlich freizügigen Hemd, zieht das nicht die bösen Zungen auf dich?«

»Nein. Denn wann redet man schon über die Kleidung eines Mädchens? Wenn sie schwach ist. Wenn das einzige, wogegen sie überhaupt rebelliert, die Kleidung ist. Wenn nur die Veränderung der Kleidung auf ihrer Fahne steht. Dann wird über sie geredet. Aber wenn sie in jeder Hinsicht unabhängig ist, können sie nicht mit Vorwürfen daherkommen. Ich habe schließlich nicht nur in dieser Hinsicht rebelliert, sondern auch in anderen.«

Marwas Vater, Schacher J'bara, fünfzig, hörte ihr die ganze Zeit zu, betrachtete sie mit Stolz und auch mit leichter Verwunderung. Von ihm hatte Marwa ihre blauen Augen, und vielleicht war auch sein Blick einmal so durchbohrend wie der ihre gewesen. Als ehemaliges Mitglied der Bewegung ›Alard‹ hatte er im israelischen Gefängnis gesessen; davor war er Lehrer. Ein Mann von kleiner, starker Statur, mit einem braunroten Schnurrbart, der sein Lächeln umrahmte:

»Ich möchte zuerst einmal ein Komitee zur Befreiung des Mannes gründen.«

Die Anwesenden lachten. Marwa lächelte nicht einmal: »Zum Beispiel diese Bemerkung meines Vaters, das ist nicht einfach nur so dahingesagt. Es verbergen sich viele Dinge hinter diesem Satz. Vielleicht möchte sich Vater bitte näher darüber auslassen.«

»Gebe ich dir nicht die Rechte, die du willst, Marwa?«

»Ach! Ich will dich etwas fragen: wirst du vielleicht nicht bedroht und unter Druck gesetzt wegen der Gerüchte im Dorf, daß man mich verhaften will? Und stimmt es etwa nicht, daß du deswegen meine Aktivitäten einschränken wolltest?«

Schacher J'bara räusperte sich, richtete sich ein wenig auf: »Ich bin stolz auf deine Aktivitäten für das palästinensische Volk. Ich bin stolz, daß du deinen Beitrag für eine gute Sache leistest, du mußt nur an die Grenzen dabei denken und die rote Linie nicht über...«

Sie sprang von ihrem Platz auf: »Was soll das sein, die rote Linie, Vater!«

»Die rote Linie, das heißt, nur in organisierter, legaler Form tätig sein, und auch da – trotzdem, jede Gesellschaft hat ihre eigene Moral, und auch bei mir kann es manchmal vorkommen, daß ich Kritik an meiner Tradition habe, aber ich kann nicht auf die Straße gehen und dagegen anschreien. Ich bin auch verpflichtet, mich ihr zu unterwerfen, vernünftig zu sein.«

Marwa J'bara schwieg. Ihre Ferse trommelte auf den Boden.

Der Vater: »Das ist erstens. Und zweitens – bei ihr ist die Temperatur immer zu hoch. Und ich sage zu ihr, wenn du weitermachen willst, wirst du deine Temperatur ein bißchen abkühlen müssen. Nicht auf hundert: auf siebzig.«

Marwa, mit schmollenden Lippen: »Vater macht weiter auf seine Art und mit seiner Meinung, aber mir erlaubt er das nicht. Er hat Angst, daß ich mache, was ich will, daß sie mich verhaften könnten. Auch er hat das ›Kilukal‹ gehört, aber das sind Gerüchte, die vielleicht sogar der Geheimdienst verbreitet, um unsere Aktivitäten, die der neuen Frauen, zu hintertreiben.«

Damit ging sie hinaus.

Zwei Wochen später trafen wir uns in Tel Aviv. Sie kam, sommerlich und hübsch, wie üblich über irgend etwas in kochende Erregung versetzt, und bat mich um meine Beurteilung einer Angelegenheit, bei der ihr ihrer Meinung nach unrecht getan worden war. Sie faßte sich und seufzte zur Begrüßung: »Nicht so wichtig, es nützt mir sowieso nicht... siehst du, auch ich beuge mich...« Die junge Bedienung bot ihr mit schwerem russischen Akzent Orangensaft an, und J'bara fragte nach: »Ist er frisch gepreßt?« Die junge Russin sah sie verwirrt an: »Was heißt.. ich verstehe die Wörter nicht...« Marwa warf mir aus den Augenwinkeln einen Blick zu, und zwischen den beiden jungen Israelinnen ragte für einen Moment eine Wand von Fremdheit und Distanz auf. »Aus der Dose will ich keinen«, sagte Marwa zwischen den Zähnen, die arme Bedienung trat den Rückzug an, und ich dachte an die duftenden Orangen in den Liedern Siham Dauds, an die Sehnsucht der Dichter Samih Alkassem und Mahmud Darwisch, zwischen ›zwei Stückchen Orange‹ und vor allem daran, wie sehr das alles ausgepreßt war.

»Mein Vater«, erzählte sie mir bei diesem Treffen, »hat bis heute nicht begriffen, daß ich schon zweiundzwanzig bin, und daß ich etwas Eigenes bin, außerhalb von ihm. Außerhalb seines Körpers. Und ich kriege es einfach nicht zusammen, mir mein Leben selbst einzurichten. Aber ich werde kämpfen. Auch mit ihm trage ich einen Kampf aus. Ich rebelliere gegen ihn. Er benimmt sich wie jeder andere Vater auf der Welt. Hat Angst um seine kleine Tochter, daß sie bloß nie erwachsen wird, und tut so, als ob er sie behüten müßte. Und ich will ihn davon überzeugen, daß ich erwachsen geworden bin. Groß geworden. Ich stehe sogar manchmal neben ihm und sage zu ihm, schau, sogar physisch bin ich größer als du.«

Ich dachte an ihren Vater, wie er sich auf sie gestürzt hatte, als sie ein kleines Mädchen war, und, ohne ein Wort zu sagen, eigenhändig ihren Kuchen zu Bröseln zermalmt hatte. Wie gewalttätig war dieser Vorfall, in dem sowohl politischer Protest und männliche Aggressivität mitspielten als auch die Demütigung ihres jungen Frauseins, das im Moment fest geschnürt und zur Faust geballt war.

»Aber vielleicht ist es für deinen Vater ein bißchen schwierig, auch wenn er fortschrittlich und liberal ist, es ist schwierig für ihn, daß du so extrem und kompromißlos bist.«

»Und wenn schon – das ist sein Problem. So wie er mich erzogen hat, ist es nur natürlich, daß ich so geworden bin.«

Dann erzählte sie mir von ihrer Kindheit. Von ihrer Mutter, die an Krebs starb, als Marwa sechs Jahre alt war.

»Ich habe Mutter sehr genau in Erinnerung. Sehr, sehr stark. Ich flüchtete vor ihr immer zu meinem Vater, denn er war irgendwie nachsichtiger. Sie war das, was man heute eine ›befreite Frau‹ nennen würde. Eine Feministin. Und viele Leute, die sie kannten – wenn sie mich jetzt sehen, sagen sie, daß das wirklich sie ist. Und ich – meine Unabhängigkeit habe ich, ohne es zu wissen, von ihr mitbekommen. Ohne daß sie mich dazu erzogen hätte.

Ich lernte, alles, wirklich alles alleine zu machen. Sogar meinen Zopf machte ich mir selbst. Und schon mit zwölf kochen und nähen. Viele Dinge auf der Welt passieren, weil etwas gefehlt hat, nicht vorhanden ist, und dieses Nichtvorhandensein hat auch mir viel gegeben, denn ich war es, die alles ausfüllen mußte. Und heute sehe ich es und sage – mein Vater, er hat sie sehr geliebt. Sie war alles für ihn. Dann geht mir manchmal der Gedanke durch den Kopf, vielleicht hat er mich irgendwie ein bißchen so erzogen, wie sie war?«

3. Kapitel

Sie und wir, sie zwischen ihnen und sich selbst. Sie und die anderen.

Sie waren alle versammelt: sieben Mitglieder der Familie Kabha. Alle Dorfbewohner von Barta'a. Vier lebten im israelischen Barta'a und drei – im Ostteil des Dorfes, in der Intifada.

Das Dorf Barta'a erstreckt sich zu beiden Seiten eines Wadis, und alle Bewohner sind Mitglieder einer einzigen Sippe, die Kabha. Ihre Ursprünge lassen sich bis ins 18. Jahrhundert zurückverfolgen, ihre Chronik wurde als Zeugnis und zur Erinnerung auf Hirschhaut niedergeschrieben. Viele Jahre lebten die Kabhas in ihrem Dorf fernab von der Hauptstraße, heirateten untereinander, bearbeiteten ihr Land, bis eines Tages, im Jahre 1949 auf der griechischen Insel Rhodos, auf einer der Versammlungen der Kommissionen, die das Waffenstillstandsabkommen zwischen Israel und Jordanien abfaßten, jemand eine gerade grüne Linie durch das Tal zwischen den zwei Dorfteilen zog; mit einem Handstrich riß er Familien, Freundschaften, Grund und Boden auseinander, ein Lebensnetzwerk. Aus einem vollständigen Dorf wurden zwei mangelhafte Hälften und die beiden Stümpfe ihrem Schicksal überlassen.

Achtzehn Jahre lang sehnte man sich nach einander. Und jede Seite hatte das Gefühl, daß sich vieles ausgerechnet auf der anderen Seite befand. Daß das amputierte Glied nicht weniger konkret als das vorhandene war. Israelische und jordanische Soldaten verhinderten den freien Durchgang für Zivilisten, und dann, als sich die Zwischenfälle zwischen den beiden Armeen häuften, wurde im Wadi ein Grenzzaun gezogen. Trotzdem war die Trennung nicht absolut: Schmuggler überquerten die Grenze und brachten auch Nachrichten und Grüße mit; freudige Familienereignisse wurden immer auf einem Hügel gefeiert, der auf die andere Seite hinüberschaute; ein schmaler Kanal wurde gegraben, der Wasser von der Quelle, die auf der israelischen Seite geblieben war, ins Zentrum des jordanischen Barta'a brachte, und die Frauen im ›israelischen‹ Teil ließen Papierschiffchen mit Grüßen an ihre Freundinnen den Kanal hinunterschwimmen. Von den Hügeln schrien sich die Leute ihren familiären ›Anzeigenkalender‹ zu, wer geboren war und wer gestorben; die einen sahen zu den anderen mit Neugierde hinüber, wie eine Art Zauberspiegel, der sein eigenes Leben hat, er kann unser und ebenso unser anderes mögliches Schicksal widerspiegeln.

Im Sechs-Tage-Krieg wurde die grüne Linie durchbrochen. Die beiden Hälften rannten einander entgegen, trafen sich im Wadi, fragten sich gegenseitig ein paar Stunden lang aus und kehrten jede für sich betreten wieder in ihr Dorf zurück.

»Plötzlich sahen wir, wie verschieden sie von uns waren«, erzählte mir vor viereinhalb Jahren Riad Kabha, der Muchtar des israelischen Dorfes: »Wir lebten schon seit neunzehn Jahren bei den Israelis. Wir waren moderner als sie, freier und offener. Es fiel uns schwer, uns an sie zu gewöhnen. Ihr innerer Rhythmus war anders... Der Kontakt mit ihnen war peinlich und unangenehm: sie hatten die ganze Zeit unter dem jordanischen Unterdrückungssystem zugebracht und ihre Verbindung mit der Außenwelt war stark eingeschränkt. Die jordanischen Soldaten lebten mitten unter ihnen und terrorisierten sie, und die Floskel ›Jawohl, mein Herr‹ war ihnen ein geläufiger Ausdruck und beeinflußte ihr ganzes Verhalten... Bei ihnen wohnte der verheiratete Sohn weiter bei seinem Vater. Bei uns hören sie schon viel weniger auf den Rat des Vaters, und jeder für sich geht in die Welt hinaus...«

Ich notierte seine Worte. Ich wollte damals ein gemeinsames Treffen der beiden Barta'as organisieren. Es gelang mir nicht. Beide Seiten weigerten sich. Also wechselte ich nach den Begegnungen in der israelischen Hälfte auf die jordanische Seite des Dorfes über und sprach über lange Stunden hinweg mit den jungen Leuten dort. Als die drei jungen Männer aus dem ›Osten‹, mit denen ich mich damals getroffen hatte, hörten, was die ›Westler‹ über sie gesagt hatten, schossen sie in die Höhe: »*Sie* haben mehr gelitten als wir? Wie viele Jahre hatten sie ein Militärregime, und wie viele Jahre wir? Und bei uns ist noch nicht einmal ein Ende abzusehen! Sie reden von Unterdrückung? Was verstehen sie überhaupt von Unterdrückung? Sie sagen, daß wir Land verkauft haben? Gut, es gibt welche, die ihr Land verkaufen, und es gibt andere, die ihre Seele verkaufen...«

»Du mußt verstehen«, sagte mir damals Jaudat Kabha, »daß ich, weil ich hier lebe, in der Westbank, ein internationales Problem darstelle. Über mich redet und diskutiert die ganze Welt. Über ihn – keiner. Ich bin frei im Geiste, ich weiß, daß ich aus vollem Herzen sagen kann, was ich von ihnen, von der Besetzung halte. Er kann das nicht. Er ist schon völlig verstrickt mit euch. Er darf nicht einmal daran denken. Am besten denkt er gar nicht.«

Viereinhalb Jahre waren seit damals vergangen. Unter großen Mühen gelang es mir, das Treffen im israelischen Barta'a zu arrangieren. Auch diesmal freuten sich die beiden Dorfhälften nicht darauf zusammenzukommen; aber diesmal, nach einigen Verschiebungen und Ausflüchten, fand das gemeinsame Treffen statt.

Die ›Israelis‹ erwarteten mich im Hause von Sufian Kabha. Ein prächtiges, schönes Haus, »das Lebenswerk meines Vaters, meiner beiden Brüder und mir«. Um die Wahrheit zu sagen, viele Häuser auf dieser Seite des Dorfes erscheinen einem wie ein ›Lebenswerk‹: groß, geschwungene Linien, wie leichte Schiffe auf Säulen. Die Höfe sind gepflegt, drinnen stehen Olivenbäume, Granatäpfel und Früchte aller Art. Demgegenüber das östliche Barta'a – ein ärmerer Anblick, asketisch und wie an den Hügel geklebt, von seinen ungepflasterten Straßen wirbelt Staub auf, seine Mauern sind ausgebessert, geflickt. Die meisten Gebäude scheinen irgendwie dem Boden näher zu sein, eine Art architektonische Symbiose.

Wir setzten uns also, unterhielten uns im Hause von Sufian Kabha und warteten auf die ›Ostler‹.

»Was bei uns passiert ist, während der Intifada?« Ra'afat Kabha, neunundzwanzig, Lehrer an einer arabischen Schule in Jaffa: »Die Wahrheit ist, auf unserer Seite ist nichts Besonderes passiert. Außer dem nationalen Bewußtsein, das entstanden ist. Die meisten Dorfbewohner, hauptsächlich die meisten jungen, wissen jetzt, daß es ein Volk gibt. Daß sie zu diesem Volk gehören, das um seine Freiheit kämpft.«

»Das heißt – jetzt fühlst du dich mehr als Palästinenser als vor fünf Jahren?«

»Schau, vor der Intifada habe ich gezögert, mit lauter Stimme zu sagen, daß ich Palästinenser bin. Jetzt sage ich es ganz offen. Früher, wenn man mich gefragt hat, sagte ich immer, einfach so, israelischer Araber. Jetzt bin ich stolz auf mein Palästinensertum, denn es steht nicht im Widerspruch zur Staatsbürgerschaft«, betonte er, »oder zum Gesetz im Staate Israel.«

»Und wie ist zur Zeit das Verhältnis zwischen den beiden Dorfhälften?«

Nasuch Abd Alkader Kabha, dreiunddreißig: »Das Verhältnis ist sehr gut! Sowohl jetzt als auch davor, ein ganz ausgezeichnetes Verhältnis!«, und damit preßte er die Lippen aufeinander. Er sagte es nicht, er gab eine Erklärung ab; eines jener Statements, die etwas widerlegen wollen, das im Raum hängt. Es war offensichtlich, daß er, Nasuch Kabha, seine Worte im Moment gegen mich richtete: »Wir sind immer eine Familie! Meine Onkel sind schließlich dort! Die Beziehung ist seit der Intifada sogar stärker geworden! Ich weiß gar nicht, warum du überhaupt fragst?«

»Weil mir scheint«, sagte ich, » daß vor vier Jahren nicht

mit solcher Begeisterung von der anderen Seite gesprochen wurde. Weder hier noch dort.«

»Nein, nein. Eine Familie!«

»Ihr wart auch vor der Intifada eine Familie.«

»Jetzt hat das Verhältnis, wie soll ich sagen, mehr politische Bedeutung«, mischte sich Ra'afat in das Wortgeplänkel ein. Er war breitschultrig, ruhig, mit sanfter Gangart, und Nasuchs Opposition gegen mich war ihm unangenehm: »Man könnte sagen, so wie die politische Lage uns einmal voneinander entfernt hat, hat sie uns jetzt auch wieder nähergebracht. Vor der Intifada zum Beispiel zögerten die Leute, ihre Töchter herzugeben, ein Mann scheute sich, seine Tochter einem aus dem östlichen Barta'a zu geben. Aber jetzt – obwohl wir wissen, daß ihre Zukunft vielleicht noch im Nebel liegt und man unmöglich wissen kann, was aus ihnen wird – zögern wir nicht, denn sie haben den Stolz dort.«

»Und was empfindest du dabei, wenn eure Verwandten einen solch hohen Preis zahlen und ihr bleibt passiv?«

»Wir sind nicht passiv«, erklärte Ra'afat langmütig, »wir geben ihnen humanitäre Hilfe und auch Geld. Wir leben im Staat Israel, und mehr oder weniger gefällt es mir, daß ich hier lebe. Wenigstens habe ich eine wie auch immer geartete Definition, und ich lebe innerhalb bestimmter Grenzen in einem bestimmten Staat. Und dieser Staat hat Gesetze. Dagegen kann man nichts machen.«

»Ich habe nicht nach deiner politischen Situation gefragt. Der Sohn deines Onkels sitzt in der Ausgangssperre fest, und du nicht. Wie wirkt sich das auf dein Leben aus?«

»Ich bin gereizt, ganz klar. Empfinde auch Haß. Das heißt«, beeilte er sich hinzuzufügen, »sporadischen Haß, Haß nur zu dieser Zeit eben. Siehst du, an einem Tag, an dem bei ihnen etwas los war, konnte ich vor Schmerz nichts essen. Kein Appetit, wenn man sie hinter den Fenstern hinausspähen sieht, ob sich ein Soldat dem Haus nähert. Es gab auch Tage, an denen die israelische Armee dort eingedrungen ist und den Ausnahmezustand verhängt hat, die Soldaten schwärmten dort in den Straßen aus, und wir waren alle auf den Dächern hier, schauten zu, sahen, wie die Soldaten ins Haus der Tante eindrangen, zwei meiner Schwestern wohnen dort, Lampen zerbrachen, Schränke zertrümmerten. Ich sah, wie ein Soldat auf den Lautsprecher der Moschee schoß..., wenn die Armee dort anrückt, wird das Gefühl der Verbindung stärker, alles Blut schießt in den Kopf. Aber ich weiß, daß ich dem Gesetz unterliege und nichts machen kann.«

Nasuch: »Die Intifada hat mir das wahre Gesicht der Juden gezeigt. Dinge, von denen ich nur von ferne gehört hatte, und plötzlich kamen sie auf mich persönlich zu. Man geht nicht in ein Haus hinein und zerschlägt Sachen, einfach so, zerschlagen, fluchen, und die Flüche schließen auch die im westlichen Barta'a mit ein, schmutzige Araber, Araber, fickt euch doch ins Knie, und das vor unseren Kindern und auch noch auf Arabisch, damit ganz sicher ist, daß es alle verstehen. Aber was kann ich dagegen tun, außer mit Geld zu helfen, mit Lebensmitteln. Wirklich physische Hilfe bin ich nicht bereit zu leisten. Ich lebe unter den Gesetzen des Staates Israel. Das tut weh. Siehst du: Das eine sind die Gesetze des Staates, und das andere die Gesetze des Bluts!« Er schwieg, und auf einmal hielt er mir wieder entgegen: »Aber was kann ich machen? Ich kann sie nur beneiden, daß sie für ihre Freiheit kämpfen, stillhalten und mir die Hände festbinden, auf mich selbst wütend sein und meine innere Stimme zum Schweigen bringen, es ist nichts zu machen...«

»Ich habe gehört, daß sie zu Beginn der Intifada versucht haben, auch euch mit hineinzuziehen. Sie haben hier Autoreifen verbrannt, PLO-Fahnen gehißt, hat euch das nicht gestört?«

Nasuch: »Das denkst *du* vielleicht, daß mich das geärgert hat. Sie haben überhaupt nicht daran gedacht. Sie wollten nur meine Identität stärken.«

Nasuch Kabha war Naturkundelehrer. Er studierte im Lehrerseminar in Haifa. Er hatte fünf Kinder. Ein magerer Mann mit hervortretenden Adern, der bitter und sehr ruhig sprach. Seine Gefühle kamen hauptsächlich durch die bruchstückhafte Art, wie er die Worte setzte, zum Vorschein: »Ich gehöre nur geographisch zum Staat Israel. Laut dem Abkommen, das mir diktiert wurde. Ich bin ein Angestellter des Unterrichtsministeriums. Kriege Gehalt. Wohne hier. Aber vom geistigen Standpunkt aus, seelisch, gehöre ich zum palästinensischen Volk. Sag du mir doch, wie ich in dieser Situation Kinder unterrichten soll. Ein einfaches Beispiel: Ich bin hier auf viele Schüler gestoßen, die, sagen wir mal, eine palästinensische Fahne zeichnen. Jetzt muß ich dem Schüler also sagen, daß das verboten ist. Aber in den Augen der Schüler werde ich damit ein Verräter. Und vielleicht würde ich auch meinem Gefühl nach ein Verräter. Wenn ich mit seinem Bild einverstanden bin, kündigen sie mir vielleicht oder laden mich zum Verhör vor. Was soll ich also tun? Ich sage einfach gar nichts. Tue so, als ob ich es nicht bemerkt hätte.«

»Wie kann man in einer solchen Situation jungen Menschen Werte beibringen, Anständigkeit, Mut?«

Aber damit brach die Unterhaltung ab, eine Antwort erhielt ich in diesem Augenblick nicht mehr, denn drei junge Männer aus dem östlichen Barta'a traten ein. ›Eintreten‹ ist nicht das richtige Wort dafür. Sie stolzierten herein. Drei Männer um die zwanzig und älter, offenbar Führer der Intifada im östlichen Barta'a. Man konnte förmlich spüren, wie mit einem Mal ein Hauch von Furcht die Gesichter der Araber von der israelischen Seite überschattete. Keine Angst. Aber eine Art Demutshaltung. Nach dem Gespräch, als ich einen der Bewohner des westlichen Barta'a fragte, ob sie die ›Ostler‹ immer noch mit abgrundtiefer Verachtung ›Westjordanier‹ nannten, sah er sich hastig um und sagte: »Nur wenn du sterben willst, nennst du sie so.«

Die drei Männer aus Ost-Barta'a fragten mich einige Minuten lang aus, ihre Augen ausdruckslos auf mich geheftet. Schließlich waren sie geneigt zu reden und stellten sich mit Decknamen vor. Ich werde sie im folgenden mit Buchstaben bezeichnen, nach ihrer ›Rangordnung‹, die sehr augenfällig war. Zunächst fragte ich nach den Veränderungen, die sich im östlichen Barta'a seit Ausbruch der Intifada ergeben hatten.

A.: »Gut, es gab sicher Veränderungen. Unsere Solidarität und gegenseitige Hilfe hat sich stark entwickelt. Und es gibt auch organisierten Widerstand gegen die Armee. Es gibt Jugendorganisationen, die dafür verantwortlich sind, den Kampf gegen die Armee zu organisieren. Wie das Dorf verteidigt werden kann, wenn die Armee am Tag angreift, und wie in der Nacht, und alles nach einem vorher schriftlich festgelegten Plan. Klar haben wir wegen unseres Kampfes wirtschaftliche Schwierigkeiten und gesellschaftliche Probleme, aber die Organisationen arbeiten daran, all diese Probleme zu lösen, und sie tun etwas für die Solidarität, denn sie unterstützen auch die armen, hungernden Familien.«

Er beendete seine Rede, die in bestimmtem Ton vorgetragen worden war, wie eine Rezitation. Dann hob er vor mir den Finger hoch: »Schreib: '48 ist ein Teil von uns. Es gibt Blutsbande sowie die Bande einer palästinensischen Identität zwischen uns. Die Intifada hat diese Bande nicht geschaffen. Sie hat sie einigen Leuten nur deutlich gemacht. Die meisten Leute von '48 haben das schon vor langer Zeit entdeckt.«

Ich betrachtete die ›'48er‹: Riad Kabha, Sufian Kabha, Nasuch, Ra'afat – differenziert argumentierende Menschen, mit der israelischen Existenz bereits in vielerlei Fasern verknüpft und verwoben, teils schmerzhaft, teils hoffend; vielleicht konnte man deshalb jedesmal bei der Unterhaltung, wenn ihnen jemand von den ›Ostlern‹ das '48er wie ein Lasso hinwarf, um sie an die gemeinsame Fahnenstange zu fesseln, spüren, wie sich für einen Augenblick etwas in ihnen unbehaglich regte, als sei da eine hauchdünne Spur von Distanzierung, ähnlich dem Zucken der Pupille bei jemandem, in dessen Namen man sich getäuscht hat.

Ich wandte mich an die ›Westler‹ und erwähnte die harten Worte, die ich bei meinem letzten Besuch hier aus dem Munde ihrer Verwandten in Ost-Barta'a über sie gehört hatte.

»Ich kenne die Leute, die dir das gesagt haben«, antwortete Sufian Kabha, »und ich glaube nicht, daß der, der dir das gesagt hat, mehr nationalen Stolz hat als ich. Ich weiß nur, daß ich mittlerweile alle Dilemmas meiner Identität als Palästinenser in Israel bewältigt habe. Man kann unmöglich über mich sagen, daß ich ›vor mich hindämmere‹, wie sie zu dir gesagt haben. Ganz im Gegenteil: Ich habe mir Gedanken darüber gemacht, vielleicht nicht weniger als er, denn ich mußte mir eine Situation erklären, die komplizierter ist als seine: Wie im Staat Israel leben und gleichzeitig für mein Volk kämpfen. Ich habe keine doppelte Identität, auch keine verwaschene Identität, und ganz sicher habe ich keine vor sich hindämmernde Identität. Ich habe gelernt, die Identität als israelischer Bürger mit der palästinensischen Identität zu koordinieren, und sie ist jetzt eine einzige Identität, nur komplexer.«

Die Männer aus Ost-Barta'a lauschten ihm aufmerksam. Dann begann A. und sagte: »Was das Buch ›Der gelbe Wind‹ betrifft, das heißt – was du da über Barta'a geschrieben hast, das war nicht objektiv. Die Kritik, die du bei uns über unsere Brüder im ›Westen‹ gehört hast, und auch das, was sie dir möglicherweise über uns gesagt haben, das war von Leuten, die heute gegen die Intifada sind oder sie nicht unterstützen. Solche Leute haben überhaupt kein Recht zu bestimmen, wer etwas versteht und wer nicht, wer ein nationales Bewußtsein hat und was ein Palästinenser ist.«

A. sprach Arabisch, und ich – nachdem ich wußte, daß er und seine Gefährten Hebräisch sprachen – schlug vor, ins Hebräische überzuwechseln. Er warf mir einen langen, durchdringenden Blick zu und zischte verächtlich: »Ich kann nur Arabisch!«

Das war eines der ganz wenigen Male im Verlauf jener Interviews, daß Arabisch mit mir gesprochen wurde. Alle Gespräche, die in diesem Buch wiedergegeben werden, wurden so niedergeschrieben, wie sie geführt wurden, auf hebräisch (außer es ist anders vermerkt). Darin steckte natürlich ein

Grundproblem der allgemeinen Situation: Wenn ich mich mit Palästinensern in den besetzten Gebieten traf, sprachen sie Arabisch mit mir, brachten ihre Dinge auf arabisch vor mir zum Ausdruck, regten sich auf und lachten in ihrer eigenen Sprache. Es war sehr klar, wo ihre Welt und wo die meine war. Die Dinge hatten verschiedene Namen. Auch die Intonation im Gespräch war die einer anderen Sprache, und diese innere ›Melodie‹ sagt auch etwas aus, über die Worte hinaus.

Wenn mir die Dinge auf arabisch gesagt wurden, aus dem Munde von Arabern, hatten sie immer einen schneidenden Ton, waren eindeutiger und schärfer.

Aber hier waren nun israelische Palästinenser, die in meiner Sprache mit mir redeten, auf hebräisch, mit dem Slang, den blumigen Phrasen und ihren inneren Kodes, und es war verwirrend: wenn Marwa J'bara bei jedem zweiten Satz ›irgendwie‹ einstreute; wenn Lutfi Masch'ur die bekannte Parole benutzte ›Ich bin mehr Jude als ein Jude‹; wenn ein Mitglied der ›Islamischen Bewegung‹ mir erklärte, daß alles, was sie von der Regierung in Israel brauchten ›nur Gelt, verstehst du? Gelt!‹ war (jiddisch: Geld); wenn in der alltäglichen Unterhaltung Ausdrücke aus Bibel und Talmud auftauchten, hebräische Nationaldichter und Literaten zitiert wurden; wenn mir all das auf hebräisch gesagt wurde, dann war die Sache bereits irgendwie verwickelt, unauflöslich in sich selbst verstrickt.

Eine Sprache ist bekanntermaßen auch eine Weltanschauung. Sie hebt gewisse Nuancen im Wesen hervor. Sie hat ihr eigenes Temperament und ihre eigene Libido. Sie hat Spiele und Bilder, Gewalttätigkeit und Sexualität, inneren Rhythmus und Humor, Phantasie, Spontanität und ein Maß an Intimität, das charakteristisch für die Kultur ist, die diese Sprache spricht. Auch wenn sich jemand nicht aller Schätze und Mysterien der Sprache, die er benützt, bewußt ist, lernt er auf diesem Wege instinktiv, sozusagen über-wörtlich, das immense Reservoir an Kodes, die in verschiedenen Schichten auf ihn einwirken und ihm neue Wege aufzeigen, sich damit auf die Wirklichkeit zu beziehen. Eines der Charakteristika des Feindes ist, daß er andere Begriffe verwendet, die zu den meinen im Widerspruch stehen, um mich und meine Welt zu beschreiben. Unter diesem Aspekt können die Palästinenser in Israel ganz entschieden *auch* ein Feind sein. Sie haben jedoch bereits nicht mehr das zweifelhafte Privileg, *nur* Feind zu sein. Wer eine Sprache adaptiert, so wie sie für sich das Hebräische adaptiert haben, hat sich ihr ebenso assimiliert.

Wenn sie mich nun auf hebräisch angriffen oder sich feindselig äußerten, war etwas in mir verstört und verwundert: manchmal verstärkte sich die Drohung aufgrund der sprachlichen Nähe, manchmal jedoch milderte gerade der Gebrauch des Hebräischen die erklärte Fremdheit. Als Said Zaidani mir schwor, daß er, wenn Israel ihm und seinen Kindern keine Gleichberechtigung verleihe, dann versuchen werde, mir »das Leben schwerzumachen«, da ließen mich seine Worte bis in die Tiefen meines hebräischen Bewußtseins erschaudern; als jedoch Zuheir Yehia erklärte, wie sich ein Palästinenser in Israel vor irgendwelchen Beziehungen zum Geheimdienst hüten muß, wußte ich, daß wir nicht nur in der gleichen Sprache, sondern auch im gleichen Kode redeten.

Ich weiß nicht, ob es überhaupt je Zeiten gab, in denen so viele Nichtjuden Hebräisch sprachen. Laut einer Schätzung, die ich gehört habe, gibt es heute mehr Araber, die Hebräisch sprechen, als Juden in Amerika, die diese Sprache beherrschen. Eines ist Tatsache: Araber und Juden in Israel haben eine gemeinsame Sprache in allem, was man darunter versteht, und man kann nur bedauern, daß die jeweiligen Begegnungen nur in hebräischer Sprache stattfanden.

In Israel – wo die arabische Sprache eine der drei offiziellen Sprachen ist – wurde 1988 ein Vorschlag des damaligen Unterrichtsministers, Yizchak Navon, verabschiedet, Arabisch zum Pflichtfach für jüdische Schüler zu machen, eine Entscheidung, die noch nicht überall Anwendung gefunden hat, von der man jedoch hofft, sie bis zum Jahre 2000 realisiert zu haben. Ich glaube nicht, daß die Schüler nach Schulende ein Buch oder gar eine Zeitung auf arabisch lesen können, aber vielleicht können sie wenigstens einen alltäglichen, praktischen Dialog mit Arabern führen, und darin liegt bereits eine Veränderung zum Guten.

Die Bewohner von Ost-Barta'a sprachen ein sehr klares Arabisch:

A.: »Wir wollen zuerst einmal über das Thema der Liquidierungen reden, das in Israel völlig entstellt dargestellt wird. Die Verfassung der Intifada legt fest, daß nicht jeder Agent umgebracht wird. Der Agent wird je nach Verbrechen bestraft. Wenn sein Verbrechen einen Toten verursacht hat, wird man ihn töten. Wenn es aber nur Schaden und keinen Toten verursacht hat, tötet man ihn nicht. Er erhält nur zwanzig bis dreißig Peitschenhiebe und wird laufengelassen. Das ist alles. Aber bei euch versteht man das nicht! Bei euch schreiben sie in ›Yediot Acharonot‹: ›Junge in Ramalla ermordet‹, und ihr glaubt, daß er einfach so auf der Straße ging und sie hingegangen sind und ihn getötet haben! So ist das nicht: Zuerst einmal, es kann genausogut sein, daß eure Geheimtruppe das getan hat, als Araber verkleidet. Aber wenn es wirklich von uns getan worden ist, mußt du wissen, daß bei solch einer Aktion bei uns alle möglichen Stadien und Schritte vorausgehen. Wir haben ein Verhörsystem. Wie euer Geheimdienst. Wir haben Akten über Verdächtige. Wenn wir einen schnappen, verhören wir ihn und versuchen, ihn zu verstehen. Nur wenn er getötet hat, wird er getötet. Und es gibt ein Komitee von sieben bis acht Leuten, das entscheidet, was mit ihm gemacht wird. Es ist nicht einfach so, daß sie kommen und ihm den Kopf abschneiden, was glaubst denn du.«

Riad Kabha, der Muchtar von West-Barta'a, mit Brille und sanftem Gesicht, hörte sich diese Theorien schweigend an. Als ich ihn nach seiner Meinung fragte, zuckte er mit den Schultern, zögerte einen Moment und beschloß dann, hebräisch zu sprechen: »Gut, diese Morde sind anscheinend Teil der Intifada ... und du mußt wissen, daß sie jeden Menschen, bevor sie ihn töten, gründlich befragen und ihn warnen ...«

»Und du akzeptierst das? Deiner Meinung nach ist die Sache also unterstützenswert?«

»Schau, ich kritisiere das auch. Ich sage, daß das auch nicht gut ist, aber wenn der Mann ewig weiter- und immer weitermacht ...«

»Überhaupt ist das eine interne palästinensische Angelegenheit!« unterbrach ihn A.: »Es darf sich niemand einmischen!«

Für einen Moment war ich nicht sicher, an wen seine Befehle gerichtet waren: nur an mich, den Fremden?

»Kann man vielleicht sagen«, fragte ich einen der ›Israelis‹, »daß sich bei euch in den letzten vierzig Jahren verschiedene Denkformen und sogar ein unterschiedlicher Nationalcharakter entwickelt haben, verglichen mit den Palästinensern in den besetzten Gebieten?«

»Ich glaube nicht, daß bei uns ein anderer Nationalcharakter entstanden ist«, erwiderte Sufian Kabha, ein Mann mit feingeschnittenem Gesicht, leicht gebeugt, als ob das ganze Leid der Welt auf seinen Schultern läge. »Was mit uns passiert ist, ist, daß wir bis '67 von den Ursprüngen des Volkes isoliert waren, sowohl geographisch als auch kulturell, und das hat die Entwicklung unserer nationalen palästinensischen Identität aufgehalten. Und wenn man fragt, weshalb sich bei uns keine gewalttätige Opposition gegen die Behörden so wie bei ihnen entwickelt hat, so glaube ich, daß das daher kommt, weil die PLO auf die Araber in Israel verzichtet hat. Die PLO hat Mitte der 70er Jahre gesagt, man werde eine politische, keine militärische Strategie entwickeln, und hat daher die ganze Zeit gefordert, daß die Palästinenser Israels, die Teil des jüdischen Staates sind, einen rein politischen Kampf führen sollten. Man hat sie nicht dazu aufgefordert, innerhalb Israels eine Intifada zu machen. Die israelischen

Palästinenser haben das akzeptiert, denn sie haben gesehen, daß das zu ihrem Besten ist.«

»Und du hast nicht das Gefühl, daß sie dich eigentlich verraten haben? Dich aufgegeben?«

»Sie haben uns nicht verraten.« Er schüttelte den Kopf: »Wenn in den besetzten Gebieten ein palästinensischer Staat errichtet wird, habe ich das Gefühl, daß er für meinen Bruder errichtet wird, der sich im zweiten Barta'a befindet. Wenn Arafat sagt, daß ich Teil des Staates Israel bin, akzeptiere ich das ebenso, wie ich dem arabischen Familienoberhaupt gehorchen muß, einem Vater, der eines Tages den Boden zwischen seinen Söhnen aufteilt. Ich bin bereit, das zu akzeptieren, sogar wenn der Anteil meines Bruders dabei größer ausfällt.«

Ich fragte die Leute aus Ost-Barta'a, was ihrer Meinung nach die Veränderungen seien, die ihre Intifada für ihre Brüder in Israel gebracht habe.

»Heute wissen die '48er, wer sie sind«, sagte C. entschieden. »Bei den '48ern gab es nämlich ein paar, nicht viele, die sich in den Staat Israel so eingepaßt hatten, daß ihr Bewußtsein eingedämmt war. Sie erhielten ein paar Rechte, erhielten eine gewisse Ausbildung, was sie als Bürger einbinden, sie zu Israelis machen sollte, und natürlich hatte das auf einige Leute mit mangelndem Bewußtsein seine Wirkung. Denn es hat schließlich nicht jeder ein politisches Bewußtsein.«

»Und habt ihr ein anderes Verhalten von euren Verwandten im israelischen Barta'a erwartet oder eine andere Art von Unterstützung eures Kampfes?«

A. war der Wortführer. Seine Kameraden sprachen nur, um ihn zu bestätigen. Alle seine Gesten und Ausdrücke waren von Verachtung und Überheblichkeit durchtränkt: »Bereits vor der Intifada wurde entschieden, daß die '48er-Araber nicht in den Rahmen der Intifada gehören. Daß sie nur politische, moralische und wirtschaftliche Hilfe zu leisten haben...«

»Das ist keine Antwort«, bemerkte ich, »das ist eine Erklärung für die Presse, ich habe nach deiner Empfindung gefragt.«

»Ich denke nicht darüber nach, was er für mich tut oder nicht tut!« A. geriet in Zorn. »Wenn du in der Ausgangssperre bist, wenn dich die Armee einkreist und an deine Tür klopft, hast du da vielleicht Zeit, an jemand anderen zu denken? Ich sammle meine ganze Kraft des Denkens, um der Besetzung Widerstand zu leisten! Um durchzuhalten!«

»Und trotzdem habt ihr Versuche gemacht, sie in den gewalttätigen Kampf mit hineinzuziehen.«

A. beruhigte sich, entspannte sich zu einem Lächeln: »Das war nur zu Propagandazwecken. Wir wußten, wenn etwas im östlichen Barta'a gemacht würde, würde niemand darauf achten, denn wir sind weitab von der Straße. Wenn wir das aber im ›israelischen‹ Barta'a tun, würden alle kommen. Presse und Fernsehen. Das war nur eine Kriegslist. Taktik.«

(Wenige Tage darauf traf ich einen jungen Palästinenser, etwa um die dreißig, einen Bewohner des israelischen Barta'a, der bei jenem Treffen nicht anwesend war. Von ihm erfuhr ich einige Dinge, die mir auf dem gemeinsamen Treffen niemals hätten zu Ohren kommen können. Seinen Worten zufolge waren die Leute in seinem Dorf äußerst beunruhigt über den Kampf, den die ›Ostler‹ auf ihrem Boden zu führen begonnen hatten. Einen Kampf, der das Hissen von PLO-Fahnen auf Gebäuden beinhaltete, was oft im Widerspruch zum Willen ihrer Besitzer stand – ein Hauseigentümer, der es wagte, eine solche Fahne herunterzuholen, wurde schwer zusammengeschlagen –, sowie Graffiti mit feindlichen Parolen gegen Israel oder Brandstiftung in den Wäldern nahe dem Dorf. Die Dorfobersten des israelischen Barta'a machten sich mit einer Delegation auf den Weg ins andere Barta'a und wurden bei den Führern der Intifada vorstellig. Bei den Gesprächen wurden den Leuten aus dem ›israelischen‹ Dorf schwerwiegende Dinge vorgeworfen: »Wir kämpfen für euch, um einen Staat zu schaffen, in dem auch ihr irgendwann einmal wohnen könnt, und ihr führt euer Leben weiter wie gehabt; uns töten sie, und ihr laßt bloß Geld, kein Blut fließen«, und weiter: »Was ist das für ein gemeinsames Schicksal, wenn ihr ungerührt mit den Israelis zusammenlebt, die uns übel mitspielen?« Aber am Ende, und als Folge von Anweisungen ›von draußen‹, wurden die Grenzen und auch die Erwartungen festgelegt. Trotzdem gab es auch jetzt noch Spannungen und Explosionsstoff. »Diese Woche zum Beispiel«, erzählte mir der junge Palästinenser, »war eine Hochzeit im Dorf, und genau da wurde ein Palästinenser in Jenin getötet. Die Braut wollte Musik spielen lassen. Die jungen Männer aus Ost-Barta'a kamen zu ihr und sagten, wenn sie die Lautsprecher anstellen würde, würden sie vier oder fünf Maskierte bei ihr vorbeischicken und ihr die Hochzeit kurz und klein schlagen. Sie verzichtete auf die Musik.« Ich fragte, ob mein Eindruck richtig war, daß sich die Leute in seinem Dorf vor ihren Brüdern im Osten fürchteten. »Sicher. Man hat Angst. Wenn du ihre Fahne herunterholst, ist das so, als ob du gegen die ganze Intifada wärst. Die drüben, bei denen gibt es jetzt viel Gewalttätigkeit. Sie sind jetzt wilder. Das ganze Familiengefüge ist bei ihnen zerstört. Die Alten haben keine Macht über sie, und die Polizei wird bestimmt nicht hierher kommen, um mich jeden Tag vor ihnen zu retten, auch wenn ich mich bei Polizei und Behörden einschmeicheln würde, ich denke immer daran, daß ich in Barta'a wohne, und ich achte auf gute Beziehungen mit denen drüben.«)

Riad Kabha aus dem israelischen Barta'a: »Wenn sie Ausgangssperre haben, gibt es Leute auf unserer Seite, die sie warnen. Wir sind näher an der Hauptstraße, und wer das Militär zuerst von der Straße her kommen sieht, der kann sie alarmieren. Per Telefon, durch Pfiffe oder durch... (ein schneller Blickwechsel)... nicht so wichtig. Die Hauptsache ist, wir versuchen, sie zu benachrichtigen. Während der Ausgangssperre kommen auch viele junge Leute aus dem zweiten Barta'a, die vor dem Militär flüchten, zu uns, und es gibt Leute bei uns, die ihnen ihre Häuser öffnen... Und wir gehen ihre Verwundeten im Krankenhaus besuchen, wir kümmern uns um die Familien von Inhaftierten, und wir geben Informationen an die Presse, wenn sie jemanden erwischt haben...«

Plötzlich hatte ich das Gefühl, daß meine Anwesenheit nicht ganz und gar überflüssig war. Vielleicht hatte ich, ohne es zu beabsichtigen, den Palästinensern, die in Israel lebten, eine einmalige Gelegenheit geboten, mit ihren Brüdern im anderen Barta'a ein paar deutliche Worte zu sprechen.

»... und das ist nicht alles«, fuhr Riad Kabha fort: »Die Behörden haben uns plötzlich fünfzig Parzellen Bauland für ein Eigenheimprogramm für junge Paare gegeben. Bei uns brauchen sie solchen Boden wie die Luft zum Atmen. Aber sie hatten für uns ausgerechnet eine Bodenparzelle ausgesucht, die einem aus Ost-Barta'a gehört und von den Behörden als verlassener Besitz betrachtet wird. Also hat niemand, kein einziger von uns zugestimmt, auf diesem Boden zu bauen.«

Sufian Kabha: »Und nachdem die Armee ihre Mission beendet hat (›ihre Mission‹ sagte Sufian Kabha, der Israeli, ohne darauf zu achten; A., der die Aktion selbst beschrieb, sagte ›wenn die Armee das Dorf angreift‹), sieht man sofort eine Karawane von Fahrzeugen und Leute von West- nach Ost-Barta'a rennen. Sie schauen sofort nach, was passiert ist. Wer verletzt wurde. Das ist zwar eher ein symbolischer Akt, aber es zeigt den ›Ostlern‹, daß es uns beschäftigt, was dort passiert. Daß wir nicht die Tür vor ihnen zumachen. Mehr als das können wir nicht tun. Was willst du. Wenn ich zum Beispiel dort hingehen würde, während das Militär dort ist, würden die Soldaten sagen, daß ich mit den Maskierten gemeinsame Sache mache. Also achte ich lieber auf mich und hüte meine Gefühle.«

»Du kennst das arabische Sprichwort, daß kein Vergleich ist zwischen dem, der die Schläge zählt, und dem, der sie erhält«, sagte ich. »Habt ihr im israelischen Barta'a während der ganzen Zeit etwas getan, und sei es auch nur symbolisch, um euch mit den Schwierigkeiten und dem Leid eurer Verwandten in konkreter Weise zu identifizieren? Um euren Kindern – als erzieherischer Akt – die Schicksalsgemeinschaft zu zeigen?«

Zögern. Sie sahen sich an. Die Hochzeiten im Dorf waren gestrichen worden. Ja, aber jetzt feierten sie bereits wieder. Was hätten wir tun können? Wem hätte das genützt, wenn auch wir leiden würden. Und wir haben ja viel gelitten... Die Schranke am Dorfeingang hat uns selbstverständlich nicht von ihnen getrennt. Beide wurden dadurch gedemütigt...

Also wirklich, dachte ich, was quäle ich sie damit. Die Antworten sind schließlich bekannt, und sie sind nur zu menschlich. Und überhaupt: Was hatte ich erwartet, als ich mich mit den beiden Hälften Barta'as treffen wollte? Hatte ich gehofft, hier irgendeine Schicksalsgemeinschaft auf Leben und Tod zu finden? Einen heroischen Blutbund?

Vielleicht hatte ich in meiner Jugend zu viele Bücher gelesen. Denn gerade in der vorsichtigen und gepeinigten Nüchternheit der israelischen Palästinenser liegt eine gewisse Chance. Und jemand wie ich, Angehöriger eines Volkes von Überlebensspezialisten, von Wanderern zwischen den Graten, mußte die Klugheit dieser Art von Leben am besten verstehen, und ebenso den Preis dafür: Sie hatten beschlossen, sich nicht an der Intifada zu beteiligen und waren so mit einem klaren Schnitt vom palästinensischen Kampf abgetrennt worden (und sie – mit ihrem inneren Kode – verstanden wohl am besten von allen, was dieser Schnitt bedeutete). Sie unterstützten diesen Kampf, finanziell und moralisch, wurden daher innerhalb der israelischen Gesellschaft in eine Randposition gedrängt, ihnen wurden die gesellschaftlichen ›Segnungen‹ vorenthalten und die wackelige Legitimation, die sie mühevoll genug zusammengetragen hatten. Sie hüteten klug ihre Sicherheit, sie hatten sehr viel verloren. Dort, im geräumigen Hause von Sufian Kabha, bei Kaffee und Baklawa (süßer arabischer Kuchen), als mein Blick zwischen den beiden Gruppen hin- und herwanderte, zwischen dem unterschiedlichen Mienenspiel von Ausrufezeichen auf der einen und drei Pünktchen auf der anderen Seite, wurde mir sehr klar und konkret etwas nahegebracht: Israel konnte innerhalb der palästinensischen Gemeinde das Gefühl der Schicksalsgemeinschaft mit ihren Brüdern verstärken – und zwar im negativen Sinn: das Gefühl des Hasses und das Gefühl der Tragödie dieser Gemeinschaft. Je mehr Israel ihre Brüder unter Druck setzte, desto mehr zwang es diese Bürger, den Anteil der palästinensischen Nationalität in deren Selbstverständnis zu betonen, was sie zunehmend in einen Zugzwang automatischer ›Selbstdemonstration‹ brachte, der nicht immer in ihrem Sinne war. Wenn einer von ihnen mir gegenüber eine ›Erklärung‹ vom Stapel ließ, war an seinem Blick zu erkennen, daß er spürte, wie hohl seine Stimme plötzlich wurde. Sie saßen da, leicht gebeugt, sich rechtfertigend, vorsichtig nach der einen, wachsam nach der anderen Seite, mit nüchternen Augen die nationale Begeisterung ihrer anderen Familienmitglieder betrachtend, die militante Glut, die sich häufig in ihnen entzündete, und für ein paar Augenblicke sahen sie wie zwei Seiten des gleichen Teppichs aus, und gerade von den Bedrückten, Zögernden fühlte das Herz sich angezogen, die auf ihre Art zu uns um Hilfe schrien, daß wir genügend Einsicht und Großmut aufbringen sollten, um sie endlich zu retten.

Und vielleicht ist auch das eine der staatsbürgerlichen Pflichten – um nicht zu sagen: eine Ehrenpflicht –, die ein Staat seiner Minderheit gegenüber hat.

»Sie haben dir eine kleine Vorstellung gegeben«, sagte mir der junge israelische Palästinenser, ein Angehöriger der Sippe, den ich etwa eine Woche danach traf und dem ich das Treffen beschrieb. »Es gibt keine echte Verbindung zwischen den beiden Barta'as. Nur wenn es Ärger gibt, sind sie vereint. Aber sonst – wie Nachbarn eben. Wenn es in Barta'a Nummer zwei eine Hochzeit gibt, gehen die engen Familienangehörigen dorthin, und das war's dann. Sie kommen nicht zu uns. Bei uns haben sie sogar versucht, etwas zu organisieren, gemeinsame Fußballspiele, aber es gab nur ein Spiel, und das war alles. Am Anfang haben unsere Jugendlichen ihre Jugendlichen beneidet, daß sie kämpften und Helden waren, damals hängten sie auch ein paar Fahnen raus, oder auch nicht (übrigens: nach dem Massaker am Har Habeit wurden in Ost-Barta'a die PLO-Fahnen gehißt; im Westen jedoch – schwarze Fahnen; D. G.), sie verbrannten israelische Fahnen, oder auch nicht, und achtzehn von unseren jungen Leuten wurden für ein paar Monate verhaftet. Sie erhielten strengere Strafen als die anderen drüben. Und als sie sahen, wieviel Geld der Rechtsanwalt und der Prozeß ihre Eltern kostete, hörten sie auch damit auf. Schluß. Barta'a hat bewiesen, daß die grüne Linie existiert.«

Gegen Ende des Gesprächs fragte ich die Leute von Barta'a, ob sie jetzt, wenn – Inschallah – die Friedensgespräche beginnen würden, nicht die seltsame Situation des geteilten Barta'a verändern wollten. Wenn das Dorf durch einen gleichgültigen Federstrich geteilt worden war, könnte es jetzt, wann immer es opportun schien, wieder vereint werden.

Riad Kabha: »Es war ein Fehler unserer Väter, ruhig hinzunehmen, was beschlossen wurde. Wir werden heute keine solche Entscheidung mehr akzeptieren. Wir würden nicht zustimmen.«

»Ich will nicht, daß es zwei Barta'a gibt«, antwortete A., »ich will, daß es eines wird. Aber unter palästinensischer Herrschaft.«

Sufian Kabha, der Israeli: »Ich ... was soll ich dir sagen ... schau, es ist mir recht, wenn sich der Palästinenserstaat noch zwei bis drei Kilometer weiter ausdehnen würde und ich mit meinem Land mit drinnen wäre. Es macht mir nichts aus, wo ich bin ...«

»Trotzdem«, beharrte ich, »es würde sich eine große Veränderung in deinem Leben ereignen, eine Auferstehung unter palästinensischer Herrschaft.«

Sufian: »Wenn das dem Frieden nützt ... in Ordnung ...«

»Das ist eine schöne Überschrift, aber ich frage dich, Sufian, wo würdest du wohnen wollen?«

Er lachte. »Frag zuerst Nasuch.«

Auch Nasuch lächelte vor sich hin. Verweigerte die Antwort. Verwies mich an Sufian zurück. Die anderen Israelis wichen meinem Blick aus.

»Ich frage das, weil es hier überhaupt kein Problem der Verpflanzung von einem Ort zum anderen gibt und keine Trennung von eurem Grund und Boden. Aber die Grenze selbst kann verrückt werden, so daß euer spezielles Problem damit gelöst würde. Die Frage ist nur, in *welche Richtung* ihr es gelöst haben wollt: in die israelische oder in eine wie auch immer geartete palästinensische?«

»Dann möchte ich dorthin...«, bemerkte Sufian schließlich halbherzig.

»Du willst Teil des palästinensischen Staates sein?«

»Schau mal, ich weiß noch nicht genau, was dort sein wird, es ist nicht sicher, was für eine Regierung dort sein wird...«

»Eine demokratische Regierung!« schoß A. aus Ost-Barta'a dazwischen: »Was denn sonst!«

Schweigen. Zwischen den vier ›Israelis‹ lief in aller Schnelle etwas ab, das keinen Namen hatte.

Ra'afat hielt diese Schweigen nicht aus: »Ich wäre glücklich, wenn es einen palästinensischen Staat gäbe«, rang er sich eine Erklärung ab, »aber ich wäre noch glücklicher, wenn ich im Staate Israel wäre und hier der Botschafter des palästinensischen Staates sein könnte. Das ist genau wie bei den Juden in Amerika: Sie leben in den Vereinigten Staaten, aber sie gehören zu Israel...«

C. vom ›Osten‹ sagte: »Mir ist es egal. Unter israelischer Regierung oder unter Arafat. Hauptsache, ich bin auf meinem eigenen Land.«

Seine Worte überraschten mich. Ich bat ihn, sie zu wiederholen, was er tat und hinzufügte: »Wenn es einen Palästinenserstaat gibt, bin ich einverstanden, daß Barta'a auch unter israelischer Herrschaft geeint wird. Hauptsache, es ist nicht geteilt.«

Auch A. und B. schlossen sich ihm an und erklärten:

»Hauptsache, sie zerteilen nicht noch einmal Grund und Boden.« Für einen Moment hören sich die Worte wie die interessante Version eines salomonischen Schiedsspruchs an, wenn das Kind selbst darum bittet, der fremden Mutter zugeteilt zu werden, nur um nicht in zwei Hälften zerteilt zu werden; beim zweiten Nachdenken lag darin der Ausdruck eines charakteristischen Verhaltens der Palästinenser zu beiden Seiten der Grünen Linie: die oberste Loyalität gilt nicht dem Staat und auch nicht der Nationalität; zuallererst gilt sie – dem Land und der Familie. Eine zukünftige Regelung der Vereinigung des Dorfes – sogar unter israelischer Regierung – könnte den Leuten aus Ost-Barta'a auch ihren großen Grundbesitz zurückgeben, der in Israel geblieben war und sich im Moment in den Händen der israelischen Grundbesitzverwaltung oder auch in den Händen ihrer Brüder befand. »Jeder Araber hat zwei Mütter«, lächelte Nasuch Kabha angesichts meiner Verwunderung: »Die erste – das ist die Frau seines Vaters, und die zweite ist der Boden. Der Boden ist es, der uns diktiert, wo wir leben.«

»Wenn man uns vereint, dann nur in Israel«, sagte mir der anonyme Dorfbewohner aus dem israelischen Barta'a: »Ich möchte nicht einmal daran denken, in einem palästinensischen Staat zu leben. Es wird ein neuer Staat sein, in dem es ganz sicher innere Auseinandersetzungen geben wird. Und es wird dort Arbeitslosigkeit geben. Und es gibt dort eine Regierung von jungen Leuten, und die sind gewalttätig und schwierig, sogar die Kinder bei ihnen haben sich verändert, sie lernen schon seit vier Jahren nichts mehr, alles ist dort aus den Fugen, und ich weiß noch nicht mal, wie sie uns behandeln würden, weil wir in Israel lebten. Und ich habe mich bereits daran gewöhnt, hier zu leben.«

»Das ist ein Kompliment für Israel«, sagte ich.

»Das ist die Wahrheit«, sagte er.

»Solche Dinge hättest du vor dreiundvierzig Jahren nicht gesagt, auch nicht vor zwanzig«, sagte ich.

»Das Leben hat seine eigene Dynamik«, sagte er.

Am Ende der Zusammenkunft mit den Bewohnern der beiden Hälften von Barta'a erzählte mir Riad Kabha, als er mich zum Auto begleitete, eine Geschichte. Ich hatte sie schon einmal gehört, aber diesmal fügte er etwas hinzu: »Wir sind hier, genau in diesem Haus, dank der Kameraden aus Ost-Barta'a. 1972, als die Armee hier einen Zaun um das Dorf zog und sich anschickte, das Gebiet neben der Grenzlinie zu verbrannter Erde zu machen, wollte das israelische Barta'a sofort ein Treffen mit dem Sicherheitsminister und Briefe an bedeutende Leute schreiben, aber da kamen die Leute von Ost-Barta'a und sagten: Was soll das, auf einmal wollt ihr verhandeln, zum Gericht gehen? Und sie kamen, setzten sich unter die Bulldozer und ließen das Militär nicht vorbei. Und so befreiten wir jenes Land«, bemerkte er abschließend, und es war ihm anzusehen, daß er sein heimliches Vergnügen an der Verwendung dieser heroischen Worte hatte, die so sehr zur palästinensischen Rhetorik gehörten: befreiten wir jenes Land.

Dann hob er den Kopf und sah mir in die Augen, Riad Kabha, dessen Haare in den vergangenen vier Jahren stark ergraut waren, Riad, der seine ganze Zeit und Kraft in eine gemeinsame und erträgliche Existenz von Juden und Arabern investierte, sein ganzes Leben lang mit Hingabe, fast mit Verzweiflung zwischen den beiden Lagern hin- und herrannte; er schaute mich an und seine Augen hinter den dicken Brillengläsern begannen ganz langsam und ein wenig resigniert zu lächeln, voller Selbstironie: »Schon gut, schon gut, *sie* haben das Land für uns befreit...«

4. Kapitel

Assem! Aaassem! Aus vollem Hals. Die Hände zu beiden Seiten des Mundes zum Trichter geformt: Aaaassem!

Von den Hügeln ringsherum kehrte das Echo zu mir zurück. Die Kiefern bewegten sich schwankend auf mich zu. Das Auto, mit sperrangelweit geöffnetem Schlund, stieß einen dicken Strahl Dampf aus: Assem...

Er hatte gesagt, er würde um neun unter dem Johannisbrotbaum warten. Vielleicht hatte ich mich in der Uhrzeit geirrt. Vielleicht hatte ich mich am Baum getäuscht. In den Anweisungen, die ich am Telefon erhalten hatte, hatte es geheißen, daß es im Wald einen Weg zum Dorf gebe. Deshalb war ich in den Wald hineingefahren und irrte nun schon seit einer Stunde im Kreis herum, und irgendwo mitten im Walde gab es ein Dorf, das nicht da war, und im Dorf gab es Leute, die ich besuchen wollte, weil sie nicht da waren. Zu diesem verschwundenen Dorf führten viele Wege, und mein Peugeot, der nicht mehr der Jüngste war, schlingerte von einem Schlagloch ins andere, eine Hoppelpiste war dieser Weg...

Es mußte einen anderen Weg geben. Ich setzte mich im Wald auf einen Felsen und versuchte, meine Gedanken zu sammeln, die sich mit den Schlingerbewegungen zerstreut hatten. Das konnte unmöglich der Weg zum Dorf sein. Denn wenn dort Leute lebten, mochten es auch nichtvorhandene Leute sein, mußte es einen zumutbaren Weg geben, auf dem sie kamen und gingen.

Plötzlich rief mich eine Stimme. Wer rief da? Und woher? War es Assem? Schwer zu sagen. Die Echos rollten aus allen

Richtungen zurück. Jemand hatte meinen Hilferuf gehört und rief nun seinerseits. Aber vielleicht nicht mich? Ich schrie noch einmal. Wartete einen Moment, bis das Echo verebbte. Dann war wieder der Mann zu hören. Eine Unterhaltung jedoch war unter dem Dach dieses Waldes nicht möglich. Die Worte zerflossen, flossen ineinander, ich wußte nicht, woher sie kamen. Wieder rief ich, versuchte, mit Hilfe des kurzen Namens Assem auch die Bitte zu übermitteln, man möge kommen und mich retten, schrie auch den Zorn auf dieses Labyrinth und die Irrfahrt hinaus und dachte zwischen Ruf und Echo daran, daß es sogar in einem solch kleinen Land wie Israel bereits genügte, seinen Fuß über den Rand der bekannten Wege zu setzen, und schon verschluckte einen das Absurde.

Der Mann rief weiterhin nach mir. Ich fing an, fast Gefallen an dem Spiel zu finden. Er vielleicht auch. Zusammen lernten wir, die Rufe von ihrem Echo zu trennen. Ich hatte Gelegenheit mitanzuhören, wie sich der überschüssige Widerhall meiner Notlage anhörte und wie sich unsere aufgeblähten Echos einander näherten und sich weit weg von uns ins Gehege kamen. Fast gleichzeitig begriffen wir, daß wir, um den Partner hören zu können und das heikle Experiment einer Standortannäherung zu einem Erfolg zu bringen, unsere Rufe verringern und sehr kurz halten mußten; da, mit einem Mal schlossen sich uns weitere Stimmen an, vielleicht Waldarbeiter, die auf einem der Hügel zwischen uns tätig waren. Sie sahen uns offenbar beide, waren selbst jedoch nicht zu sehen. Sie vermittelten zwischen uns, dirigierten uns jeweils in die Richtung des anderen... Unwillkürlich fielen mir die Geschichten ein, die über die Leute dieses Dorfes erzählt wurden: daß sie ganz plötzlich in einem Haus auftauchten, das früher ihr Haus gewesen war; daß man manchmal ganz unbefangen die Haustür aufmachte, und da saßen sie auf der Schwelle und standen nur langsam auf, um sich zu entfernen.

Nach langen Minuten gegenseitigen Widerhalls hörte ich

ein Rascheln und Knistern zwischen den niedrigen Sträuchern. Jemand rannte dort. Es war ein Junge. Wir trafen aufeinander. Er war völlig verschwitzt. Zwei Kilometer war er mir im Wald entgegengelaufen. Assem? Nein. Der Sohn seines Bruders. Hatte mich rufen gehört, das Auto gesehen und begriffen, daß ich in der Klemme steckte. Und wo ist Assem? Er ist zur Arbeit gegangen. Ob ich ein Freund von Assem sei? Wozu ich gekommen sei? Komm, wir fahren zu uns ins Dorf und warten dort auf ihn. Er kommt gleich zurück. Wann ist das, ›gleich‹? Sofort. Am Mittag. Um eins. Jetzt war es elf.

Mit leicht ausgedörrter Seele schlug ich den offenen Schlund des Peugeots zu. Der Junge – Jaber war sein Name – zeigte mir einen Weg, der jedoch so steil, so felsig und löchrig war, daß der Wagen der Anstrengung nicht standhielt. Ein ums andere Mal verreckte der Motor. Wir nahmen einen anderen Weg. Dreimal so lang und gewunden. Wir wanden uns mit ihm, überwanden ihn, und in einer Staubwolke fuhr ich schließlich in das Dorf Ein Chud ein.

Ein winziges Dorf. Insgesamt dreiunddreißig Häuser. An den Berghang gebaut, völlig verborgen zwischen Bäumen. Hundertsechzig Menschen lebten hier, waren hier abwesend und anwesend.

Dazu eine kurze juristische Erklärung, soweit mir das möglich ist.

›Abwesend‹ war dem Gesetz für verlassene Besitztümer von 1950 (1) zufolge jeder, der, nach Abschnitt 5 der UN-Resolution vom November 1947, der Bürger eines feindlichen Staates war oder in das Gebiet des Feindes übergewechselt war, oder der israelischer Bürger war und seinen gewöhnlichen Wohnort vor dem 1.9.1948 verlassen und sich außerhalb Israels begeben hatte, oder der sich ›an einen Ort in Israel‹ begeben hatte, ›der zu dieser Stunde von Streitkräften gehalten wurde, die die Errichtung des Staates Israel zu verhindern suchten, oder an dem nach der Errichtung des Staates gekämpft wurde‹. Ein solcher Mensch wurde seitdem als ›abwesend‹ betrachtet, und sein Besitz und Land gingen in den

Besitz des Treuhandverwalters für herrenloses Besitztum über. Es gibt jedoch, was soll man machen, Abwesende, die anwesend sind; ihr Land und ihr Besitz wurde ihnen genommen, aber sie selbst leben mit uns, in unserem Land, und ihnen ist die Rechtsposition einer Existenz als ›anwesende Abwesende‹ vorbehalten.

Die Araber des Meschulasch-Gebietes zum Beispiel wurden von Israel erst im Gefolge des Abkommen von Rhodos im Jahre '49 annektiert, seitdem sind sie Bürger dieses Staates. Ihr Land und Besitz jedoch, der nach November '47 auf israelischem Gebiet lag, war bereits zugunsten des Staates beschlagnahmt, sie selbst zu ›anwesenden Abwesenden‹ gemacht worden. Auch Araber, die ihre Häuser während der Kämpfe verließen, wie die Leute von Ein Chud, und sich zum Datum der Volkszählung nicht dort befanden, wurden im Nu zu ›anwesenden Abwesenden‹. (Was soll ich machen, jedesmal, wenn ich dieses Wortgebilde hinschreibe, stelle ich mir den Schauder der freudigen Erregung im Bauche des bürokratischen Polyps vor, wie er zum ersten Mal seine Amtstinte zu diesem Zweck verspritzt. Es ist wirklich interessant: Wer ist der Mann, der dieses Wortgespann erfunden hat? War er allein tätig, oder dachte vielleicht eine ganze Gesellschaft von Weißperücken angestrengt darüber nach, und nach reiflicher Überlegung und reger Kopfarbeit schlüpfte ganz plötzlich dieses Wort-Paar aus?)

Niemand kennt die Zahl der ›anwesenden Abwesenden‹ in Israel mit Sicherheit. Im Jahre 1949 wurden 81 000 gezählt, von ca. 160 000 damals in Israel lebenden arabischen Einwohnern. Es gibt Muslime, Christen und Beduinen unter ihnen. Viele von ihnen fanden neue Niederlassungsorte außerhalb ihres Grundbesitzes, sie kommen in den Genuß der Dienstleistungen, die der Staat seinen Bürgern bietet, was bedeutet: sie werden als abwesend betrachtet, was ihren Besitz angeht, jedoch als anwesend in ihrer Eigenschaft als Bürger.

Der Umfang dieser Besitztümer ist immens: fast vierhundert verlassene Dörfer samt Gebäuden und Land (über drei Millionen Dunam; ein Dunam sind 919 qm); über 25 000 Gebäude in städtischen Ansiedlungen, nahezu 11 000 Läden und Werkstätten sowie bewegliche Güter, Bank-Einlagen, Kunstgegenstände und Gesellschaftsaktien. All das wurde per Gesetz ›herrenlos‹. Aber auch von dieser Position aus, von der ›Kaste‹ der ›anwesenden Abwesenden‹, führen noch Stufen abwärts.

Ein Chud, das Dorf, in dem ich endlich angekommen war, war von einem widrigen Schicksal zweifach in die Zange genommen worden: Nicht nur waren seine Bewohner ›anwesende Abwesende‹, Ein Chud ist auch einer der einundfünfzig Orte, die vom Staate Israel generell nicht anerkannt werden.

Die Dorfbewohner bekamen vom Staat Ausweise, aber abgesehen von diesem unumgänglichen Amtsakt weigerte man sich, sie anzuerkennen, ihnen Dienstleistungen zu gewähren oder sie sonst irgendwie wahrzunehmen – ausgenommen als man versuchte, sie aus ihren Häusern zu vertreiben. Seit über vierzig Jahren leben sie mit uns, das heißt irgendwo in unserer Umgebung, auf dem untersten Niveau, in ständiger Furcht, daß sie auch noch von den unterprivilegierten Orten vertrieben würden, an denen sie sich niedergelassen hatten. Sie betteln beim Staat vorsichtig und zurückhaltend um Anerkennung, bauen Häuser ohne Genehmigung, weil niemand sie ihnen erteilt, igeln sich in vor aller Augen verborgenen Dörfern ein, und dort werden ihre nicht-anerkannten Kinder geboren, die die anwesende Abwesenheit zuweilen wie einen vererbten Geburtsfehler mit sich herumtragen.

Es war Vormittag, die meisten Männer befanden sich bei der Arbeit, und im Dorf hielten sich hauptsächlich Frauen auf. Deshalb wurde ich auch nicht in eines der Häuser eingeladen. Und, um die Wahrheit zu sagen, die Gesichter, die sich mir zuwandten, waren von einem Zorn und Mißtrauen, wie es mir bis dahin noch in keinem Dorf begegnet war. Nach wenigen Augenblicken jedoch stellte eine Frau einen Stuhl für mich vor die Tür und bot mir an, mich im Schatten ihres

Hauses auszuruhen. Bald folgte noch ein Stuhl, auf dem ein Tablett mit Früchten und ein Täßchen Kaffee war.

Und wenige Minuten später waren die Kinder um mich versammelt...

Mustafa kam und setzte sich neben mich, ein liebenswürdiger junger Mann mit einem blonden, sorgfältig gestutzten Schnurrbart. Er hatte seinen Unterhalt mit der Beförderung der örtlichen Lehrer zum Dorf und zurück bestritten. Einmal hin, einmal zurück. Und in den vier Stunden, die zwischen den Fahrten lagen, saß er da. Was hätte er in dieser Zeit schon tun können, er lächelte entschuldigend: Es lohnt sich für mich nicht, nach Hause zu fahren. Du hast den Weg selbst gesehen.

Und er erzählte: Er war bereits einige Jahre lang in diesem Geschäft tätig, als im vergangenen Jahr das Dorfkomitee beschloß, eine Ausschreibung zu machen, die eine Haifaer Taxigesellschaft gewann. Nach einer Woche kam der Besitzer der Firma und flehte, man möge ihn von dem Vertrag entbinden: Nur ein Wahnsinniger fahre diese Strecke. Mustafa erhielt seine Arbeit zurück.

Er machte ein paar schwere Schritte und setzte sich mit einem tiefen Seufzer. Zweiundzwanzig Jahre alt. Litt an Epilepsie. Auch während er neben mir saß, zitterte er am ganzen Körper. Vor einigen Jahren war er von der Schule zurückgekehrt, es war ein sehr heißer Tag, und plötzlich hatte es angefangen, unterwegs. Er fiel und wurde ohnmächtig. Und seitdem saß er im Dorf. Ging nicht hinaus. Schlief tagsüber meistens. Dachte daran, einen Kurs als Buchprüfer außerhalb des Dorfes zu machen, aber wer würde ihn auf dieser Strecke hin- und zurückbringen?

Wir saßen da, unterhielten uns. Ich erfuhr, daß Abu Alheija eine riesige Sippe ist, fast 65 000 Menschen im Staat gehören ihr an. Daß der Name ›Väter der Kriege‹ bedeutet, den sich der Anführer der Dynastie erworben hatte, der einer der höchsten Befehlshaber Saladins war... Die Frau brachte noch eine Tasse Kaffee. Die Zeit verstrich. Nichts drängte.

Gleich würde Assem kommen. In einer Stunde, vielleicht zwei. Ein warmer Wind wirbelte Staub von den Ziegenpfaden zwischen den Häusern auf. Mir gegenüber die Obstbäume, an denen die Früchte dieser Gastlichkeit hingen: Granatäpfel, Beeren, Feigen. Neben jedem Haus ein blühender Garten. Es war sehr schön hier.

Um zwei Uhr kam Assem Abu Alheija, und er erzählte:

»Ich war drei Jahre alt, als die israelische Verteidigungsarmee unser Dorf umzingelte, das alte Ein Chud, und alle Leute flohen. Sie hatten keine andere Wahl, als zu fliehen. Sie fürchteten sich vor einem Massaker. Denn bevor die Armee in Ein Chud eintraf, hatten sie von einigen Fällen in der Gegend gehört, von Tantura zum Beispiel (heute: Michmoret), wo ein Massaker angerichtet worden war, daher hatten sie Angst, zumal sie von Ein Chud aus im Krieg die jüdischen Geleitzüge überfallen hatten und nun dachten, daß die Juden jetzt mit ihnen abrechnen würden.

Unsere Familie kam hierher. Wir schafften es nicht, auch nur irgend etwas aus den Häusern mitzunehmen. Hier war ein Stück Land, das Großvater gehörte, und seine Ziegen und Rinder waren an diesem Ort. Und weil es hier Wasserlöcher gibt, zog er es vor, bei seinen Ziegen und Kühen zu bleiben, auf seinem Land, und wir wohnten mit ihm zusammen, in Lehmhütten. Schau her, auf dem Bild hier, das ist Großvater, Muhammad Mahmud Abu Alheija.«

Ein alter Mann mit eindrucksvollem Gesicht, Besitzer eines riesigen Schnurrbarts. In jedem Haus, das ich im Dorf besuchte, sah ich sein Bild an einem Ehrenplatz.

»Wir schauten von dort immer auf unser Ein Chud und wollten nicht glauben, daß wir nicht zurückkehren würden. Wir hatten immer das Gefühl, daß wir sehr bald zurückkehren würden. Und die ganze Zeit ging mein Großvater zu seinem Land hinunter, pflügte und säte, damit es nicht brachlag. Auf Hunderten von Dunams säte er, Weizen, Gerste und Kichererbsen, und er erntete auch das Obst von den Bäumen. Das ganze Gebiet war voller Obstbäume.

Inzwischen begannen unten bei uns andere Leute zu wohnen. 1948 quartierten sie Leute aus orientalischen Judengemeinden in unsere Häuser ein, aber sie konnten dort nicht Fuß fassen. Sie hatten alle möglichen Arten von Aberglauben, und sie erzählten, daß sie in der Nacht angeblich Augen sahen, die von den Bergen auf sie heruntersahen, oder daß Steine vom Himmel auf sie herunterfielen, oder alle möglichen bösen Geister, oder daß die Erde weinte, oder sie sahen die Leute vom Dorf zurückkommen und ihre Häuser wieder in Besitz nehmen. Das hielten sie nicht aus, und deshalb gingen sie wieder. Heute sind nur noch wenige von diesen Leuten da, sie sind in der Siedlung Zerufa, direkt daneben, und sie werden es dir erzählen. Ich selber, das brauche ich dir nicht zu sagen, glaube nicht an solche Geschichten. Als diese Leute weggingen, kamen Künstler nach, es wurde ein Künstlerdorf, und sie nannten es Ein Hod.

Zu der Zeit fing die Familie an größer zu werden. Bis '64 hatten wir hier fünfzehn Häuser. Sie zerstörten sie nicht, drohten es aber die ganze Zeit an. Sie wollten, daß Großvater auf sein Land in Ein Hod verzichtete. Sie wollten, daß wir auf das Land verzichteten und das hier kauften. Aber als wir es dann kaufen wollten, stellte sich heraus, daß alles ein Bluff war: Es gibt ein Gesetz des ›Keren Hakayemet‹, des jüdischen Nationalfonds, nach dem es verboten ist, Land an Nichtjuden zu verkaufen. Und als sie sahen, daß der Bluff keinen Zweck hatte, enteigneten sie sein Land '64 endgültig. Sie kamen und zäunten auch das Land um uns herum von allen Seiten her ein, und die Situation war schon damals so, daß wir anfingen zu begreifen, daß wir nie mehr zurückkehren würden, daß eine Rückkehr unmöglich war.

Aber auch das genügte ihnen nicht, der Stacheldrahtzaun, sondern sie wollten noch über uns einen Zaun machen. Deshalb gibt es diese großen Zypressen, damit wir sozusagen auch noch über uns Druck haben. Und zwischen den Zypressen, wo, wie ich dir gezeigt habe, die Obstbäume standen, Olivenbäume, Feigen, was immer du willst, das enteigneten sie damals, und seitdem wird das Land von niemandem mehr bestellt, und niemand hat mehr seine Freude daran. Es ist Brachland, einfach so...

Und trotzdem gingen wir nicht fort. Wir hatten uns schon einmal auf die Flucht begeben, '48, und jetzt noch einmal alles im Stich zu lassen, was du im Schweiße deines Angesichts geschaffen und aufgebaut hast, das wäre für uns nur schwer zu verkraften gewesen. So war das.

Und seitdem sind wir mit einem Stacheldraht eingezäunt und dazu einem Zaun aus Zypressen, und darum herum, auf unserem Land, legten sie einen großen Park und einen Schießplatz für Soldaten an – manchmal saß ich vor dem Haus und plötzlich, pffft, direkt über den Kopf weg – und am Ende des Weges setzten sie uns noch ein Tor hin, das mit einem Schlüssel auf- und zugesperrt werden muß, das Tor des Kibbuz Nir Ezion, und in irgendeiner Ecke deines Herzens fragst du dich, was soll das heißen, hat es dich vielleicht ins Gefängnis verschlagen?«

»Und nachdem sie uns so eingezäunt hatten, fingen sie wieder damit an, Großvater unter Druck zu setzen, wir sollten – entweder, oder – auf das Land verzichten, das im alten Ein Chud lag, und auf die Häuser, und im Austausch dafür würden sie uns das Stück Land hier geben. Dem wollte Großvater damals auf gar keinen Fall zustimmen. Denn er ging von folgender Überlegung aus: Dort, in Ein Hod, das ist mein Land und ich habe ein Tabu (türkische Besitzurkunde, Grundbucheintrag) dafür, also wie, ich soll auf mein Land im Austausch gegen mein Land verzichten? Kommt nicht in Frage...

Inzwischen waren die Künstler bereits in unseren Häusern. Und ich war einer von denen, die fast die ganze Zeit dort zubrachten. Es gefiel mir nicht besonders, was sie aus unserem altem Ein Chud machten, sie verunstalteten alles und veränderten viel an der Art der Umgebung. Aber ich hatte viele Freunde dort, im Dorf selbst. Juden. Wir waren so gut miteinander befreundet, daß sie zu mir zum Übernachten kamen, hierher, nach Ein Chud. Ich hatte in Ein Hod dort einen Freund, der im Haus meiner Tante wohnte, die auch hier lebt. Und ich saß nächtelang dort bei ihnen. Betrachtete das Haus. Schaute. Um die Wahrheit zu sagen, man fühlt sich nicht gut dabei. Aber andererseits, wenn dir so etwas nun schon mal passiert ist, ist es vielleicht besser, dein Freund wohnt in diesem Haus als irgend jemand Fremder. Wenn du heute in die Häuser von Ein Hod hineingehst, wirst du immer noch viele Dinge finden, die sie damals vorgefunden haben, Töpfe, Pfannen, Krüge, Pflüge, und die sie bis heute behalten haben, aber nur wegen der Ästhetik.

In dem Haus, in dem ich geboren bin, wohnt heute ein Mädchen, Z., sie ist eine Bekannte von mir (er lachte), sie hat immer Angst, daß wir uns treffen, ich habe sie lange Zeit nicht mehr getroffen, war aber ein paar Mal bei ihr zu Hause, und sie fotografierte mich im Haus, und – nun gut, ich erkläre mir das so, daß sie auch Angst haben. Wenn sie sehen, daß unsere Leute nach Ein Hod reingehen, dann kriegen sie Angst.

Aber trotzdem sage ich: das ist die Wirklichkeit, das ist die Realität! Es war Krieg, das Dorf ist weg. Heute habe ich mir ein neues Dorf hier gebaut. Alles, was ich von den Behörden will, ist, daß sie mich anerkennen, und von den Nachbarn, die jetzt in meinem Haus wohnen, will ich nur, daß sie mich in meinem Kampf um die Anerkennung unterstützen. Aber sie unterstützen uns nicht. Es gibt ein paar, die helfen und spenden, und wir sind jederzeit dort eingeladen – Kommt, wann immer ihr wollt, schaut euch die Galerien an – aber die Mehrheit unterstützt uns nicht. Sie behaupten, davor Angst zu haben, daß du, wenn sie deinen Kampf unterstützen und dich im Dorf anerkennen würden, daß du dann morgen anfängst, die Häuser zurückzuverlangen, und alle möglichen Forderungen aufstellst. Einerseits –« er erhob plötzlich seine Stimme, vergaß die antrainierte Vorsicht des Flüchtlings, von der er sich bei allem, was er tat, leiten ließ, »– einerseits tun sie so, als ob sie wollten, daß ich ihr Freund bin, aber andererseits sagen sie zu dir: Wir werden auf dir herumtrampeln, auf deiner Ehre und deinen Gefühlen, fang hier ja nichts an!«

Er brach ab. Preßte regelrecht seine Kiefer über den Worten zusammen.

»Die Siedlung Nir Ezion«, erzählte er nach einer Minute weiter, »liegt auch auf unserem Grund und Boden. Und mein Vater arbeitet dort, bei ihnen, auf dem Land, das sein Eigentum war. Ein Mensch wie mein Vater, der Hunderte Dunam hatte, ein Bauer durch und durch, daß der eine Zeit erleben muß, in der er auf seinem eigenen Land für 1 200 Schekel im Monat arbeiten darf, nach fünfunddreißig Jahren, die er für sie gearbeitet hat! Und ich hatte einen Onkel hier, er ist schon tot, er hatte Tausende Dunam. Nicht Hunderte, Tausende. Das alles gehörte ihm. Und auch er arbeitete als einfacher Arbeiter für ein paar Groschen bei ihnen. Und ganz im Gegenteil: Sie erinnerten ihn immer daran, Mahmud, erinnerst du dich, wem dieser Boden gehört?, verspotteten sie ihn, denn sie wußten, daß dies ein Stück von seinem Land war. Und immer, wenn sie das sagten, sagte er zu ihnen: Heute gehört er euch. Kapiert? Hast du verstanden? Heute. Aber innerlich fraß es ihn auf. – Aber gut, was soll's . . . « Mit einer schwerfälligen Bewegung schüttelte er es ab: »Wichtig ist, daß wir in der letzten Zeit unsere Beziehungen mit denen in Ein Hod wirklich verbessern wollten. Wir hatten Sitzungen mit ihrem Komitee, wir luden sie zu Versammlungen hier im Dorf ein, sie kamen auch, und wir schlugen zusammen wirklich eine neue Seite auf. Ein großes Problem ist, daß sie aus unserer Moschee ein Restaurant gemacht haben, mit Diskothek, das hat zu unseren Schwierigkeiten mit ihnen geführt. Aber ein noch größeres Problem ist, daß sie unseren Friedhof entweiht haben. Sie haben die Gräber zerstört. Jetzt könnte es ja sein, könnte sein, sage ich, daß mir das, wenn ich nicht wüßte, wer dort begraben ist, nicht wehtut. Aber wenn du weißt, daß dies das Grab deines Onkels ist, und das hier Großvater, der Vater von deiner Mutter, und zwischen all diesen Gräbern, da geht ein Künstler her und hat dort seinen Hund begraben –

das ist nicht in Ordnung. Also haben wir als erstes von ihnen verlangt, daß sie nicht mehr auf dem Friedhof herumgehen und keine Müllhalde daraus machen. Sie haben dort nämlich die Abfallbehälter, direkt auf dem Friedhof. Sie sollten also wenigstens den Abfall entfernen. Bis jetzt haben sie das nicht getan. Eine Sache, die sie wie vereinbart doch gemacht haben, ist, daß wir dort ein Schild anbringen wollten, provisorisch, bis wir die Erlaubnis erhalten, den Platz einzuzäunen, und dort hinschreiben ›Muslimischer Friedhof, Heilige Stätte, Müllabladen verboten‹. Sie haben diese Initiative tatsächlich aufgegriffen. Aber es war etwas schwierig. Sie waren nicht damit einverstanden, daß dort ›muslimischer Friedhof, heiliger Ort‹ stehen sollte. Am Ende schlossen wir einen Kompromiß, auf dem Schild sollte einstweilen nur ›keinen Abfall an diesem Ort abladen‹ stehen. Und zur Zeit sind wir gerade dabei, dieses Schild auch wirklich zu bekommen. Es ist in irgendeinem Büro steckengeblieben, und wir wissen nicht, durch wen oder was es aufgehalten wird.«

Der Architekt Giora Ben Dov wohnt mit seiner Frau Mara, einer Bildhauerin, und ihren drei Kindern in Ein Hod. Ihr Haus, das an den Friedhof angrenzt, erwarben sie von einer Amerikanerin, die bis '74 dort wohnte. Das Ehepaar zählte zu denjenigen aus Ein Hod, die den Kampf von Ein Chud um Anerkennung und Sozialleistungen seitens des Staates unterstützten. Ben Dov entwarf sogar einen Plan, der die Leute von Ein Chud zu Wächtern des umgebenden Nationalparks machen sollte, für dessen Erhalt sie dann verantwortlich sein würden. Im Jahre '85 nahmen Giora und Mara Ben Dov an einer großen jüdisch-arabischen Demonstration teil, die zur Lösung des Problems von Ein Chud aufrief, und das war auch die Demonstration, auf der sie sich von der ganzen Sache zurückzogen: »In dem Moment, als die Leute aus Ein Chud die Gelegenheit für extreme Forderungen ausnutzten«, sagte Giora Ben Dov, »in dem Moment, als ihre Politiker dort vom ›heiligen Boden Ein Chuds‹ sprachen und Ran Cohen von der ›Raz‹ (linke Partei) sagte: ›Ein zweites Mal soll Ein Chud nicht fallen‹, da gingen sogar unsere Leute, die sie immer unterstützt hatten, und die professionellen Selbstbezichtiger auf Abstand und machten sich aus dem Staub. Ich bin gekommen und habe ein Haus gekauft, und wenn wir rückwärts gehen, dann werden wir den Konflikt nie beenden, denn wenn wir bis '48 zurückgehen, dann haben sie vielleicht recht, und wenn wir bis zu den Kreuzrittern zurückgehen, dann wird bald irgendein polnischer Graf kommen und mein Haus wollen, und das nimmt nie ein Ende. Die Kameraden von Ein Chud fingen plötzlich an, sich wie Vertreter des gesamten palästinensischen Problems zu fühlen. Unwichtig, daß keiner von ihnen überhaupt hier geboren wurde, bei uns, aber sie haben regelrechte Exilanten-Sehnsüchte in unsere Richtung entwickelt...«

Ich fragte: »Was macht es euch aus, ihren Friedhof einzuzäunen und ein Schild anzubringen? Was riskiert ihr damit?«

Ben Dov: »Soviel ich weiß, ist das mit der Heiligkeit der Toten bei den Arabern gar kein Thema. Bei ihnen kommt man nach fünfundzwanzig Jahren mit dem Traktor, wenn der Kadi die Genehmigung erteilt, und pflügt die Erde um, und das ist alles. Aber jetzt kommen sie daher und sagen, nein, wir haben hier vor zwei Jahren irgendeine Tante begraben. Verstehst du? Sie haben es mit allen möglichen Zugangsrechten versucht, und zwar hier, in unserem Dorf. Der Eindruck bei uns war, daß sie bei sich, im Dorf oben, ein Bewußtsein für die Situation schaffen wollten, als erster Schritt für eine Rückkehr nach Ein Hod. Also, wenn du ihnen bei uns den kleinsten Anhaltspunkt gibst, räumst du ihnen damit sofort das Bewußtsein, was weiß ich, irgendeines Unrechts ein und machst sie zu armen Tröpfen, die ihrer Erde beraubt wurden, und damit fällst du sofort ein Urteil über den ganzen jüdischen Befreiungskrieg, und im Handumdrehen sind wir Enteigner und Ausbeuter, und ich bin mir ganz und gar nicht sicher, ob es wirklich so war. Es war Krieg. Er ist vorbei, und momentan haben wir eine *Sachlage*. In dieser Situation ist ein gewisses Maß an Abgrenzung nötig, und diese Abgrenzung erlaubt es allen Beteiligten, sich innerhalb ihrer eigenen Kultur zu konsolidieren und ein normales Leben zu führen.«

»Ein normales Leben? Hast du gesehen, wie sie dort leben?«

»Ich widerspreche dir nicht, daß ihre Lebensbedingungen verbessert werden müssen. Aber zuerst einmal sollen sie auf ihre Forderungen verzichten, hier auch nur einen einzigen Meter zu erhalten. Ein erneutes Fußfassen ihrerseits hier würde unser Recht und unsere Position erschüttern. Wenn du dem, was vor '48 war, irgendeine Art Anerkennung einräumst, bringst du im Prinzip die Basis zu Fall, auf der sich das ganze große Geschäft zu etablieren versucht.«

»Das ganze Geschäft, Giora?«

»Das gan-ze Ge-schäft, der ganze Staat!«

»Wasser erhalten wir heute von den ›Quellen‹, über das Wasser der Siedlung Nir Ezion«, erzählte Assem Abu Alheija später. »Am Anfang war es ein Problem. Sie wollten uns kein Wasser geben. Bis '62 tranken wir Regenwasser. Es gab einmal eine Quelle in dem Gebiet, aber der Keren Kayemet machte irgendwelche Arbeiten, wobei die Quelle verschüttet wurde und versiegte. Manchmal, im Sommer, wenn es kein Regenwasser gab, waren wir gezwungen, aus der Wasserleitung von Nir Ezion zu trinken, aber um die Wahrheit zu sagen, damals wußten wir nicht, daß es eine Wasserleitung war, wir sahen Wasser – und tranken.

Und die Elektrizität! Wir errichteten mit unserem Geld eine Solaranlage, wir sind das einzige Solardorf im ganzen Staat, aber die Anlage reicht nicht aus. In diesem Haus zum Beispiel gibt es zwei Solarzellen, und damit kann man einen kleinen Fernseher betreiben, zwölf Volt, und ein bißchen Licht machen, aber mehr auch nicht. Es gibt bei uns im ganzen Dorf keinen Elektroofen, um im Winter zu heizen, und keine Elektrogeräte. Unserem Komitee haben wir einen Fernseher, ein Radio und einen Computer gekauft, aber man kann nicht alles zusammen laufen lassen. Wenn du den Computer in

Betrieb hast, mußt du den Fernseher ausschalten, und so weiter. Die ganze Zeit rennst du von einem Apparat zum anderen. Beleuchtung draußen, in der Nacht – geht nicht. Aber es ist immerhin besser, als das, was vor fünf Jahren war, wo es überhaupt keinen Strom gab. In der Nacht nahmen wir immer Petroleumlampen. Ein Kind kann mit einer Petroleumlampe nicht lange lesen. Gerade jetzt haben wir für die Schule eine Laterne angeschafft. Bis jetzt gab es in der Schule keine Beleuchtung, wir wollten endlich eine. Wir haben ein Funktelefon im Dorf installiert, daß wir, wenn es einen Notfall gibt, nach draußen anrufen können, Hilfe holen. Wir versuchen, ein bißchen was zu verbessern.«

Assem Abu Alheija teilte das alles in festem Ton mit, mit ruhiger Stimme, nicht deprimiert, nicht anklagend. Über seinen Kleidern, seinen Haaren und dem Gesicht lag noch der Staubschleier vom Weg. Ein hübsches Mädchen und ein hübscher Junge, die Kinder seines Bruders, spielten mit mir hinter seinem Rücken hervor Verstecken, ihre roten Backen waren wie Pfirsiche, und der Ausdruck ihrer Augen war so lebendig, als ob sie noch keinen Schritt in ihr Schicksal getan hätten.

»Einen normalen Zugangsweg zu diesem Ort gibt es nicht. Obwohl wir seit Jahren darum betteln. Wir würden das ja selbst machen. Wir wollen keine Subventionen vom Staat. Von niemandem. Wir werden auf die Straße hinuntergehen und um Spenden bitten. So haben wir das Minarett der Moschee gebaut. Die Straße – genauso. Und es gibt viele, die bereit sind zu spenden. Jeder, der einmal hierher gefahren ist, ist bereit, etwas zu geben. Und überleg dir mal, wie das im Winter ist. Du brauchst nur daran zu denken, wenn jemand plötzlich krank wird, oder ein Herzinfarkt. Oder eine Frau mit Wehen auf einem solchen Weg. Wir hatten schon einen Fall, da starb das Kind bei der Geburt unterwegs.

Aber ohne Genehmigung können wir keinen Weg machen. Wenn du das machst, kommen sie morgen und graben alles um, wie in Alarian: die Leute hatten ein Straßenstück von

700 m Länge geebnet, und dann kamen sie her und gruben alles wieder um. Ich weiß nicht, was ich dir sagen soll. Wir haben nicht einmal ein Schild, auf dem steht: ›Ein Chud‹. Obwohl wir es immer wieder hinschreiben, reißen sie es herunter. Am Ende haben wir darauf verzichtet und kein Schild mehr angebracht. Wenn du uns einen Brief schreibst mit der Adresse ›Ein Chud‹, geht er zurück mit dem Stempel ›Empfänger unbekannt‹. Schreib ›Nir Ezion‹ – und der Brief kommt an. So wohnt man also in einem nicht genehmigten Haus, das sie einem jederzeit zerstören können, man gehört nirgends hin, in den offiziellen Karten des Staates stehen wir nicht, nur in den Karten der Armee und der Naturschützer, was soviel heißt wie: wir sind Terroristen oder Tiere ...«

Drei Tage später kehrte ich nach Ein Chud zurück. Es gab etwas, das vielleicht meinem persönlichen inneren Gleichgewicht zuzuschreiben ist, etwas zwischen Fülle und Leere, zwischen greifbarer Wirklichkeit und der Abwesenheit davon, eine Empfindung, die sich zunehmend verschärfte. Ich kehrte also dorthin zurück und traf mich mit Muhammad Abu Alheija, der bereits im Ein Chud der Entwurzelten geboren worden war. Ich wartete auf ihn am Hauptplatz des Künstlerdorfes Ein Hod. Dünne Gipsfiguren, die aussahen wie steinerne Silhouetten mit abgeschlagenen Köpfen, umgaben mich. Die Gestalt eines Menschen, ohne feste Umrisse, bis zu den Knien in der Erde versunken; ein Fuß und eine Krücke. Ich hatte das zwar alles schon gesehen, aber seitdem ich in Ein Chud gewesen war, gab mir Ein Hod ein Echo zurück.

»Als ich jung war, kannte ich den Staat Israel nicht«, erzählte Muhammad Abu Alheija. »Es stimmt, wir sind hier im Zentrum des Staates, aber ich kannte gar nichts. Mein Dorf war mein Staat. Als ich wegging, um in Haifa auf ein arabisches Gymnasium zu gehen, war ich immer noch so, ein reines Kind. Ein Kind am Wegrand. Eines Tages, in der neunten Klasse, daran erinnere ich mich sehr gut, wurde ich von den Schülern beleidigt: in der Schule gab es ein Kanalisationsrohr, das vom dritten Stock nach unten führte, und offenbar lief darin das Wasser hinunter, und ich stand daneben, denn woher sollte ich wissen, was Kanalisation ist, wir machten es im Feld, und ich preßte mein Ohr daran, um zuzuhören, und eine Gruppe Kinder lachte mich aus, ich hörte Massen von Wasser... Und was glaubst du, wie es heute ist? Bei uns ist das Niveau gleichgeblieben. Bei uns in der Schule gibt es zwei Räume. Die ganze Schule zwei Zimmer! In dem einen lernen die ganzen Kinder der Klassen eins, zwei, drei und vier, und im zweiten Zimmer die Kinder im Alter von Klasse fünf, sechs, sieben und acht; das Niveau ist unterhalb jeder Kritik. Was für eine Generation kommt unter solchen Bedingungen heraus? Wir fallen beim Wettlauf ständig zurück. Von Kino oder Theater rede ich schon gar nicht. Mein Sohn, er ist dreizehn, war noch nie im Kino.«

Tatsache: Nur in vier der einundfünfzig nicht anerkannten Dörfer in Israel gibt es eine Grundschule. Nur in einem gibt es einen Kindergarten. Die Schüler aus den anderen Dörfern marschieren täglich zehn bis vierzehn Kilometer ins nächste Dorf zum Unterricht. Weil die meisten keine ordentlichen Zugangswege haben, gehen die Kinder bei jedem Wetter über Wald- und Wiesenpfade. Daher findet man Kinder bis sieben Jahre in keinem wie auch immer gearteten Erziehungssystem, und die Mädchen werden von ihren Familien am Schulbesuch gehindert, denn sie könnten belästigt und so die Ehre der Familie verletzt werden. Diese Umstände sind die Ursache dafür, daß nur 20 Prozent dieser Dorfkinder je ins Gymnasium kommen. Der Prozentsatz der Analphabeten erreicht mancherorts 34 Prozent.

Wir drehten im Künstlerdorf eine kurze Runde. Abu Alheija erzählte, daß irgendwo unter dem Dorf eine Kirche aus dem 12. Jahrhundert begraben liege. Die siegreichen Heerscharen Saladins deckten sie mit Erdreich zu und bauten ein Haus darauf. Ich dachte an das Grab des Scheichs und an die Moschee, aus der ein Restaurant gemacht worden war. Ich fragte ihn, ob er wisse, daß die Leute von Nir Ezion die Kinder der jüdischen Siedler von Gusch Ezion waren, Menschen, die in dem gleichen Krieg zu Flüchtlingen geworden waren, der auch aus seinen Eltern Flüchtlinge gemacht hatte.

»Sie sind Flüchtlinge«, sagte er distanziert, »schon... aber ich habe sie nicht dazu gemacht.«

In den Straßen von Ein Hod schritt er schnell aus. Hastig. »Es gibt Leute, die seit '48 keinen Fuß mehr dorthin gesetzt haben. Mein Großvater ging nie hierher, bis er starb, im Jahre '82 glaubte er immer noch, er werde zurückkehren. Für uns, die Jungen, war Ein Hod eine eher theoretische Angelegenheit; ein Ort, an dem früher einmal die Alten waren, der da war und nicht da war. Erst '76, als ich zweiundzwanzig war, kam ich das erste Mal hierher, um zu arbeiten. Sanierung. Ich renovierte alte Häuser. Du verstehst, was ›alt‹ bedeutet. Auch als ich das Dorf betrat, fühlte ich nichts. Bis heute fühle ich überhaupt nichts von dem, was hier war. Warum fühle ich nichts? Ich weiß es nicht, was ich dir sagen soll. Ein Beispiel: Ich habe vor meinen Kindern in meinem ganzen Leben nie Ein Hod erwähnt, ich habe nie gesagt, daß es einmal uns gehörte. Sie haben das nie von mir gehört. Warum? Ich weiß es nicht. Sollen die Chirurgen das sezieren.«

Er war siebenunddreißig Jahre alt, Vater von sieben Kindern und im Besitz des Titels eines Diplom-Bauingenieurs der Technischen Hochschule. Mager und introvertiert, gemessene Art zu sprechen, ein wenig ironisch. Wir passierten das Haus seines Großvaters. Ein zweigeschossiges Steinhaus. Eine kleine Treppe. Ein schöner Hof. An der Türe ein merkwürdiges Schild: ›Eintritt von Kindern nur in Begleitung Erwachsener‹. Ich warf von der Seite einen Blick auf sein verschlossenes Gesicht und dachte darüber nach, wieviel Kraft es ihn wohl gekostet hatte, seinen Kindern die Geschichte des alten Ein Chud nicht zu erzählen. Er selbst war zwar nicht hier geboren worden, aber trotzdem – sein Vater war von hier vertrieben worden. Die ganze Familie wurde entwurzelt. Für einen Moment versuchte ich, durch die Kleinstadt der Kindheit meines Vaters zu schreiten, in einem anderen Land, in seinen Erinnerungen, ich versuchte, dabei zu sein, als ihm sein Haus weggenommen wurde, als ihm das ganze Städtchen genommen wurde, und eine fremde Frau, die nett aussah, auf den Balkon des Hauses trat, das seines gewesen...

Abu Alheija schritt hastig aus, machte eine verneinende, wegwerfende Handbewegung: »Es tut mir nicht gut, hier zu sein... Es genügt mir, daß ich Ein Hod von außen kenne. Ich bin nicht neugierig darauf, es von innen zu sehen. Im Gegenteil: wenn ich hier durchgehen muß, gehe ich in der Ferne daran vorbei. Da ist etwas in mir, das mich irgendwie fernhält.«

Es war Sukkot (jüdisches Laubhüttenfest), und die Wege durchs Dorf waren voller Spaziergänger. Ein junges Paar fragte Abu Alheija, wo die Galerie sei, und er erklärte es ihnen höflich. Dann nahm er mich zu dem kleinen Amphitheater im Dorf mit. Freitagnacht waren die israelischen Live-Popkonzerte immer sehr gut zu hören. Ich erinnerte mich an Konzerte, die ich dort gesehen hatte, und etwas in mir zog sich bei dem Gedanken an den Sound zusammen, der mit Jubel das Wadi durchquerte, bis zu den Ohren der ›anwesenden Abwesenden‹. Wie ein Echo kehrten in etwas anderem Zusammenhang die Worte zu mir zurück, die Azmi Bschara gesagt hatte: »Einmal in der Nacht, im Sommer, ging ich in Ostjerusalem an den Lagerräumen mit Wassermelonen vorbei, in Bab el Amud. Ich konnte kaum glauben, was dort geschah: Der Ostteil der Stadt war still. Nacht. Finster. Bloß die Israelis tanzten. Schrien. Tobten herum. Ich konnte den Kontrast nicht aushalten. Kein Mensch auf der Straße, aber es gibt Israelis, die tanzen, grelles Licht, Musik, und die Stadt war grau, grau.«

»Kennst du das Buch von Italo Calvino ›Die unsichtbaren Städte‹?« fragte Glora Ben Dov, als wir vor der schönen Landschaft standen, vor der Landschaft der Festung Atlit und dem

Meer, das jenseits der kleinen Kaktussträucher vor seinem Haus zu sehen war. »Dort wird von einer Stadt erzählt, in der alle Menschen mit Fäden an ihre Nächsten gebunden sind, und für jede Art von Beziehung gibt es einen Faden in einer anderen Farbe, für Handelsbeziehungen, für Blutsbande, und so weiter. Das Problem ist, daß sich allzu viele Fäden in den Straßen ansammeln und man schon nicht mehr gehen kann, und da gehen sie her und machen eine neue Stadt. Hier ist es genauso: Wenn sie weiterhin auf ihren alten Verbindungen zu dem Friedhof bei uns bestehen und wir auf unseren Bindungen an die Gräber der Väter in Hebron beharren, dann ersticken wir am Ende alle an unseren Bindfäden, und ich würde sagen, die Zeit ist reif, daß wir in eine neue Stadt gehen.«

Aber das Problem ist natürlich nicht der Friedhof, sondern das Verhältnis des Staates Israel zu dem nicht-anerkannten Leben. Nicht nur läßt er sie nicht in eine ›neue Stadt‹ hinausgehen, auch von ihrem alten Ort versucht er sie zu vertreiben. Der Kampf um die Absiedlung der nicht-anerkannten arabischen Niederlassung Ramih geht bis heute weiter, es soll Platz für Häuser geschaffen werden, die für Neueinwanderer in Karmiel bestimmt sind. »Was soll werden, was soll nur werden«, murmelte Abu Alheija und erzählte von der drangvollen Enge in seinem Dorf, und daß es verboten war, auch nur einen Raum anzubauen; die Familien sind groß, die Kinder heiraten, und es ist kein Platz zum Bewegen und zum Atmen da. Und einmal im Monat, am Donnerstag, fliegt ein Hubschrauber vorbei und fotografiert das Dorf von oben, um zu überprüfen, ob jemand hier eine Wand oder dort einen Raum angebaut hat. »Und wenn jemand aus Nir Ezion im Dorf einen Traktor laufen hört, greift er sofort zum Telefon, ruft den Richtigen an, und schon sind sie da.« Eine spezielle Patrouille wurde eingerichtet, erzählte er, die ›graue Patrouille‹, sie verfügt über einen Hubschrauber, zwanzig Jeeps und achtzehn Mann mit Waffen und Hunden, und alle zwei Wochen kommen sie im Dorf vorbei und schauen nach. (Jetzt verstand ich, weshalb sie mir mißtrauten, als ich in Ein Chud angekommen war.)

»Der Staat erkennt uns nicht an«, sagte Abu Alheija, »aber in mir existiert immer noch die Hoffnung, daß wir uns integrieren werden. Ich versuche weiter, hier als Araber zu existieren, mir einen Bezug zu diesem System zu schaffen. Inzwischen baut dieses Regime einen Haß auf, der ... nicht mehr rückgängig zu machen ist. Schließlich und endlich hängt alles von ihm ab. Wenn sie wollen, daß wir in eine Lage wie in den besetzten Gebieten geraten, sollen sie es tun. Ich nicht.«

»Und was wird geschehen, wenn sie versuchen, euch dort zu räumen, wie sie es mit den Dorfbewohnern von Ramih gemacht haben?«

Abu Alheija wandte seinen Blick von mir ab: »Wenn sie noch einmal versuchen, mich zu vertreiben – dann bleibe ich nicht hier. Ich überlasse euch den Ort. Nehmt alles. Ich bin nicht bereit, so zu leben. Ich – bin – nicht – bereit – so – zu – leben. Mit Gewalt will ich nicht mit euch leben. Dann bleibt allein.«

Das war, in Kurzfassung, die Geschichte ihres Kampfes. Nicht nur ihres Kampfes gegen den Staat, sondern auch gegen ihr Schicksal, gegen die erniedrigenden Ausgangsbedingungen. Sehr lange Zeit haben sie darum gebetet, sie anzuhören. Daß der Staat Israel es ihnen erlauben möge, *endlich zu leben* zu beginnen. '48, im Befreiungskrieg Israels, gab es viele Grausamkeiten auf beiden Seiten. Die Taten, die von den Arabern und den Soldaten der jüdischen Legion bei der Belagerung von Gusch Ezion verübt wurden, sind nicht weniger schrecklich als die Taten jüdischer Soldaten gegenüber unschuldigen arabischen Zivilisten. Es war Krieg. Menschen, die ich kenne, lagen nachts im Hinterhalt, neben Wegen, die in arabische Dörfer führten, und schossen auf Menschen, Frauen und Kinder, die in ihre Häuser zurückkehren wollten, aus denen sie vertrieben worden waren. Diese Zeit ist vorbei und vergangen. Vergangenheit. Vor etwa zweieinhalb Jahren hörte ich einen äußerst sicherheitsbewußten Minister, der bei der Abschlußzeremonie eines Offizierslehrgangs sagte: »Wir stehen immer noch im Krieg um unsere Unabhängigkeit«, was soviel heißt wie: dem Gefühl des Ministers zufolge haben auch die Juden in Israel noch nicht angefangen, wirklich *zu leben*. Und in der Tat läßt mich, seitdem ich mich auf diese Reise gemacht habe, das Gefühl nicht los, daß wir uns vielleicht noch nicht ›befreit haben‹; daß es möglich ist, daß wir, solange wir noch nicht beschlossen haben, unseren Unabhängigkeitskrieg zu beenden – zumindest was die arabische Minderheit in unserer Mitte angeht –, kein wirklich freies Volk in unserem Land sein werden.

»Wie viele Jahre singt ihr eigentlich noch das Lied ›Noch ist unsere Hoffnung nicht verloren‹?« spottete Lutfi Masch'ur über mich. »Hört schon auf zu hoffen und fangt an zu verstehen!« Und Abed Allatif Yunes aus dem Dorf Ara sagte mir Anfang des Sommers: »Mein Schicksal und deines ist es, zusammen zu leben. Es ist ein Fehler von dir, mich zu ignorieren, denn ob du willst oder nicht, ich bleibe. Aber ich glaube, der Staat Israel würde schöner sein, wenn auch ein Mensch wie ich das Gefühl hätte, daß er darin leben will, und ich glaube nicht, daß Israel mit einem Anteil von zwanzig Prozent Rückständigkeit und mangelndem Gefühl für menschliche Würde in seiner Mitte wirklich schön sein kann.«

Auf dem leeren Parkplatz, der auch der Sammelplatz für die Abfalltonnen des Künstlerdorfes Ein Hod und der alte Friedhof der Einwohner von Ein Chud ist, und über dem verwitterten Pappschild, das im Staub liegt, und auf dem steht ›Keinen Abfall an dieser Stätte abladen‹, sagte Muhammad Abu Alheija im Namen der Dorfbewohner: »Es gibt niemanden bei uns im Dorf, der noch davon träumt, den alten Ort wieder zurückzukriegen. Was sollen wir noch tun, damit sie uns glauben? Es gibt eine neue Wirklichkeit. Das neue Dorf. Wenn man uns anbieten würde, den Boden, auf dem wir heute wohnen, zu kaufen oder sogar zu pachten – auch wenn er schon unser Eigentum ist und wir einen Grundbucheintrag dafür haben –, dann würden wir das Angebot annehmen. Wenn sie es nur vorschlagen würden.«

Manchmal führt uns eine bekannte Wirklichkeit (oder ein bekanntes Buch), die uns ›übersetzt‹ dargeboten wird, unbekannte Töne des Originals vor Augen. Einige Tage lang sah ich Israel durch die Augen der ›anwesenden Abwesenden‹, und ich wußte, wie barmherzig mein Land ist, das Medikamente und Decken an jeden kurdischen Flüchtling und an jeden Überlebenden eines Erdbebens in Kambodscha schickt – wie sehr es sich aber auch zu Stein verhärten konnte. Das offiziell verleugnete Ein Chud zeigte mir, wie sich die steinerne Maske im Laufe der Jahre immer tiefer einfraß, wie sie das Denken und die Seele in Form goß und auch die Sprache verkalken ließ, bis in ihr ein Sprachgerinnsel wie jene unglückselige Wortpaarung entstand.

»Im Alter von vierzig erhält jeder das Gesicht, das er verdient hat«, pflegte meine Großmutter zu sagen, und wir sind bereits seit dreiundvierzig Jahren so. An der Wand des Zimmers von Bertolt Brecht hing eine japanische Holzschnitzerei. Die Maske eines bösen Dämons, bemalt mit Goldlack:

»Mitfühlend sehe ich/ die geschwollenen Stirnadern, andeutend/wie anstrengend es ist, böse zu sein.«

5. Kapitel

»Als ich Rassan kennenlernte«, schrieb mir Irit, »hatte ich, wie viele Israelis, Vorurteile in bezug auf Araber. Bevor ich an die Universität kam, kannte ich überhaupt keine Araber. In Tel Aviv, wo ich lebte, kam ich nicht mit ihnen zusammen. Auf alle Fälle nicht auf persönliche Art und Weise, ich sah sie nur als Arbeiter, die in der Umgebung meines Wohnortes arbeiteten. Im Endeffekt verhielt ich mich ihnen gegenüber wie Dingen, oder richtiger – sie waren überhaupt nicht vorhanden. Im Unterbewußtsein waren sie etwas Beängstigendes, Bedrohliches, mit dem man besser nicht in Berührung kam.«

»Dem Juden als Menschen begegnete ich hauptsächlich an der Universität«, erzählte mir Rassan im Haus der beiden auf dem Dorf, »während alle anderen Zusammentreffen in meinen Augen immer rassistisch oder ausbeuterisch waren. An der Universität entdeckte ich etwas anderes, andere Typen, und Stück für Stück begann ich, in diese Gesellschaft einzudringen. Der Anfang war eine Art ›romantische Geschichte‹; ich entdeckte einige besondere Leute, lebte in einer Künstlergruppe, eine Art Kommune, und da lebst du mit dem Gefühl, irgendwie so ein kleiner Kosmopolit zu sein . . . Aber außerhalb dieser Seifenblase waren meine Erfahrungen sehr hart. Ich wohnte im Studentenheim am Har Hazofim. Die Überwachung, der wir dort als Studenten ausgesetzt waren, und daß man uns, die Araber, immer an den Ecken der Studentenwohnsiedlung unterbrachte, damit wir im Fall eines Angriffs als erste etwas abbekommen würden – absurde Geschichten, die der Verstand einfach nicht verdauen kann! Am zentralen Busbahnhof gab es immer diese Begegnungen mit den Leuten von der Bürgerwehr, jedesmal, wenn man ins Dorf fuhr oder zurückkam, und inmitten von all dem hast du nicht herausgefunden, wo er wirklich ist, der jüdische Mensch, von dem man erzählt, daß er gelitten hat, daß ihm vom Rassismus übel mitgespielt wurde, wo war er? Ich frage mich, ob das alles wohl die Projektion auf ein anderes Opfer war, ob die Juden jemand anderen suchten, an dem sie all die Dinge, die sie durchgemacht hatten, auslassen konnten?«

Rassan war einundvierzig. Assistenzprofessor an der Universität. Einer von 14000 arabischen Akademikern in Israel. Er trug einen kurzen, sorgfältig gestutzten Schnurrbart, runde Brillengläser und hatte eine Pfeife in der Hand. Er hatte eine ruhige und hochmütige Art zu reden, aber im Dunkel, das zwischen seinen wohlgesetzten Worten lag, regte sich jedesmal ein Erniedrigter, Verwundeter, und je länger er sprach, desto mehr wurde es sichtbar: der ganze Mensch eine einzige Wunde.

Irit war neununddreißig, geboren in Tel Aviv, die Eltern stammten aus dem Irak. Sie beschäftigte sich gerade mit dem Drama als Mittel der Erziehung zur Koexistenz. Eine sehr schöne Frau, schwarzes Haar, Elfenbeinhaut und grüne Augen. Sie hatten drei Kinder, zwei Söhne und eine Tochter, ein hübsches, bescheidenes Haus, zwei Hunde und einen Wurf neugeborener Katzen. Am Spätnachmittag saßen wir im Hof, auf dem Tisch eine Schüssel Trauben und geschälte Kaktusfrüchte, frisch vom Supermarkt. Die beiden hatten lange mit sich gekämpft, bevor sie damit einverstanden waren, mit mir zu sprechen; er war bereit, offen zu reden, aber sie hatte Vorbehalte, aus persönlichen Gründen, doch schließlich wurde das Gespräch dadurch ermöglicht, daß sie ihre Identität nicht preisgaben und sich Decknamen aussuchten.

»Ich war offenbar sehr naiv. Als ich in Tel Aviv lebte«, begann Irit, »war der Staat für mich etwas Heiliges. Ich war sehr patriotisch. Ganz plötzlich begann ich aufzuwachen. Ich traf Rassan und wurde Zeugin von Dingen, von denen ich nie geglaubt hätte, daß sie hier passieren könnten, und ich fing an,

Angst zu haben. Alle möglichen Dinge, die ich nicht gewußt hatte, wurden mir über die Juden, mein Volk, offenbart. Die Welt veränderte sich vor meinen Augen. Ich hatte Angst um meine Existenz und um die meines Partners. Ich dachte – eines Tages kommen sie, klopfen an die Tür und nehmen ihn mit, und kein Mensch wird einen Finger rühren.

Danach begann ich, so ganz allmählich, zu begreifen, daß das die Realität von Menschen wie Rassan war; daß es sogar eine Art Routine dabei gibt. Eine Routine der Diskriminierung und Ausgrenzung. Sogar mir gegenüber, wenn die Leute hören, daß ich mit einem Araber verheiratet bin... Vor einem Jahr machte ich einen Kurs an der Bar Ilan-Universität, und als bekannt wurde, daß ich mit einem Araber verheiratet bin, gab es sofort um mich herum Spannungen. Der Kurs dauerte ziemlich lange, die Leute kamen einander näher, aber von mir distanzierten sie sich. Eine Frau sagte ganz offen zu mir: ›Das mit dir ist sehr schwierig für mich. Du bist so eine nette und kluge Frau, wenn wir uns ohne diese Sache da getroffen hätten, hätten wir sicher Freundschaft geschlossen. Aber so fällt es mir schwer, das zu schlucken.‹

Oder: Ein Jahr, bevor ich Rassan kennenlernte, fuhr ich ins Ausland. Ich passierte den Flughafen, alles wie immer, man kommt hin, man fliegt weg, man kommt zurück. Und ein Jahr später reiste ich mit ihm, und da ist, mit einem Schlag, alles anders. Die Koffer wurden durchwühlt. Wir mußten uns ausziehen. Ich hatte einen Haartrockner dabei, den schlugen sie in Stücke. Und ich habe gesagt, Moment mal, letztes Jahr hatte ich den gleichen Fön dabei, und damals war er überhaupt nicht gefährlich! Ich war schwanger. Sie zogen mich aus bis auf die Unterhosen. Die Frau, die die Kontrolle machte, kam mit dem elektronischen Abtaster. Und ich sagte zu ihr, Ich bitte Sie inständigst, ich bin schwanger, tasten Sie mich bitte nicht mit diesem Gerät ab. Machen Sie es mit den Händen, machen Sie mit mir, was Sie wollen. Sie war nicht damit einverstanden. Sie sagte, Ich überprüfe Sie nur von hinten. Ich sagte zu ihr, Aber ich bin schwanger! Wissen

Sie etwas vom weiblichen Körperbau? Welchen Unterschied macht das für eine schwangere Frau, ob von hinten oder vorne? Es half mir nicht. Ich verstehe Sie nicht, sagte ich zu ihr, ich bin Studentin wie Sie, ich bin Israelin wie Sie. Sie sah mich an und sagte: Ich habe Anweisung erhalten, und ich führe sie aus. – Das waren meine ersten Schritte als ›Araberin‹.«

Ich fragte, ob sich die Kinder als Muslime oder als Juden sähen.

»Die Kinder werden sich selber definieren, wenn sie sich entscheiden können«, sagte sie.

»Die Kinder *haben* sich bereits selbst definiert«, korrigierte Rassan, »und das geschah genauso, wie es Irit passierte. Man hat mich immer gefragt, ob sie sich als Jüdin oder Araberin fühlt, und ich habe ihr nie etwas zu diesem Thema gesagt. Ich habe nicht gefragt. Aber beim ersten Mal, an unserer ersten Straßensperre, als wir aus dem Dorf wegfuhren und der Polizist vom Sicherheitsdienst nicht zu ihr sagte: Sie sind Jüdin, steigen Sie aus dem Auto und warten Sie, bis ich Ihren Mann durchsucht habe, sondern sie genauso wie mich behandelte, von diesem Augenblick an begann bei ihr die Veränderung. Das heißt, die Juden haben sie dazu getrieben, zu mir zu gehören.«

»Die Straßensperren...«, seufzte sie, »schau, das ist schon hundert Mal passiert, ich ärgere mich schon gar nicht mehr... das ist auch so etwas Schreckliches, daß man sich an das Absurde gewöhnt, nicht wahr? Immer, wenn sie uns anhalten, beruhige ich Rassan. Ich sage zu ihm, du weißt, wie sie sind, es ist unvermeidlich, also komm, versuchen wir, es möglichst einfach hinter uns zu bringen. Ich versuche, beruhigend zu sein, aber Rassans Schmerz tut mir dermaßen weh, daß ich, wenn ich sie bloß von weitem sehe, schon völlig verkrampft bin.«

Rassan: »Und das gleiche passiert mit den Kindern: Als unser Sohn fünf Jahre alt war, haben sie uns bei Kfar Saba (jüdische Siedlung) aufgehalten. Und der Junge hat gefragt:

Vater, was hat die Polizei von uns gewollt, warum haben sie gefragt, ob du Araber bist, warum haben sie dir den Ausweis weggenommen, warum haben sie keine anderen Autos aufgehalten? Und so, ganz automatisch, egal ob ich das will oder nicht, ob ich ihn so oder so erziehe, ist er bereits als zur arabischen Gruppe zugehörig definiert worden, aber auf negative Art.«

». . . Mein Sohn wurde in Jerusalem geboren«, schrieb mir Irit nach dem Treffen, »und zwei Jahre nach seiner Geburt zogen wir aufs Dorf um, was den Grund hatte, daß in Jerusalem *ich* den Mietvertrag für die Wohnung unterschreiben mußte, und bei einer solchen Sachlage existierte Rassan überhaupt nicht. Wir begriffen ganz einfach, daß uns der Hausbesitzer, wenn er wüßte, daß Rassan Araber ist, die Wohnung nicht vermieten würde. Und so zogen wir nach der Unterschrift des Vertrags (als ob ich die alleinige Mieterin der Wohnung wäre) gemeinsam ein. Diese Situation von so tun als ob, von lügen, führte zu Spannungen bei uns, war mit Unbehagen und Frustration verbunden. Wir dachten damals, was soll aus den Kindern werden? Würden auch sie ihre Identität als Kinder eines arabischen Vaters in einer jüdischen Umgebung verbergen müssen? Zu einer solchen Lüge war ich nicht bereit. Meine Kinder sollten die Tatsachen kennen und sich mit ihnen abfinden. Schließlich würde das die Realität ihres Lebens sein, und sie sollten in Würde damit leben. Hier, auf dem Dorf, wissen im Gegensatz zur Stadt alle, daß ihre Mutter eine Jüdin ist. Sie müssen diese Tatsache vor keinem verbergen. Und ich würde sagen, daß sie ziemlich gut damit zurechtkommen. Bis sie zehn waren, habe ich ihnen jeden Abend eine Geschichte auf hebräisch vorgelesen, sie sprechen Hebräisch und Arabisch, beides wie ihre Muttersprache, sie schauen sich alle Sendungen im Fernsehen auf hebräisch an und finden sich in allem zurecht, was mit dem kulturellen Leben hier im Land zu tun hat. Auf der anderen Seite gehen sie im Dorf in die Schule, lesen auch Arabisch und leben in der arabischen Gesellschaft. Nicht nur, daß sie keiner belästigt, manchmal ist sogar eine Empfindung da, die zu ihren Gunsten ausschlägt. Schließlich und endlich gehört ihre Mutter (im Bewußtsein der Dorfgemeinschaft) der Gruppe der Mehrheit an, der herrschenden Gruppe, der Elite.«

In ihrem Haus auf dem Dorf fragte ich Irit, ob sie tief in ihrem Innersten nicht doch wollte, daß ihre Kinder letzten Endes zu ›ihrer Seite‹ gehörten.

»Sie werden ihre Wahl selbst treffen, so wie ich sie getroffen habe. Es ist mir nie in den Sinn gekommen, sie zu fragen, als was sie sich fühlen – mehr als Juden oder mehr als Araber. Die Frage ist in meinen Augen irrelevant. Hauptsache, sie werden Menschen mit guter Erziehung, mit einer universalen Einstellung den Menschen gegenüber. Es stimmt, im Unterbewußtsein steckt in jedem einzelnen von uns die Identität, in der er geboren und erzogen wurde, und es ist äußerst schwer, sich davon zu befreien. Aber ganz allmählich tut sich etwas. Auch bei mir. Es fällt mir hier zunehmend schwerer. Ich bin sehr oft erschüttert von dem, was ich um mich herum sehe. Wenn ein arabisches Kind verletzt wird, weiß man überhaupt nicht, wer es ist, wie es heißt, wer seine Eltern sind. Es existiert nicht. Es ist billige Ware. Wenn aber ein jüdisches Kind verletzt wird, wird ein großes Trara daraus gemacht, sie führen es vor, seine Lebensgeschichte, wer seine Großeltern sind. Es ist noch nicht lange her, vor zwei Wochen, da wurden zwei Kinder aus der Umgebung von einem jüdischen Busfahrer verschleppt. Hast du davon gehört? Zwei Kinder wurden entführt und geschlagen, einer war elf, der andere dreizehn, zwei wunderbare arabische Kinder, die fließend Hebräisch sprachen. Der Entführer ist bekannt, aber er wurde nicht einmal verhaftet, und es gab keine Untersuchung. Ihr wißt davon nichts, aber mich erreichen Tag für Tag solche Geschichten.

Und ich, ich bin hier geboren, ich war ein Teil... ach, ich erinnere mich, als Kind, als die Kriegsgefangenen aus Syrien zurückkamen, war ich so erschüttert, wie es möglich war, daß es überhaupt so ein Volk gab, das solche schändlichen Dinge tat. Und daran zu denken, daß mein Staat, in seinen Gefängnissen und seinen Verhörräumen sich genauso verhielt... Es fällt mir schwer, damit fertig zu werden. Ich weiß nicht, wie andere Israelis damit fertig werden und schweigen können. Vielleicht ist es ihnen egal, weil es sie nicht betrifft. Vielleicht ist es für sie sogar angenehm so, aber ich bin nicht bereit, mich damit abzufinden, andererseits weiß ich aber nicht, was ich dagegen tun könnte.« Sie sprach sehr sanft, ohne ihre Stimme zu erheben: »Ich erinnere mich, daß wir einmal am ›Tag der Erde‹ hier auf unserem Land saßen und Unkraut jäteten, und ich fragte Rassan, was wir tun sollten, demonstrieren? Gewalttätiger sein? Und Rassan sagte, daß er kein gewalttätiger Mensch sei, daß er nicht fähig sei, einen Stein in die Hand zu nehmen und ihn zu werfen. Und er ist nicht der Einzige, von dem ich das gehört habe: Wir sind Staatsbürger, und der Staat hat Gesetze, was sollen wir also tun?«

»Trotzdem«, warf ich ein, »ihr verschließt euch der Tatsache, daß im Laufe der Jahre eine Besserung eingetreten ist. Schließlich herrschte hier noch bis 1925 ein Militärregime, und heute gibt es weitaus mehr Aufgeschlossenheit und Problembewußtsein, die Araber in Israel können ihre Meinung zum Ausdruck bringen und ihre Rechte fordern...«

»Genau das ist die Illusion!« unterbrach mich Rassan wütend: »Das ist Fiktion! Und überhaupt, du entschuldigst, aber was wir hier machen, ist Wichserei! Denn was hilft es mir, wenn ich dir erzähle, daß ich benachteiligt werde? Daß es mir in deinem Staat schlechtgeht? Verbessert das etwas an meinem Leben? Das System ist schließlich so konstruiert, daß es einigen Ausnahmefällen ermöglicht, vorwärts zu kommen, so wie mir zum Beispiel, und es benützt die Ausnahmen dazu, zu sagen, da, schaut her, wie ein solcher Mensch sich ausdrückt, und wir reißen ihm nicht den Kopf ab. Aber in Wirklichkeit, wenn du dir alles genau anschaust, wirst du sehen, wie das System mir immer noch jeden Weg versperrt.«

»Die Absurdität, die in der Diskriminierung liegt, spitzt sich gerade in unserem Fall zu«, sagte Irit. »Das Gesetz besagt, daß ein israelisches Ehepaar ein Darlehen vom Wohnungsministerium erhalten kann, wenn beide die israelische Staatsbürgerschaft haben und einer in der Armee gedient hat. Ok. Wir erfüllen alle erforderlichen Kriterien. Wir sind Israelis, ich war beim Militär, wir haben also Anspruch auf ein Darlehen. Sie haben es umgangen, indem sie sagten – Ah! Weil ihr ein Haus in einem arabischen Dorf baut, steht euch nur das zu, was den Bewohnern in dem Gebiet zusteht!«

»Siehst du, daß die Demokratie hier eine ziemliche Illusion ist«, ergänzte Rassan, »denn auch die Orthodoxen hier sind eine Minderheit, eine kleinere Minderheit als die Araber im Staat, eine Minderheit, die sich selbst als nicht-zionistisch deklariert, und schau dir an, wie sie euer Leben bestimmten. Schau dir an, wieviel Geld sie bekommen. Aber als hier die große politische Krise war und Peres daran dachte, eine Koalition mit den Arabern einzugehen, da waren sofort alle da: Wieso das denn? Sie sind Araber und nicht-zionistisch! – Als ob die Orthodoxen etwa Zionisten wären! Als ob sie in der Armee dienen würden! Wir sind a priori nicht mit im Spiel, nicht in der Politik, nicht in den Medien, nicht in der Wirtschaft.«

»Wenn ich recht verstehe«, fragte ich ihn, »dann möchtest du, daß der deutlich jüdische Charakter des Staates verschwindet?«

»Ein Staat, in dem die Mehrheit der Bevölkerung Juden sind – das ist kein Problem für mich, dort zu leben. Auch wenn der Staat auf allen möglichen legalen Wegen versuchen sollte, eine jüdische Mehrheit zu erhalten – kein Problem für mich, unter der Bedingung, daß dies im Einvernehmen mit der Minderheit so festgelegt wurde.«

»Beschreib mir eine solche Situation.«

»Der Staat Israel kann ein Staat mit einer jüdischen *Mehrheit* sein, muß sich aber nicht als ›jüdischer Staat‹ definieren. Wenn seine Symbole auch mich miteinschließen würden, hätte ich einem solchen Staat auch mehr zu sagen und mehr zu geben.«

»Du hast nicht erklärt, was du mit ›legalen Wegen, die im Einvernehmen mit der Minderheit festgelegt werden sollten‹ gemeint hast.«

Rassan zog lange an seiner Pfeife: »Wenn Israel sagen würde, ich will ein normaler demokratischer Staat sein, mit einer Trennung von Staat und Religion, und jeder Mensch hätte hier das Recht auf Selbstverwirklichung, dann könnten wir uns hinsetzen und im Einvernehmen festlegen, daß der Präsident und das Staatsoberhaupt nur Juden sein sollten, gemäß einer Verfassung. Und es könnte auch eine Verfassung verabschiedet werden, die die Grundrechte des Bürgers, seine grundlegenden Freiheiten sichert. Das ist übrigens einer der Gründe, weshalb ihr keine Verfassung habt. Laß es eine Verfassung geben, laß die Mehrheit jüdisch sein. Aber ihre Gesetze würden auch meine Rechte verteidigen. Mir ermöglichen zu entscheiden, was mein Sohn in der Schule lernt, und nicht irgendein Schmulik im Erziehungsministerium würde entscheiden, was mein Sohn lernen soll. In einer solchen Situation würde es mir nichts ausmachen, wenn die Mehrheit hier jüdisch wäre.«

»Mich stört es nicht, daß die Flagge blau-weiß ist«, sagte Lutfi Masch'ur, der Herausgeber der Zeitung ›Assinara‹ zum gleichen Thema. »Es ist mir nicht wichtig, und es macht mir nichts aus, ob sie es Israel oder Belzebel oder Judenstaat nennen. Die Dekoration stört mich nicht: mich stört das Wesen. Bin ich hier als Bürger dir gleich oder nicht? Habe ich in der Praxis Rechte, oder habe ich keine? Ich habe mich sogar schon daran gewöhnt, auf das Rückkehrgesetz (das jeden Juden zur Einwanderung nach Israel berechtigt) für Araber zu verzichten. Ich habe mich schon damit abgefunden, daß die Juden etwas haben, wohin sie zurückkehren können, und die Palästinenser eben nicht. Ich hoffe, daß der palästinensische Staat, wenn er errichtet wird, in dieser Hinsicht ›jüdisch‹ sein wird. Aber all das ist sekundär: die Hauptsache ist euere Einstellung zu mir als Mensch. Ihr bringt eine große Einwanderungswelle ins Land – gut und schön. Aber nach einem Jahr wird der jüdische Einwanderer schleunigst zum Herren. Wir bleiben die Sklaven. Da kann ich nur sagen: In Ordnung, soll es ein jüdischer Staat sein. Aber wir sollten die gleiche Chance wie ihr haben! So wie in Indien zum Beispiel: Ein Muslim als Staatsoberhaupt. Es ist möglich, solche Übereinkünfte zu treffen!« Er dachte einen Moment über seine Wort nach und begann zu grinsen: »Es stimmt, wenn du mir jetzt sagen würdest, der Stuhl des Staatspräsidenten ist für Araber frei – ich würde dich umbringen! Denn wen sollten wir heutzutage da hinsetzen? Welcher Araber könnte ein solcher Führer sein? Ich ziehe es vor, noch tausend Jahre lang ohne einen arabischen Präsidenten zu leben, als diese Leute dorthin zu setzen, die ich kenne!«

Klammer auf:

›Der Stuhl des Staatspräsidenten ist für Araber frei‹. Ob in Israel jemals eine Situation Realität werden wird, in der sich dieser Satz verwirklicht? Es gibt Leute, für die allein der Gedanke ein Alptraum ist, und schon das Schreiben dieser Worte auf hebräisch zerrt an ihren Nerven. Aber vielleicht gibt es andere, bei denen eine solche Überlegung – auch wenn sie momentan nicht realisierbar ist – möglicherweise einen blockierten Muskel im Bewußtsein freisetzt und überraschte Erleichterung hervorruft – ›Warum eigentlich nicht?‹. Und in der Tat: Warum nicht? Warum sollte es in Israel keinen arabischen Justizminister geben, einen Araber als staatlichen Revisor, einen Generaldirektor der nationalen Wassergesellschaft, des Fernmeldewesens, für die nationale Versicherung, alles israelisch-arabische Staatsbürger? Und der Landwirtschaftsminister, der Finanzminister, der Vertreter der Wasserwerke, der Generalsekretär der Gewerkschaft und der Herausgeber der Zeitung ›Ha'arez‹, die Leiter der Staatsdirektorien und die Ausschußvorsitzenden in der Knesset? Warum nicht?! Dort, im Hof des Hauses von Irit und Rassan, begriff ich, wie wenig wir es uns doch alle erlauben – Juden wie Araber –, unserer Fantasie freien Lauf zu lassen, was die mögliche gemeinsame Zukunft angeht: Als ob die Lähmung und der Mangel an Willenskraft, die uns beherrschen, was die Verhältnisse in der Gegenwart betrifft, in uns auch die Ausrichtung auf die Zukunft einschränkten, keine Kraft für Hoffnung ließen, und aus diesem leeren Raum heraus wirbelt noch immer ohne Unterlaß der Staub der traumatischen Vergangenheit auf und konserviert und kopiert die festzementierte Form der Verhältnisse.

... Und ein arabischer Zeitungsherausgeber Mitglied in der sensiblen ›Journalisten-Kommission‹? Ja. Und eine arabische ›El Al‹-Fluggesellschaft? Aber sicher. Und ein arabischer Kommandant für den Zivilschutz in Israel? Gewiß. Und ein arabisches Oberhaupt für die israelische Polizei? Ja... aber ich registriere ein leichtes Zögern in mir. Bin ich an meine persönliche Rassenbewußtseinsgrenze gestoßen? Oder an die Grenze des Traums im gegenwärtigen Stadium?

Schließlich gibt es ja auch, noch bevor es uns vergönnt sein wird, einen, sagen wir mal, arabischen Kommandanten für den Oberbefehl über den Etappenschutz zu sehen, einfachere und lebenswichtigere Bestrebungen, die noch nicht realisiert worden sind. Und Tatsachen, denen man sich nur ungern stellt: Daß die Anzahl der arabischen Säuglinge, die kurz nach der Geburt sterben, zweimal so groß ist wie die der jüdischen; daß sich 92 Prozent der arabischen Lohnarbeiter auf der fünftniedrigsten Stufe in der Gesellschaft befinden; daß es bis heute in der israelischen Regierung keinen arabischen Minister gibt; daß das höchste politische Amt, das ein Araber im Staat je erreicht hat, stellvertretender Gesundheitsminister war; daß von den 1310 Personen im höheren Dienst in den Ministerien und damit verbundenen Institutionen im Jahre 1989 nur 17 Araber waren; daß es in allen 200 Direktorien der staatlichen Gesellschaften mit über 4000 politisch und wirtschaftlich einflußreichen Mitgliedern – ein einziges arabisches Mitglied gibt; daß von der Gesamtheit der Ärzte in der Krankenkasse der Gewerkschaft zwei Prozent Araber sind; daß jede zweite arabische Person in Israel dieses Jahr unter der Armutsgrenze lebt; daß sechs von zehn arabischen Kindern (gegenüber einem von zehn bei Juden) in Armut aufwachsen...

Wieviel Glück muß ein arabisches Kind haben – so begabt es auch sein mag –, damit es ›nur‹ das Leben leben kann, das es verdient hat? Damit sein Verstand und seine Talente nicht unter den Scheffel gestellt werden? Sind das übertriebene Bestrebungen? Träume? Visionen eines Geschichtenerzählers?

... Nun gut, aber was ist mit dem arabischen Mitglied des Ausschusses für Außenpolitik oder Sicherheit in der Knesset...? Nein, noch nicht...; und was ist mit einem arabischen Stellvertreter des Regierungsoberhauptes, der das Regierungsoberhaupt jedesmal, wenn die Notwendigkeit dazu besteht, vertritt? Ja... warum nicht...; und ein arabischer Flugkommandant in der Luftwaffe? Hm...? Wenn theoretisch Frieden wäre...? Hm..., darüber muß man nachdenken, das muß verdaut werden...

In solchen Augenblicken des Zögerns konnte ich verstehen, daß auch etwas Irreführendes in der spontanen Beziehung lag, die zwischen mir und den Palästinensern hergestellt wurde, die ich in den besetzten Gebieten vor der Intifada getroffen hatte: bekanntermaßen hatten sie und ich ein gemeinsames Interesse: voneinander getrennt zu werden. Was bedeutete: Das Bestreben nach Abgrenzung vereinte uns. Hier dagegen – innerhalb des Staates Israel – haben wir, Juden wie Araber, viele Altlasten an Furcht und Mißtrauen zu überwinden, gerade um uns unter einer gemeinsamen Definition zu versammeln, aber auch im Rahmen einer allgemeingültigen staatsbürgerlichen Identität, und dieses ›Zusammenrücken‹ erfordert von beiden ›Partnern‹ eine tiefgehende emotionale Anstrengung, die anscheinend nicht weniger schwierig ist als ein territorialer Rückzug.

Klammer zu.

»Du redest von nationaler Identität«, seufzte Irit, als wir über diese Schwierigkeit sprachen, ›zusammenzurücken‹, »und ich kann dir von viel persönlicheren Problemen erzählen, von meiner Familie in Tel Aviv zum Beispiel, von meinem Vater, der jede Verbindung zu mir abgebrochen hat, total; in dem Moment, als er begriff, daß ich mit einem Araber ausging, hat er den Schlußstrich gezogen. Schon seit fünfzehn Jahren habe ich ihn nicht mehr gesehen und wir haben nicht mehr miteinander gesprochen... Und das ist der gleiche Vater, der so sehr mit mir verbunden war, wie ein Vater seines Alters mit der Tochter nur verbunden sein kann... Beim Militär lachten sie immer über mich, über alles, was er mir kaufte, immer das Beste und das Teuerste, und jetzt – seine Enkel kennt er nicht, mich kennt er nicht. Er verliert, und ich verliere... Einmal kam ein Videofilm bei uns an, von einer Familienhochzeit, und meine Kinder sahen meinen Vater, und mein jüngerer Sohn sagte – ›Wow, Großvater sieht ja total jung aus, was für ein Typ‹... Und das Schrecklichste war: als vor zwei Jahren meine krebskranke Schwester im Sterben lag, hat sie direkt vor ihrem Tod mit Vater geredet und ihn gebeten, mir zu verzeihen, er solle mich wieder aufnehmen. Er hat mit wahrer Hysterie darauf reagiert. Er war nicht bereit, zuzuhören. Sie starb, und ich kam nicht zur Beerdigung, auch nicht zu den sieben Trauertagen... Mein Vater hat damals gesagt, ›gut, ich sitze für meine beiden Töchter sieben Tage lang Trauer‹. Verstehst du? Man hielt Totenwache für mich, für mich...«

Sie schwieg einen Augenblick, rang nach Beherrschung. Und dann: »Ich habe eine Verwandte, eine sehr nahe Verwandte, die einen Christen geheiratet hat, mit dem sie in der Schweiz lebt. Aber wenn sie kommt, wird sie von der ganzen Familie sehr liebevoll empfangen. Sie streiten sich darum, bei wem sie zu Gast ist, pilgern zu ihr hin, um sich von ihr zu verabschieden... Das macht die Sache noch härter für mich, daß unser Problem nicht die Religion ist. Es ist die Politik. Europäer oder Schweizer, das ist nicht das gleiche Niveau mit einem Araber. Im Gegenteil, sie wird auch noch als erfolgreiches Beispiel dargestellt: ein Schweizer!«

Ich fragte, wie sie sich während des Golfkrieges im Dorf gefühlt habe.

»Wir alle hier hatten schreckliche Angst vor dem Gas, die erste Nacht war wirklich ein Alptraum, mein Sohn hat geweint, denn er dachte, daß die Gasmaske nicht dicht genug sei, zwei Tage lang aß er nichts, und ich hatte noch die zusätzliche Belastung, daß ich weit weg von der Familie war und alle, die mir nahestehen, in Tel Aviv. Stell dir meine Lage vor. Es tat mir so leid um mein Tel Aviv. Ich weinte, wenn ich daran dachte, daß meine Stadt zerstört würde. Und weit und breit niemand da, der sich in meiner Situation befand. Keine Menschenseele, mit der ich meine Not hätte teilen können. Nachdem eine Rakete eingeschlagen war, rief ich meine Schwester in Ramat Gan an, fragte sie, wo die Rakete runtergekommen sei, und dabei passierte es zweimal, daß das Gespräch unterbrochen wurde, und Rassan schrie, was stellst du solche Fragen am Telefon, kapierst du denn nicht, daß du in einem arabischen Dorf wohnst? Weißt du nicht, daß sie uns zuhören?«

»Ist dir offene Schadenfreude gegenüber Israel begegnet?«

»Zuerst einmal das Wichtigste: sie haben nicht auf den Dächern getanzt. In meinem Dorf, und auch in anderen Dörfern, die ich kenne, haben sie nicht getanzt! Fast jeder hier hat jüdische Freunde, wir wohnen direkt neben jüdischen Siedlungen, wir sitzen alle im gleichen Boot. Es stimmt, daß mir manche Araber sagten, euch ist es egal, wenn Palästinenser getötet werden, und jetzt lernt ihr, wie schwer das ist. Das kann ich verstehen. Echte Schadenfreude – nein, die habe ich nicht erlebt.«

Rassan: »Wenn du die Palästinenser in Israel fragst, ob sie die Zerstörung des Staates Israel wollen, würde ich wetten: du wirst wahrscheinlich nicht mal zehn Prozent finden, die das wollen. Mit dem Staat hat man sich abgefunden. Sie akzeptieren, daß der Staat Israel da ist, aber sie wollen, daß er seinen Charakter ändert. Daß auch ein Mensch wie ich als Staatsbürger sagen kann – das ist mein Staat. Aber wenn die

Regierungspolitik nicht in diese Richtung geht, wird unsere Forderung für die Zukunft hier irgendeine Art Autonomie oder Anerkennung unsererseits als Minderheit sein. Und wie mir scheint, steuern wir darauf zu. Der Staat hat wohl nicht die Absicht, sich im nächsten Jahrzehnt zu verändern, und ich werde mir keine solche Selbstkasteiung auferlegen, daß ich plötzlich anfange, so eine Art Araber-Zionist zu sein, so ein braver Jud.«

»Interessant«, sagte ich zu Irit, »daß deine Enttäuschung und Feindseligkeit während des ganzen Gesprächs ausschließlich gegen die jüdische Seite gerichtet war. Hast du keine Vorwürfe oder Kritik an die Adresse der arabischen Gesellschaft in Israel?«

»Die jüdische Seite ist die starke und die herrschende«, sagte sie. »Ich habe mehr Möglichkeiten, die Araber zu verstehen. Sie werden von der israelischen Gesellschaft wirklich unterdrückt, du hast ja keine Ahnung... Nur wer hier lebt, wird das verstehen... Und ich habe den anderen Arabern gegenüber immerhin einen Vorteil: Ich habe noch eine andere Identität, hinter der ich mich jeden Moment, wann immer ich Lust dazu habe, verstecken kann. Du verstehst. Das fließende Hebräisch und die ganze jüdische Seite meiner Identität ermöglichen es mir im Grunde, von einer Seite auf die andere überzuwechseln, wenn mir danach ist. Die anderen haben keine solche Identität. Ja... das Gefühl, eine Araberin unter Juden zu sein, ist dermaßen hart, daß es ein gutes Gefühl ist, wenn es eine Möglichkeit gibt, dem zu entfliehen.«

Ich fragte, worin sie sich als israelisch empfänden.

»Es gibt Augenblicke«, sagte Rassan, »in denen du trotz der ganzen Ärgernisse und der unentrinnbaren Situation trotz allem an etwas glaubst. Du suchst die Ecke, in der es ein bißchen Licht gibt, das dir sagt, es ist immer noch eine Anstrengung wert. Wenigstens für die kleine Luftblase, in der du lebst und deine Kinder großziehst, und für die Freunde, die dich umgeben, das ist es noch wert, sich dafür anzustrengen.

Und dann wieder stößt du auf Fälle, in denen du anfängst, dich zu fragen. Was ist die Bedeutung meines Handelns hier? Was ist der Sinn meiner Bemühungen diesem menschlichen Roboter gegenüber, der mich im Ausgangsverbot einsperrt? Was bedeutet meine Staatsbürgerschaft? Einkommenssteuer zu zahlen, und das ›zu gleichen Teilen‹? Bei Rot stehenzubleiben? Eine israelische Bildung, die ich mir nicht ausgesucht habe? Wenn ich ehrlich bin, erschöpft sich meine Staatsbürgerschaft darin, daß ich im Besitz dieses Dokuments bin, das das Papier nicht wert ist, auf dem es gedruckt wurde. Sag du mir, was sind die kollektiven Elemente hier, zu denen ich als Mensch irgendeinen Bezug empfinden könnte? Warum kann ich mich hier nicht, wie es jedem Menschen zusteht, selbst verwirklichen, du aber schon? Warum kannst du, theoretisch zumindest, Fernsehintendant werden, ich aber unter keinen Umständen? Soll ich vielleicht keinen guten Beruf ausüben können? Das heißt, Israeli zu sein ist für mich im Grunde das, was mich daran *hindert*, mich selbst zu verwirklichen! Es ist das System, das mich daran hindert, über mein Schicksal zu entscheiden! Ich lebe mein ganzes Leben in einem existentiellen System von Fremdheit. Verstehst du, was es für einen Menschen wie mich heißt, a priori außerhalb des gesellschaftlichen, poltischen und wirtschaftlichen Spiels zu stehen? Sogar die Linke in Israel, von der ich weiß, daß sie für mich ist, steht, wenn es dann eine Demonstration in Taibe gibt, da und die Rechte ihr gegenüber; und was macht die Linke? Ihr führender Genosse sagt zu seinen Leuten – Heh, Genossen, ich möchte euch sehen, ob ihr die ›Tikva‹ (Nationalhymne) nicht besser als die da singen könnt! Und dann singen sie mir mit aller Kraft etwas von der ›Sehnsucht einer jüdischen Seele‹ vor! Wenn ich nach Tel Aviv gehe – ins Herz deines Israelitums, ja? –, fühle ich mich fremd. Verdächtig. Frag meine Frau. Ich werde nervös und angespannt. Ich gehe dort nur hin, wenn ich muß.«

»Und gibt es einen Ort, an dem du dich wohler fühlst? Wie fühlst du dich in Ramalla?«

»Auch in Ramalla fühle ich mich fremd!« Rassan schrie fast.
»Was bleibt euch dann?«
Sie schwiegen. Schauten sich an.
»Die Natur«, sagte Rassan schließlich. »Nur die Natur. Wir machen viele Ausflüge. In den Norden, in den Galil oder in den Negev, zu den Kratern. Ich baue mir meine persönliche Beziehung zur Natur auf.« Und er lächelte bitter: »Dort gibt es noch etwas, das bedeutungsfrei ist.«
»Trotzdem«, beharrte ich, »es gibt hier einen ganzen Staat, einen sehr differenzierten und vielfältigen Komplex. Menschen, Meinungen, Kunst...«
»Ich sehe gar nichts von dieser Kunst. Ich...«
»Es gibt aber doch einen Grund, weswegen ihr hierbleibt. Ihr seid Leute mit freien Berufen, ihr könntet auch woanders zurechtkommen, und ihr habt es euch ausgesucht, hier zu sein...«
Sie lächelten verlegen. »Wir gehen weg«, sagte sie.
»Wir haben vor, wegzugehen«, korrigierte Rassan.
»Besonders auf Drängen der Kinder«, sagte sie, »sie wollen nicht hier bleiben.«
»Für ein paar Jahre, nicht länger«, fügte er hinzu. »Den Kindern reicht die Spannung hier, dieser ganze Kampf.«
Und sie: »Die Wahrheit ist, daß ich diejenige bin, die am meisten von hier weg will. Mehr als Rassan. Ich schaue mich um und weiß, daß ich mich nicht mehr damit abfinden kann, hier zu leben. Ich werde irgendwas mit hebräischen Büchern machen... was wunderst du dich da... du hast vorher gefragt, wie es kommt, daß ich keine Kritik an der arabischen Gesellschaft habe, sicher habe ich die, ich lebe schließlich hier und sehe auch bedrohliche Dinge, sehe eine Gesellschaft, die in ihrem Konservatismus erstarrt ist, sehe hier gebildete Leute, für die es leicht ist, Kritik zu äußern, die aber nichts tun, um etwas zu verändern, und ein Erziehungssystem, in dem die Lehrer vor der Klasse stehen und die Kinder beschimpfen, ›ihr seid Versager, Esel und Idioten‹; bis heute

schlagen Lehrer die Schüler in der Klasse, auch mein Sohn wurde mehr als einmal geschlagen... Ich habe viele Klagen. Vielleicht wage ich es nicht, öffentlich Kritik zu äußern, weil ich ein Fremdkörper hier bin, ich werde hier immer ein Fremdkörper bleiben, aber von der jüdischen Gesellschaft erwarte ich mir mehr, auf allen Gebieten... Es kann sein, daß ich auch in den Vereinigten Staaten auf Diskriminierung stoßen werde. In jeder Gesellschaft gibt es das. Es kann sein, daß ich das Gefühl haben werde, das dort ist nicht mein Zuhause. Aber von meinem Zuhause habe ich viel mehr erwartet als von jedem anderen Ort, und hier habe ich schon zuviel gesehen, ich kann nicht mehr.«

Siham Daud, palästinensische Dichterin, Haifa:
»... Im Krieg, habe ich gehört, hat es Araber gegeben, die sich gefreut haben, daß er Scuds nach Israel geschickt hat. Mir ist, wenn ich die Freunde und Menschen, die mir wichtig sind, mitzähle, ob nun Jude oder Araber, niemand untergekommen, der sich gefreut hat, nicht einmal für eine Sekunde. Ganz im Gegenteil. Und ich erinnere mich, im Krieg, da fiel eine Rakete hier neben meinem Haus runter. Ich hatte furchtbare Angst. Alle Nachbarn waren weg, die Juden und die Araber, die hier im Viertel leben. Ich ging hinunter, und der Junge von gegenüber saß in seinem Garten. Er mußte im Haus bleiben, weil er Bereitschaftsdienst im Katastrophenfall hatte, er ist Krankenpfleger. Ein Araber, ja? Und er saß da, als ob alle Probleme der Welt auf seinem Haupt lasteten und sagte zu mir: ›Ich mache mir sehr, sehr große Sorgen‹.

Ich fragte, worüber er sich Sorgen mache, und er sagte, daß er besorgt sei, weil der da drüben schon seit zwei Tagen nichts mehr geschickt hätte. Keine Scuds.

Als ich davon in der Presse gelesen habe, habe ich mich nicht darüber aufgeregt. Aber als es mir passierte...? Verstehst du? Sitzt der Mensch da, ein Kilometer entfernt von ihm ist schon eine Rakete heruntergefallen, und anstatt sich um sich selbst Sorgen zu machen, anstatt daß – gut, er braucht sich nicht um die Juden zu sorgen, aber um die Araber hier! Wir sitzen doch schließlich alle auf dem gleichen Präsentierteller... und er macht sich Sorgen, warum der da drüben seit zwei Tagen schon nichts rübergeschickt hat!

Ich war entsetzt.

Am gleichen Tag zog ich vorübergehend zu einer Freundin, einer Jüdin. Die meisten Tage während des Kriegs, das heißt die meisten Nächte, verbrachte ich bei ihr. Diese Geschichte, daß ich wegen seiner Raketen gezwungenermaßen nicht zu Hause sein konnte, hat mich sehr genervt, und ich erinnere mich, daß ich einmal die Beherrschung verloren habe; das war an einem Tag, an dem ungefähr viermal Fehlalarm war, und jedesmal gingen wir in den versiegelten Raum und wieder raus, meine Freundin, ich und noch ein befreundetes Paar, wir alle zusammen, und da habe ich in irgendeinem Moment die Gasmaske abgenommen und gesagt – wie habe ich ihn verflucht! – Hundesohn! (Sie lachte). Ich fluche normalerweise nicht, und deswegen fingen alle an zu lachen, denn es war klar, wen ich mit Hundesohn meinte...«

Frage: »Hast du während des Alarms im versiegelten Raum gesessen?«

S. A. (etwa zwanzig, sie bat, anonym zu bleiben): »Ja.«

»Hast du Angst gehabt?«

»Ich habe große Angst gehabt. Mein versiegelter Raum könnte dir erzählen, wieviel Angst ich gehabt habe: ich habe von draußen und von drinnen abgedichtet, zweimal, und zwischen dem Plastik und dem Fensterglas habe ich auch noch mit Silikon abgedichtet, und ich saß mit der Gasmaske da und hatte solche Angst, und ich freute mich, daß er die Raketen abschoß.«

»Heißt das, du hast dich gefreut, daß Raketen auf dich abgeworfen werden?«

»Sagen wir mal, keine richtige Freude, nur... doch, trotz allem habe ich mich gefreut, daß auch ihr ein bißchen...

denn wie oft, wenn ich die Reaktionen in der Welt gesehen habe, daß man Israel unterstützte, während ihr unsere Häuser in den besetzten Gebieten zerstört habt, meine Familie dort im Ausgangsverbot eingesperrt und ihr mit Kugeln und mit allem möglichen Zeug auf uns geschossen habt, und allen Arten von Gas, und das die ganze Zeit, schon vierundzwanzig Jahre lang, hat niemand auf der Welt etwas getan, damit das aufhört, wie oft habe ich geweint, wenn ich sah, wie billig unser Blut, wie billig das Blut der Palästinenser ist...«

Zuheir Yehia, vierzig, Kfar Kara:
»Zur Zeit von Sadam waren meine Gedanken ambivalent. Ich war gespalten: Sollte ich Freunde aus Tel Aviv einladen? Sie hierher einladen? Denn wenn ich sie einladen würde, wäre das eine Einladung dazu, der Verantwortung zu entfliehen, die sich das jüdische Volk aufgeladen hat. Am Ende lud ich sie ein, sie kamen auf Besuch, blieben aber nicht zum Übernachten.«
Ich fragte, was er über jene dachte, die Tel Aviv in den Kriegstagen verlassen hatten.
»Im arabischen Fall, wenn das Ganze umgekehrt gewesen wäre, glaube ich, wäre ich nicht weggegangen und nicht geflüchtet.«
»'48 sind die meisten Araber geflohen.«
»Sie sind nicht geflohen. Man hat sie dazu gebracht, zu fliehen. Die arabischen Staaten haben sie dazu verleitet und versprachen, daß sie sie wieder zurückbringen würden. Seitdem habe wir unsere Lektion gelernt. Wir rühren uns nicht mehr vom Fleck. Die Juden haben Tel Aviv aus Angst verlassen. Und vielleicht mit Recht, ich weiß nicht. Vielleicht haben sie aber auch keine Nerven für eine solche Spannung. Die Araber haben stärkere Nerven. Uns ist hier viel Mißgeschick passiert. Wir sind vielleicht verwöhnter als die in den besetzten Gebieten, aber weniger als die Juden: ihr Juden habt euch schon an ein schönes Leben gewöhnt...«

6. Kapitel

Der Dichter Saul Tschernichowsky schrieb ein Gedicht über Otrok, der, verbannt aus seinem Land, in Glück und Reichtum ›über das Land Abchazim‹ herrscht; sein Bruder, der in der Heimat geblieben ist, sendet ihm einen Boten: Ur, den Dichter mit der Harfe, die Otrok rufen soll, wieder in sein Land zurückzukehren. Otrok, der törichte Wüstling, weigert sich zurückzukehren. ›Er vergaß sein Land auf der Schlafstatt.‹ Er weigert sich auch, sich zu einem sehnsuchtsvollen Lied seiner vergessenen Heimat verführen zu lassen, das Ur ihm vorsingt. Da steckt Ur der Dichter seine Harfe in die Hülle zurück, zieht aus seiner Tasche ein Bündel des Krauts, das den Duft der Steppen Südrußlands in sich birgt, und wirft es Otrok ins Gesicht. Der Geruch des Krautes bahnt sich seinen Weg in Otroks Herz, und Tränen strömen ihm über die Wangen.

Auf der Straße von Taibe nach Jaljulia erfüllte mich plötzlich Freude. Freude über diese Landschaft, kahl und sparsam. An einem Wegrand, von dem aus keine Siedlung, weder Juden noch Araber zu sehen waren, verließ ich den Weg und begann, zwischen Olivenbäumen, Felsen und Stoppelfeldern umherzuwandern. Der Himmel und die paar krummen Zweige, die hineinragten, erweckten in mir ein seltsames Verlangen, dieses Land von den Namen und Bezeichnungen, Titeln und Daten zu entblättern, Israel, Palästina, Zion, 1897, 1929, 1936, 1948, 1967, 1987, Judenstaat, das versprochene Land, das heilige Land, das zionistische Wesen; Blatt um Blatt fuhr ich – mit leichten Gewissensbissen – mit meiner Aktion fort, machte weiter mit den großen Straßen und den breiten Boulevards, den grünen Rasenflächen in den Kibbuzim, den Parkplätzen, Ampelanlagen und Verkehrsschildern, den Luxusvierteln, die aussahen, als ob sie ein Kopist gebaut hätte, den Wasserspielen, Springbrunnen und Schwimmbecken, den Synagogen, Moscheen und Kirchen, den Villen auf den Dörfern, die in die Augen stachen, den Centers und amerikanischen Einkaufsschluchten in Tel Aviv und Jerusalem, den Wäldern des Keren Hakayemet, dieser europäischen grünen Illusion, die wir hier hergezaubert haben, um die Risse einer zornigen und unzufriedenen Erde damit zu bedecken, die dünne Kruste eines mageren, dürren Landes mit einem einzigen winzigen Teich und einem Wasser vortäuschenden Bach; ein Land, ›auf dem es alles zu mildern gilt, was auf dem Erdboden ist, ein Block jeder Felsen‹, hatte Tschernichowsky geschrieben, und Salem Jubran hatte die Antwort darauf gegeben: ›Wie der Mutter die Tochter lieb ist, die ein Gebrechen hat, so liebe ich dich, meine Heimat‹... Dort, zwischen den zwei anonymen Hügeln, kehrten die glasklaren Visionen des Tranks der Vergessenen zu mir zurück, die besondere Farbe, das Felsenbraun von Erez Israel, die biblische Landschaft, die prä-zionistische, die die Väter des Zionismus ersehnten, die sie in ihren Träumen und Gedichten euphemisierten und später mit ihren Taten wie neu formten und ausschmückten.

Ach, mein Land, biladi: ausgerechnet dort, in einer Region voller arabischer Dörfer, an einem Ort, an dem der Zionismus eine Art weißen Fleck auf der Landkarte seines Bewußtseins hat und sich die angespannten Reste der Definition von Israelitum für einen Augenblick in Verwirrung auflösten, da konnte ich wieder die einfache und mystische Liebe zu dem Land empfinden, das heißt: zu dem Land selbst, noch ohne Namen und Eigenschaft; zu dem Streifen des Erdballs, den das Schicksal uns hat zukommen lassen (unter uns: mit dem es sich an uns vergangen hat), zu seinen Farben und Gerüchen, seinem Boden, seinen Bäumen und seinen Jahreszeiten. Wer weiß schon, ob er die Landschaft seiner Heimat tatsächlich liebt oder ob er dazu verurteilt wurde, sie zu lieben, weil er in ihrer Form gegossen wurde.

Ein- oder zweimal in diesem Sommer passierte es mir, daß ich in die Augen meiner arabischen Gesprächspartner blickte, während sie ihre Hand zur Landschaft hin ausstreckten, oder der Duft nach Salbei stieg auf, das heimische Kraut, und sie reichten auch mir etwas, um mich daran riechen zu lassen; währenddessen wurde etwas zwischen uns übermittelt, ein Geschenk und dumpfer Schmerz, Verwirrung, was nur jemand verursachen kann, dessen Leben eine Art andere Möglichkeit deines Lebens darstellt.

7. Kapitel

»Siehst du die Mauer dort, neben der Bank?« Muhammad Kiwan drehte sich in seinem Direktorenstuhl und deutete mit dem Finger darauf: »Dort stand in großen Buchstaben ›Tod den Arabern‹. Und daneben: ›Nur ein toter Araber ist ein guter Araber‹. Und das mitten im Herzen der schönen Stadt Hadera, genau gegenüber meinem Bürofenster. Nun gut, einen Tag, nachdem das da hingeschrieben worden war, rief ich bei der Stadtverwaltung von Hadera an und sagte zu ihnen, Freunde, gegenüber meinem hübschen Büro, da hängen sie mich auf! Also bitte, kommt her und macht es weg. Zehn Tage lang kamen sie nicht. Die Maueraufschrift durchbohrte meinen Rücken. Und wann kamen sie? Als wir in der Sache die Presse einschalteten. Innerhalb eines Tages gab der Bürgermeister Anweisung, die Schmiererei zu beseitigen.«

Muhammad Kiwan ist Rechtsanwalt aus Umm el Fahm und arbeitet in Hadera. Anfang der sechziger Jahre war er Lehrer – »Erzieher« verbesserte er mich – und wurde wegen seiner politischen Aktivitäten entlassen. Zu jener Zeit war Kiwan in der nationalen Nasser-Bewegung ›Alard‹ aktiv. Im Jahre '65, nachdem ›Alard‹ illegal wurde, gehörte er zu den Gründern der ›Söhne des Dorfes‹, einer palästinensischen Bewegung, die zum Ziel hatte, für eine Verbesserung der Situation der Araber in Israel zu kämpfen: »Wir nannten sie ›Abna'a al balad‹, denn balad ist das Dorf. Die Heimat. Es ist der ärmliche Dörfler gegenüber dem reichen Snob. Der einfache Mensch, dieser Candide von Voltaire. Und diesen Menschen suche ich. Bei uns und bei euch. Auch eure Candides möchte ich erreichen. Aber eure Kommunikationsmittel sind uns versperrt. Wie oft hast du in der Sendung ›Brennpunkt‹ einen Araber gesehen? Obwohl wir hier fast zwanzig Prozent der Bevölkerung ausmachen, und, beim Leben deines Vaters, reden können wie du. Wo ist die Chancengleichheit? Wir schreien ständig, aber es gibt niemanden, der es hört. Man läßt uns nicht zu euch durchdringen. Vor ein paar Monaten habe ich im Fernsehen in einer Reportage von Motti Kirschenbaum Tschotscho aus Aschdod gesehen, an der Küste. Was für ein kluger und einfacher Mensch! Was für ein gesunder Menschenverstand! Ich habe ihm einen offenen Brief geschrieben, über eine Zeitung, und habe darüber geschrieben: ›Ich bin Muhammad, ich suche Tschotscho aus Aschdod‹, natürlich hat ihn die Zeitung nicht abgedruckt. Also suche ich weiter nach diesen Tschotschos.«

»Das ist gar nicht so kompliziert«, sagte ich zu ihm, »komm, wir fahren hin.«

Einfach war es allerdings auch nicht. Tschotscho Abutbul wohnte in Aschdod. Muhammad Kiwan – in Umm el Fahm. Wer kommt zu wem. »Sag ihm, daß wir uns auf halbem Weg treffen«, schlug Kiwan vor. »Wie, auf halbem Weg?« murrte Abutbul. »Ich muß den ganzen Tag in meinem Restaurant an der Küste sein, soll er doch herkommen.« Und ich dazwischen, in telefonischer Verhandlungsdiplomatie, einen Tag und noch einen, bis Kiwan endlich nachgab, schließlich war er derjenige, der sich an Tschotscho wenden wollte, und wenn Tschotscho nicht zu Muhammad kam, würde Muhammad eben ans Meer kommen.

An einem heißen Sommertag, in Tschotschos Café-Restaurant »Die Westküste«, unter den Zweigen der übers Dach ragenden Palmen, saßen sich die beiden schließlich gegenüber. Aus dem Lautsprecher des Lokals kam amerikanische Musik, vor dem Lokal träge das Meer. Tschotscho zog aus seiner Hemdtasche eine Packung Zigaretten. Auch Muhammad holte seine Packung heraus. Sie gaben sich Feuer, machten es sich bequem, und Tschotscho, der Gastgeber, eröffnete das Gespräch:

»Als wir in Marokko waren, hatte meine Mutter eine arabische Hausangestellte. Sie hat mich gestillt. Das heißt, sie zog mich auf. Ich habe ihre Milch getrunken. Und mal angenommen, dein Leben ist eine Art Schachtel, die du, wenn du schlafen gehst, bei jemandem deponieren mußt, der dich behütet, nur als Beispiel, dann war es für meine Mutter kein Problem, diese Schachtel, mein Leben, ihrer arabischen Nachbarin anzuvertrauen. Das heißt, auch bei Dingen, die wirklich mit dem Leben verbunden waren, war das Vertrauen so groß, daß es möglich war, dieses Leben in ihre Hand zu legen. Mit anderen Worten: was mich angeht – ich habe keine Vorurteile dir gegenüber: ein Araber ist auch ein Mensch. Ein Araber hat auch eine Seele. Ich habe einmal gesagt: ein Araber fühlt auch Schmerz. Wenn in den besetzten Gebieten fünfzehn getötet werden, kommt das in einer kleinen Zeile in die Zeitung. Wird ein Jude bei einem Terroranschlag getötet, ist das auf der ersten Seite! Warum machen wir beim Schmerz so einen Unterschied? Wenn ich heute eine brennende Zigarette nehme und sie dir in die Hand drücke, und wenn ich eine Zigarette nehme und sie mir in die Hand drücke, miß die Intensität, und du wirst haar-ge-nau den gleichen Schmerz spüren. Das Gefühl. Die Liebe. Die Teilnahme. Das sind Dinge, die uns nicht von der Likud (Blockpartei der Konservativen) gegeben wurden. Nicht vom Ma'arach (parlamentarische Vereinigung der Arbeiterparteien). Nicht vom Judentum oder Islam. Ich habe einen Sohn verloren. Ich weiß, was Schmerz ist. Und genauso die Frau aus Ramalla oder Nablus, und daß du mich nicht falsch verstehst, ich will damit nicht rechtfertigen, daß sie Steine werfen, aber er ist tot. Sie fühlt den gleichen Schmerz, den ich gefühlt habe, als mein Sohn im Meer ertrunken ist. Der Schmerz läßt sich nicht einteilen, die Heftigkeit des Schmerzes läßt sich nicht nach der Zugehörigkeit zu einem bestimmten Volk messen.

Also frage ich dich, Muhammad, wo wollen ich und du hin? Gibst du dich mit deinem Teller, deinem Bett, deinem Haus zufrieden, oder willst du auch noch meinen Teller, mein Bett, meine Frau und meine Kinder? Auf der anderen Seite, sagt ein Jude zu mir, daß er hier Sicherheit will. Natürlich kannst du auf jeden Meter eine Bodenabwehrrakete stellen. Aber gibt dir das Sicherheit? Kann dann morgen vielleicht kein Ahmad kommen und dir ein Messer reinstechen? Wo ist dann bitte meine Sicherheit und wo ist die von Muhammad? Also ist das, was wir heutzutage brauchen, ich und du, die Möglichkeit, darüber zu reden, was einer dem anderen zu geben bereit ist. Und ich bin mir sicher, daß wir, wenn wir beide uns hinsetzen und darüber reden, die ganzen Probleme innerhalb von zwei Minuten erledigen können.«

Muhammad hörte schweigend zu und nickte die ganze Zeit. Als Tschotscho zu reden aufhörte, sagte er: »Ich will dir zuerst einmal sagen, daß ich froh bin, daß ich gekommen bin, um dich zu treffen. Wir kennen uns überhaupt nicht. Ich habe dich einmal im Fernsehen gesehen und war von dir beeindruckt als von einem Menschen mit gesundem Menschenverstand und Liebe zum Leben, und ich hatte auch das Gefühl, daß dieser Mensch wirklich einen Weg sucht, wie man zusammenleben kann. Und ich bin froh, daß du in dem Moment, in dem wir uns getroffen haben, gesagt hast, daß wir beide die ganzen Probleme genau in zwei Minuten erledigen können. Da stellt sich dann nur die Frage, wo bleibt deine Arbeit dabei, lieber Grossman?«

Wir lachten und tranken den ersten Kaffee. Der Strand war noch leer. Nur ein paar Neueinwanderer aus Rußland ließen sich uns gegenüber in der Sonne braten.

»Bevor wir alle Probleme innerhalb von zwei Minuten lösen«, sagte ich, »sollten wir vielleicht die einfachsten Begriffe klären, damit wir wissen, ob wir von den gleichen Dingen reden. Wie nennst du diesen Staat, Muhammad, den Tschotscho Israel nennt.«

»Von meinem Standpunkt aus«, sagte Muhammad, »ist das immer Palästina. Es macht mir nichts aus, wenn Tschotscho ihn Israel nennt. Tschotscho hat das Recht, hier zu leben, als Mensch und als Volk, und mein Recht ist es, als Palästinenser in Palästina zu leben, als Einzelner und als Volk, mit dem Selbstbestimmungsrecht für das palästinensische Volk. Das ist das grundlegende Prinzip, und ich bin überzeugt, daß mir Tschotscho darin zustimmt.«

»Hundertprozentig«, bestätigte Tschotscho, »aber du akzeptierst, daß es auch ein Staat der Juden ist, oder?«

»Von mir aus kann sich der Staat Israel nennen, wie er will«, lächelte Muhammad, »wenn das nur ein semantisches Problem ist, das ist mir egal. Aber wenn die Vorstellung dahintersteckt – wie das zur Zeit der Lage entspricht –, daß das ein jüdischer Staat mit allen Privilegien und Gesetzen nur zugunsten der Juden ist, dann kommen wir zu anderen Fragen, damit bin ich nicht einverstanden.«

Tschotscho versteifte sich ein wenig: »Damit wir uns nicht falsch verstehen: Ich habe in meiner Eigenschaft als Jude keinen anderen Staat als Israel. Für mich ist es verbindlich, daß es einen Staat gibt, der meiner ist. Ich, Tschotscho Abutbul, bin als Jude geboren. Nicht ich habe das so bestimmt. Ich hatte keinen Markt, wo ich aus dem Regal hätte nehmen können, was ich wollte. Ich bin als Jude geboren. Mir steht ein Platz zu, irgendwo auf der Welt, an dem ich lebe, wie ich will, ja oder nein?«

»Äh... was diese Frage angeht, stellst du sie in äußerst harter Form.«

»Nein!« rief Tschotscho. »Diese Frage kam aus meinem Bauch, nicht aus meinem Hirn!«

»Schau, Tschotscho«, sagte Muhammad beinahe ernst, »bevor du aus Marokko gekommen bist, war ich schon hier.«

»Es vertreibt dich keiner!«

»Sekunde, bloß eine Sekunde: in deinem schönen und sauberen Aschdod, nur zur deiner Kenntnis, sind sogar nach der Staatsgründung im Jahre '48, ebenso wie in Aschkelon, Araber geblieben, die Israel nach dem berühmten Plan D vertrieben hat. Jetzt lebst du hier und existierst, und du hast diesen Staat, und ich bin nicht gekommen, um dein Recht auf einen Staat zu erschüttern, aber so wie du sagst, ›ich befinde mich hier, ich habe keinen anderen Ort, wo ich hingehen kann‹, so sage ich das gleiche für die Palästinenser: sie haben keinen anderen Ort, wohin sie gehen können.«

»Einverstanden«, unterbrach ihn Tschotscho, »aber einen Moment! Ich werde dir mit etwas zu Hilfe kommen, von dem ich nicht weiß, inwieweit du das weißt: ich stelle fest, daß das Rückkehrgesetz nur für Juden gilt – das ist rassistisch! Da gibt es keine Ausflüchte! Also frage ich dich, Muhammad: Du hast die Option, morgen aufzustehen und in Jordanien zu wohnen, in Ägypten, in Syrien, im Libanon, das sind alles arabische Staaten. Aber ich soll kommen und dir sagen: Da, ich baue dir zusätzlich zu diesen zweiundzwanzig Staaten noch einen eigenen Staat, ganz und gar palästinensisch, in Gaza, in der Westbank. Augenblick! Du bist nicht verpflichtet, deine Sachen zu nehmen und dort hinzugehen. Verstehst du! Für mich bist du ein Bürger des Staates Israel, mit deinen Rechten! Aber wirst du akzeptieren, daß der Staat Israel *mein* Staat ist? Daß du in ihm wohnen kannst, aber unter meinen Bedingungen, meiner Herrschaft, meinen Gesetzen? Und wenn ich bei dir wohnen wollte, würde das unter deinen Gesetzen, deiner Herrschaft und zu deinen Bedingungen sein? Würde dir das passen?«

»Du und ich, wenn wir uns über diese diskriminierenden, rassistischen Gesetze im klaren sind und beide dafür kämpfen würden, sie durch die gesetzgebenden Institutionen aufheben zu lassen...«

Tschotscho: »Du gibst keine Antwort! Sag ja oder nein!«

Muhammad atmete tief durch: »Wenn du mein Recht auf volle Gleichberechtigung hier nicht anerkennen willst, dann erkenne ich dein Recht auch nicht an.«

»Nein, du hast mich nicht verstanden«, lächelte Tschotscho verständnislos, »ich sage es mal so: ich und du wollen uns scheiden lassen. Du bist dreiundvierzig Jahre mit mir verheiratet. Ich liebe dich, du bist mein Leben, alles. Du willst nicht mehr mit mir zusammensein. Also lassen wir uns scheiden. Was willst du von mir von der Mitgift?«

»Ich will nichts von der Mitgift von dir«, sagte Muhammad, »wir haben in Wirklichkeit aus Zwang geheiratet. Nicht aus Liebe. Aber heute rudern wir auf diesem Meer im gleichen Boot herum...«

»Und ich bin der Hausherr auf diesem Meer...«

»Ich bin nicht damit einverstanden, daß du der Hausherr bist!«

»Aber ich bin der Stärkere! Wenn ich will, komme ich heute als Regierungschef Tschotscho daher und gebe ein Gesetz heraus: Wer die israelische Staatsbürgerschaft des Staates der Juden – der Ju-den! – nicht annimmt, den setzen wir ins Auto und transportieren ihn ab! Kannst du etwas dagegen tun? Nichts. Du kannst heulen und schreien, solange du willst!«

Diesmal lächelten nur Muhammads Lippen: »Zunächst einmal, lieber Freund Tschotscho, habe ich von meiner inneren Warte aus betrachtet, in meinem Herzen, nicht das Gefühl, daß du der Herrscher und der Stärkere bist. Ich habe nicht das Gefühl, daß ich weniger als du bin. Die Macht und die Stärke liegen zwar jetzt in deinen Händen, aber ich bin einer von denen, die glauben, daß dieses Kräfteverhältnis sich verändern wird. Ich bin eine Minderheit bei dir, aber du bist eine Minderheit bei mir, im arabischen Nahen Osten. Ich habe keinerlei Minderwertigkeitsgefühle dir gegenüber. Ich bin hier geboren. Ich habe eine äußerst starke Beziehung und Verbindung zu dieser Heimat. Ich habe nicht das Gefühl, bei dir Gast zu sein. Ich habe manchmal das Gefühl, wenn ich etwas übertreiben darf, daß du Gast bei mir bist und ich dich aufnehme, weil ich realistisch sein will. Das heißt, der Ursprung des Irrtums der jüdischen Öffentlichkeit liegt darin, daß es so scheint, als ob man mir eine Gnade erweist, indem man mir erlaubt in Umm el Fahm zu leben. Schau: In Umm el Fahm hatten wir bis zur Staatsgründung 140 000 Dunam Land, und auf einmal ging man in der Knesset daran, alle möglichen Gesetze zu machen und auf einen Schlag 1 200 000 Dunam von arabischen Bürgern Israels zu enteignen. Und heute stehen auf dem Grund und Boden von Umm el Fahm zwei Kibbuzim und ein Moschav. Auf unserem Land! Und noch etwas: 92 Prozent des Grundbesitzes in ganz Israel ist Staatseigentum. Wenn dieser Staat mich wirklich als einen Teil von ihm anerkennen würde, dann will auch ich an diesen 92 Prozent Grundbesitz des Staates einen im Verhältnis stehenden Anteil haben. Verstehst du, weshalb ich Lärm schlage? Wenn du zu mir sagst, daß du mir einen Gefallen tust, wenn du mich hier aufnimmst, dann mußt du die Dinge auch von meiner Warte aus betrachten, erst dann fängst du an zu verstehen, was für einen ungeheuren Verzicht die Palästinenser heute leisten, wenn sie zwei Staaten nebeneinander vorschlagen. Aber wenn sie nach der Errichtung eines Palästinenserstaates kommen und die diskriminierenden Gesetze streichen würden, zum Beispiel was das Rückkehrrecht angeht...«

»Darüber müssen wir gar nicht diskutieren«, kam ihm Tschotscho zu Hilfe, »das Rückkehrgesetz muß für alle gelten.«

Muhammad hob den Finger: »Das heißt, du bist damit einverstanden, daß die Araber, die aus Aschdod vertrieben wurden, wieder zurückkehren und in Aschdod wohnen können?«

»Ja! Ein Haus kaufen, wie ich! Nicht, daß ich ihnen irgendwelche Privilegien einräumen würde!«

Muhammad: »Jetzt erlaube mal! Du sagst, daß dieser Staat, unser zukünftiger, zustimmen würde, daß jeder Mensch auf der Welt, der in ihm wohnen will, das könnte?«

Tschotscho: »Mir ist das recht!«

»Sogar wenn irgendein Kurde, der im Irak oder in der Türkei drangsaliert wird, auf den Gedanken kommt, bei dir in Aschdod zu wohnen?«

»Das wäre kein Problem für mich. Wenn, wenn, w-e-n-n! Wenn er sich verpflichtet, in meiner Armee zu dienen, mir gegenüber als einem *jüdischen* Staat loyal zu sein und mich nicht zu verraten. Mit mir zusammen gegen jeden zu kämpfen, der uns beiden diesen Staat wegnehmen will, sogar gegen Syrien!«

»Aber dir ist klar«, sagte Muhammad verwundert, »wenn hier volle Gleichberechtigung ist, wird der jüdische Charakter des Staates nicht mehr existent sein.«

»Weshalb sollte er das nicht?« warf Tschotscho ein. »Er muß existent sein! Auch wenn maximale Gleichberechtigung herrscht, soviel wie nur möglich! Aber immer vorausgesetzt, daß es ein *jüdischer* Staat ist!«

»Dann ist es keine wirkliche Gleichberechtigung! Dann gibt es mehr Rechte für die Juden auf Grund ihres jüdischen Ursprungs! Das ist dann schon nicht mehr Muhammads Staat!«

»Genau wie es in Syrien viel mehr Rechte für die Araber im Vergleich zu den Juden gibt!«

»Also, wenn du mir mit sowas kommst«, erhob Muhammad zum ersten Mal seine dunkle, heisere Stimme, »dann will ich dir mal eine Gegenforderung aufstellen, die auch der reinste Rassismus ist, gib mir einen palästinensischen Staat, der auf dem gesamten Gebiet Israels sein soll, wo es Palästinenser gibt! Gib mir den Galil und Meschulasch!«

»Geb ich dir! Ich bin bereit, sie dir zu geben, wenn, *wenn* du mir Nablus und Hebron gibst, so wie ich früher einmal dort gewohnt habe!«

»Heh!«

»Was, ›heh‹?! Warum nicht? Siehst du, daß du mit zwei Zungen redest? Wohnen in Hebron heute Juden? Sie wohnen. Hat dort unser Stammvater Abraham vor 2000 Jahren gewohnt? Hat er! Jetzt hör mir mal zu, Muhammad«, Tschotscho streckte sich auf seinem Stuhl aus, zündete sich zwei Zigaretten im Mund an, zog an beiden und reichte Muhammad eine hinüber: »Ihr habt uns die ganzen Jahre abgeschlachtet und vertrieben, und wir haben euch die ganzen Jahre abgeschlachtet und vertrieben. Ich komme jetzt mal und sage zu dir: Wir haben zwei Möglichkeiten: entweder wir machen schöne Worte und tun böse Dinge, oder wir reden böse miteinander und machen gute Sachen. Das heißt, ich mit meiner Weltanschauung ziehe es vor, den Dreck aus dem Mund rauszulassen, mich mit dir in einem verschlossenen Raum zwanzig Stunden lang zu streiten, zu dir zu sagen, du bist ein Dreck, du bist ein Stück Scheiße, und du sagst das gleiche zu mir, aber am Ende stehen wir beide mit einem sauberen Herzen auf, haben keine Forderungen mehr und haben die ganze Besitzaufteilung unter uns geregelt, aber für immer! Schluß aus!«

»Da stimme ich dir zu. Aber du mußt eines verstehen, in dem Moment, in dem die Privilegien der Juden hier gestrichen werden, hört dieser Staat auf, ein jüdischer Staat zu sein, und wird der Staat des Menschen sein, der in ihm lebt.«

»Was heißt hier Mensch, welcher Mensch?« Tschotscho schlug sich mit der offenen Handfläche gegen seine Stirn. »Ist England der Staat des Menschen? Ist Syrien vielleicht der Staat des Menschen? England ist der Staat der Engländer und Syrien der der Syrer! Und du, wenn du in Israel leben willst, dann lebst du in einem Staat der Israelis, als eine arabische Minderheit im Staat der Juden!«

Ihre Gesichter standen sich jetzt einander nah gegenüber. Ihre Hände, aufgeregt herumfuchtelnd, berührten einander, verhedderten sich bisweilen für einen Augenblick. Beide Männer hatten einen kräftigen Körperbau. Schwarzes Haar. Harte Gesichtszüge. Beide sahen älter aus, als sie waren. Muhammad, um die fünfzig, mit leichter Glatze, war vorsichtiger mit seinen Worten. Manchmal warf er Tschotscho im Ton eines Anwalts einen Ausdruck im Juristenslang hin, schaute ihn über den Brillenrand hinweg an, hüllte sich in einen geduldigen und belehrenden Gesichtsausdruck, bis Tschotscho außer sich geriet.

Tschotscho, achtunddreißig, mit blauem Unterhemd und kurzen Hosen, die Sonnenbrille auf die Stirn geklebt, auch wenn er wutentbrannt von seinem Platz aufsprang. Seit er vier Jahre alt war, war er am Meer. »Alles, was ich über das Leben weiß, ist vom Meer.« In seiner Jugend war er ein gewalttätiger Krimineller und versetzte diesen Küstenstreifen in Angst und Schrecken, bis er sich einen Platz erobert hatte und zur Ruhe kam. Seit seinem Auftritt im Fernsehen umwarben ihn Politiker aller Parteien, und er, »obwohl ich schon im Bauch meiner Mutter Likud war«, traf sich mit allen, hörte zu, gab erfrischend saftige Ratschläge, gewann die Herzen und wußte sehr gut, daß all jene durch ihn das Gefühl hatten, als ob sie sich direkt mit der ›Stimme des Volkes‹ zusammengetan hätten. Er hatte unendlich viele Gesichtsausdrücke und sprach sehr laut, fast schreiend, beherrschte das Gespräch, dampfend vor Erregung, strich wie eine Katze um Muhammad und lauerte auf Worte und Argumente. Während der Debatte dirigierte er die gesamte Küste: erteilte einem jungen Fußballspieler, der sich an ihn wandte, Ratschläge, spendete für eine bedürftige Familie, sprach vertraulich mit einem Parteigänger – ein Ein-Mann-Orchester.

Die zwei Minuten zur Lösung der ganzen Problematik waren verstrichen. Fast vier Stunden zog sich das Gespräch hin, und in seinem Verlauf wurde den beiden Seiten langsam klar, wie schwer es war, den Abgrund zwischen ihnen zu überbrücken. Für einen Beobachter am Rande war es leicht zu argumentieren, daß trotz des guten Willens die erste Rückzugslinie der beiden auch die letzte war: Tschotscho würde nie auf Israel als einen jüdischen Staat verzichten; Muhammad würde nicht von seinem Streben nach voller Gleichberechtigung ablassen, was heißt, daß Israel ein ›Staat aller Bürger‹ und nicht ein ›Staat des jüdischen Volkes‹ sein müßte.

Je klarer die Sache wurde, desto mehr wurden die beiden von Nervosität gepackt, sie versuchten, einander festzuhalten, die Dinge mit anderen, die Untiefen umschiffenden Worten zu formulieren, eine Chance zu finden, daß das, was man am Ende bei dieser Konfrontation ›gewinnen‹ würde, keine der altbekannten politischen Meinungsverschiedenheiten sein würde, sondern eben jenes unbenennbare Etwas, das man in der Intensität und Stärke spüren konnte, wenn Tschotscho und Muhammads Gesichter sich einander näherten – das gleiche Verhältnis von Temperament und Hitzköpfigkeit, der spiegelbildliche Dialog der Mimiken und die verborgene Übereinstimmung zwischen den beiden: Kämpfer bei einem Zeremonialtanz. Es war leicht, sie die Rollen tauschen zu sehen und jeden – bei umgekehrtem Stand der Dinge – die Forderungen des anderen mit der gleichen glühenden Begeisterung aufstellen zu lassen.

Muhammad: »Die Wahrheit, Tschotscho, ist doch wohl, daß du in deinem Leben in Israel auch unter Benachteiligung gelitten hast?«

»Gelitten?« grinste Tschotscho. »Ich bin benachteiligt *aufgewachsen*. Ich bin ohne Gleichberechtigung aufgewachsen. Ich bin mit dem Wort Marokkaner aufgewachsen. Ich bin mit all dem aufgewachsen, was du auch gespürt hast. Auch ich war gegenüber dem Aschkenasi hier benachteiligt.«

»Dann müßtest du eigentlich der erste sein, der die gewalttätige Reaktion der Palästinenser in den besetzten Gebieten und das Streben der Araber in Israel nach Gleichberechtigung versteht.«

»Nein, nein«, widersprach Tschotscho, »meine ganze Weltanschauung ist gegen Gewalt. Willst du fragen, warum? Weil es für jede Gewalt eine Gegengewalt gibt. Du sagst zu mir: ›Du bist stark im Staat und schwach im Nahen Osten‹. Aber die Araber sind stark im Nahen Osten und schwach in der Welt. Die Welt, liebster Muhammad, ist eine Stufenleiter. Für jeden Starken gibt es noch einen Stärkeren, und unsere Basis ist nicht, wie man noch stärker wird, sondern wie man zu einer Verständigung kommt. Damit ich dir meinen Rükken zudrehen und in Ruhe schlafen kann, und du genauso. Ein gewisser Muhammad zum Beispiel möchte Rechtsanwalt werden. Der Staat hat ihm kein Bein gestellt, er ist hingegangen und hat Jura studiert, fertig...«

»Und wie er mir ein Bein gestellt hat!« fuhr Muhammad dazwischen. »Ich gebe dir ein einfaches Beispiel: Als ich studierte, wurde mir im zweiten Studienjahr, kurz vor den Prüfungen, befohlen, zu Hause zu bleiben, damit ich die Prüfungen nicht bestehen würde, und ich blieb ein ganzes Jahr zu Hause, nur weil ich es gewagt hatte, in Anführungszeichen, gegen das Unrecht zu protestieren, über das wir vorher gesprochen haben.«

»Aber du hast fertig studiert und bist Rechtsanwalt geworden, oder? Mir hat man die Möglichkeit, die du hattest, nicht gegeben! Das heißt, beim Vergleich von Tschotscho und Muhammad war in diesem Staat Tschotscho benachteiligter als Muhammad!«

»Hör zu, Tschotscho: die Angehörigen jüdisch-orientalischer Gemeinden waren benachteiligt und sind es hier immer noch. Als ich studierte, hat es mir wehgetan zu sehen, daß der Anteil der arabischen Studenten in der Universität unter einem Prozent lag, und so war es auch mit dem Prozentsatz der orientalischen Juden!«

»Nicht nur auf der Universität! Auch bei den Offizieren, auch in der Regierung!«

»Und es ist äußerst interessant, wie und warum eine Zusammenarbeit zwischen den orientalischen Juden und den Arabern hier verhindert wird, obwohl einem, rein theoretisch betrachtet, die Vernunft sagt, daß sich die beiden, die Benachteiligten, eigentlich zusammentun müßten. Und hier erinnere ich dich daran, daß gerade in deinem Aschdod die Behörden – indirekt und gezielt – nicht nur einmal die orientalischen Juden gegen uns benützt haben; im Falle eines Terroranschlags: wer geht hinaus und verprügelt die armen Arbeiter? Du! Das sind die Sephardim! Meiner Meinung nach rührt die Reaktion der orientalischen Juden, die am feindseligsten gegenüber den Arabern sind, zuallerst daher, daß ihr ihnen keine Ausbildung gebt. Es wird ihnen keine Gelegenheit zum Lernen gegeben. Sie sind ein einfaches Publikum, nicht gerade klug, und wenn die Schlagzeilen in der Presse und in den Medien sie anfeuern – und das wird auch sehr wohl von oben gesteuert –, dann fangen sie Feuer und explodieren. Und zweitens: die Benachteiligung. Ich und du, Tschotscho, unsere beiden Schichten sind hierzulande die Blöden, und das auf Grund der historischen Situation, daß die ersten Einwanderungswellen nach Israel die der Aschkenasim waren; nach einer gewissen Zeit der Schwierigkeiten wurden sie diejenigen, die hier den Rahm abschöpfen. Also wurdet ihr die Benachteiligten, und es ist bekannt, daß sich jemand, der benachteiligt ist, gern durch die Benachteiligung anderer entschädigt.«

»Ich stimme dir nicht zu!« Tschotscho sprang von seinem Platz auf: »Nimm die Bewegungen bei uns, die am extremsten gegen die Araber sind, ›Kach‹ und ›Gandi‹: in ihrer ganzen Hierarchie findest du fast keinen einzigen Sephardi! Die ganze Führung besteht aus Aschkenasim! Amerikaner! Dann sag mir mal, woher das kommt? Wie verträgt sich das mit deiner Theorie? Hör mir gut zu, Muhammad, und liefere keine Erklärungen von der Universität: Wenn es eine Sache von Leben und Tod ist, gibt es keine Aschkenasim und keine Sephardim. Da vermischt sich alles. Genauso, wie mich ein Araber im Sudan haßt, wenn es eine Aktion von uns im Libanon gibt, so sind wir alle gegen euch, wenn ihr jemanden von uns abschlachtet. Und gerade weil ich und du die gleiche Mentalität haben, mußt du das verstehen, und ich will dir was sagen: Mein und dein Verhalten, Muhammad, wird sich in vieler Hinsicht von dem Verhalten Grossmans, dem Aschkenasi, unterscheiden. Wenn ein Gast zu ihm kommt, der sich hinsetzt und mit seiner Frau redet, wird er sich nicht rühren. Wenn bei mir ein Gast kommt und mit meiner Frau redet – der betritt mein Haus nicht mehr! Das heißt, bei uns, bei dir und bei mir, stehen meine Frau, und, mit einem allgemeineren Ausdruck, meine Ehre, in der Skala ganz oben, vor dem Lebensunterhalt, vor allem anderen. Beim Aschkenasi nicht. Zuerst der Lebensunterhalt, zuerst die Beförderung. Bei uns – wenn ein Gast zu mir ins Haus kommt, auch wenn er zwei Stunden vorher meinen Sohn überfahren hat, in dem Moment, in dem er zu mir ins Haus kommt, heiße ich ihn zuerst einmal willkommen. Daß ich nachher mit ihm abrechne – das ist eine andere Sache. Aber unsere Verpflichtung gilt zuallererst der Ehre. Unsere Mentalität läßt die Ehre die erste Geige spielen. Und ich, Tschotscho Abutbul, hasse keine Araber, aber ich würde ein Gesetz herausgeben, daß jeder Araber, der in der Intifada einen Stein wirft, erschossen werden muß. Denn für mich ist der Akt des Steinewerfens nicht nur Steinewerfen. Ich fürchte mich nicht vor einem Stein!« schrie Tschotscho plötzlich mit geschwollenen Halsadern. »Bei mir, in Marokko, auf wen wirft man da einen Stein? Auf einen Hund! Eine Schlange! Und das trifft mich! Ich bin kein Hund, keine Schlange! Und vergiß nicht, Muhammad, daß wir mit diesem Stein, den sie heute auf uns werfen, größer werden und uns daran erinnern!«

Kiwan machte ein säuerliches Gesicht: »Zuerst einmal versteht die Öffentlichkeit in Israel nicht, und du, zu meinem großen Bedauern, bist einer davon, was das ist, Intifada. Man versteht die unglückliche Situation des ganzen Volkes dort nicht, und dann staut sich die Bitterkeit auf, bis es schließlich – wie sagt S. Yizhar: ›Volk, steh auf!‹ – dazu kommt, daß Menschen, die nicht mehr schweigen können, diesen Stein in die Hand nehmen. Nicht als Beleidigung, Gott bewahre! Der Steinewerfer verhält sich dir gegenüber sicher nicht wie zu einem Hund, da sei Gott davor. Auch auf einen Araber würde ein Araber einen Stein werfen! Es ist einfach das einzige Instrument, das er hat, damit ihn irgend jemand auf der Welt hört! Und eines, Tschotscho, und das ist wichtig, mußt du verstehen: Wenn du dort bist, bist du kein Individuum. Du bist ein Werkzeug in den Händen der israelischen Regierung...«

»Ich bin kein Werkzeug! Was für ein Werkzeug? Ich bin Teil dieses Staates, und deshalb bin ich auch Teil dieser Regierung!«

»Du bist ein Werkzeug in den Händen der israelischen Besatzungsmacht! Und von dir, mein teurer Freund, hätte ich erwartet (Tschotscho nickte lächelnd, auf Beute lauernd), daß du, innerhalb der fortschrittlichen israelischen Öffentlichkeit (Tschotscho die ganze Zeit: »Ja, ja...«) sagen würdest, daß du nicht in den besetzten Gebieten dienst!«

Tschotscho schoß in die Höhe: »Aha! Das heißt, daß ich gegen das Gesetz rebellieren soll! Gegen das Gesetz, mit dem ich von vornherein einverstanden war und es als Bürger hier akzeptiere! Und das ist sicher genau das, was du morgen zu mir sagst, wenn ich und du diesen gleichberechtigten Staat haben, dann bist du plötzlich beim Gesetz mit mir nicht mehr einer Meinung und sagst: Moment! Ich verlasse die Armee, bis du, Tschotscho, mir zustimmst!«

Muhammad: »Es gibt solche und solche Gesetze!«

»Oh nein, mein Lieber!« Tschotscho schlug auf den Holztisch, Gläser und Saftflaschen wackelten. »Als ich in Marokko bei dir war, und du warst mein Boß, bin ich da gekommen, habe dir was vorgeheult und Steine nach dir geworfen? Und ich hatte dort auch Vorbehalte! Ich bin auch über die Straße gegangen und man hat Steine nach mir geworfen und gesagt, dreckiger Jude, und ich habe eine Ohrfeige erhalten! Habe ich da vielleicht gewagt, einen Aufstand zu machen oder zu sagen, es gibt solche und solche Gesetze? Ich hatte zwei Möglichkeiten, Marokko zu verlassen und hierher zu kommen, oder zu akzeptieren, wie es dort war, das Gute wie das Schlechte! Und du, wenn du nicht mit mir zusammen wohnen willst, dann bitte, ich habe dir dort einen palästinensischen Staat installiert, dort hast du dein Gesetz, wohl bekomm's. Ich werde mit einem Visum dorthin kommen. Wie ein Tourist!«

Das Gespräch wurde für einen Augenblick unterbrochen. Einer der Restaurantangestellten kam zu Tschotscho, um ihn etwas zu fragen. Er hinkte ein wenig. Tschotscho stellte ihn uns als ›Uzi‹ vor. »In Wirklichkeit«, erklärte Tschotscho, »heißt er Awad. Ich habe aus ihm Uzi gemacht. Es ist bequemer für ihn und für mich.« Ein tiefer, schwerer Blick verfestigte sich für einen langen Augenblick zwischen Muhammad Kiwans und Uzis Augen. »Und er fühlt sich auch nicht wohl, wenn ich ihn vor den Leuten Awad nenne. Schau ihn dir an, Muhammad: Er lebt in Gaza, und weil er gute Beziehungen zu den

Juden hatte, haben ihm deine Freunde dort zwei Kugeln in die Beine gejagt.« Tschotscho entließ den Mann und fuhr in seiner Rede fort: »Wir haben gesagt, daß ich mit einem Visum zu dir komme. Wenn du willst, läßt du mich rein. Wenn du nicht willst, wirfst du mich wieder raus. Aber hier, in Israel, werden ich und du gleichberechtigt leben. Nach dem Gesetz, das wir gemeinsam bestimmen werden. Es ist uns untersagt zu beschließen, das Recht in die eigene Hand zu nehmen. Wenn ich oder du anfangen zu selektieren, dann fängt das heute mit dem Gesetz vom Militärdienst in den besetzten Gebieten und morgen mit dem Gesetz zur Einkommensteuer und übermorgen mit einem Gesetz an, wie viele Frauen ich mir nehmen darf. Und du mußt verstehen, was die wahre Bedeutung von Demokratie ist; es wäre gut für dich, es zu verstehen, denn ihr wollt doch in eurem Staat, den ihr einmal haben werdet, eine Demokratie: Demokratie ist, daß ich, auch wenn ich nicht mit dem Gesetz einverstanden bin, keine andere Wahl habe! Und ich möchte jetzt von dir die Antwort auf eine Frage zu diesem Thema hören: Wird dich, in deiner Eigenschaft als Bürger des Staates Israel, die Errichtung eines Palästinenserstaates endgültig zufriedenstellen?«

Muhammad: »Das garantiere ich, mit meinen Bedenken, daß ich erstens meine Grundrechte habe, und dann gibt es zweitens auch noch das letzte kleine Problem, das übrigbleibt, und zwar das meiner nationalen Identität.«

Tschotscho beugte sich mißtrauisch zu Muhammad hinüber: »Was bedeutet das? Was hast du gesagt?«

Muhammad unterstrich den Satz mit seinen Händen: »Mich als eine nationale Minderheit anerkennen. Das heißt – Autonomie im Inneren. In Israel. Für die Araber hier.«

»Oho!« brach es aus Tschotscho heraus. »Gesegnet seien die Qualen! Jetzt hast du ein weiteres Problem für mich auf den Tisch gebracht, du weißt ohnehin von vornherein, daß du ein Problem suchst, keine Lösung! Sehr schön! Und ich sage dir sofort, hör zu, wir beide backen zwei Kuchen; wieviel Mehl, wieviel Eier wir nehmen – darüber bin ich bereit, mit dir zu verhandeln. Aber in dem Moment, in dem wir die zwei Kuchen gebacken haben, wirst du mir nicht meinen Kuchen aufessen! Und du, Muhammad, müßtest das auf Grund deiner Mentalität eigentlich verstehen, ich appelliere hier auch an deine Vernunft und dein Gerechtigkeitsgefühl: Du kannst mir nicht was von *meinem* wegnehmen, nachdem ich dir deines gegeben habe! Du hast einen eigenen Staat erhalten, deine Fahne und deine eigenen Führer, also laß mir meinen Staat, meine Fahne und meine Führer!«

Er atmete schnell und zornig. Beleidigt. Plötzlich blitzte eine Idee in ihm auf: »Weißt du, was? Du willst eine Autonomie hier? Bitte sehr! Aber dann gibst du allen jüdischen Siedlungen, die bei dir im Palästinenserstaat sind, auch Autonomie! Was du für dich forderst, fordere ich auch für mich! Aber hör zu, laß es, ich sage dir, wir sollten uns keine Arbeit mit Resten machen. Ich werde meine Fische nicht mit deinem Fleisch zusammenwerfen, und du wirst dein Huhn nicht in meine Steakpfanne tun. Lassen wir den Fisch und das Huhn getrennt!«

Muhammad: »Auch wenn im Westjordanland und im Gazastreifen ein Palästinenserstaat entsteht – und selbstverständlich halte ich Ostjerusalem für einen Teil davon –, bleibt immer noch unser Problem innerhalb des Staates Israel übrig. Ist es mir verboten, meinen Sohn nach meinem kulturellen Vermächtnis zu erziehen? Ist es mir verboten, meine palästinensische Nationalität zu pflegen? Ist es mir verboten, danach zu streben, daß die Fahne des Staates auch meine Nationalität widerspiegelt?«

Mit Zorn und Erstaunen schüttelte Tschotscho seinen Kopf: »Da siehst du, was für ein Mensch du bist: du bist hierhergekommen, um zu sagen, daß du deine Fahne willst, deine Führerschaft, Unabhängigkeit; daß du nicht nach meinem Gesetz leben willst. Und ich komme und sage – du hast tausendprozentig recht! Warum willst du mich dann in der gleichen Sache nicht verstehen, daß ich eine Fahne will, die nur mir gehört, und Gesetze, die meine eigenen sind? Warum soll ich mich bemühen, dich zu verstehen, obwohl ich heute der Stärkere bin und die Macht bei mir liegt, wenn du, wo du noch rein gar nichts in der Hand hast, wo du bloß in der Theorie existierst, schon hier anfängst, mir Vorschriften zu machen! Wie wird das dann erst morgen, wenn du Macht hast? Wo werde ich dann sein? Wenn ihr euere Brüder abschlachtet, bloß weil sie mit irgendwas nicht einverstanden sind, dann wirst du mich *zerquetschen*! Du machst mir angst, lieber Muhammad! Du machst Tschotscho angst, ich werde mir noch was für dich ausdenken müssen! Was passiert also mit Leuten wie mir? Wenn sie zu dir sagen: Moment, Moment, wenn das so ist, du Hurensohn, dann werde ich mein Leben leben, und ich scheiß auf das Ganze! Und mein Kind soll sich, wenn es soweit ist, den Kopf mit deinem zusammen zerbrechen! Aber ich gehe her und sage: nein, ich will, daß meine und deine Innereien aufhören zu streiten! Ich will meinem Kind gerade in die Augen schauen können. Ich will, daß mein Kind hier lebt, und wenn dein Kind hier wohnen will – willkommen, ahlan wasahlan.«

»Du weißt, daß mein Kind in Umm el Fahm wegen der Landenteignungen schon nichts mehr zum Wohnen hat? Mein Haus ist schon am äußersten Rand, und ich habe nichts, worauf ich für meinen Sohn bauen könnte!«

Tschotscho streckte ihm mit weiter, brüderlicher Geste seine Hände hin: »Lieber Muhammad, auch mein Sohn hat keinen Platz, neben mir zu wohnen! Auch Tschotscho hätte gerne ein Haus mit zehn Zimmern – aber er hat keines! Also was, streiten wir zwei uns um zehn Zimmer oder beschränken wir uns auf fünf Zimmer, damit sowohl ich als auch du Platz haben? Na, Muhammad?« Er warf ihm ein Lächeln zu, das soviel hieß wie: Komm, laß uns die Sache beenden, wenigstens etwas finden, das wir für den Anfang gemeinsam haben...!

Doch für Muhammad war das nicht nur eine einmalige Diskussion; sein ganzes Leben hatte er für seine Ideen gekämpft und den Preis dafür gezahlt, daher präzisierte er:

»Genau, du sagst es. Wir müssen eine Möglichkeit für ein Leben miteinander finden. Aber wenn du mir als Basis für die Diskussion das Recht der Siedler, die das Land von den Bauern gestohlen haben, mit meinem Recht in Umm el Fahm vergleichst, auf dessen Boden wir seit Urzeiten leben, dann ist der Vergleich asymmetrisch!«

»Nein! Ich bin anderer Ansicht! Wie ist ein Volk mit seiner Erde verbunden?«

»Wer den Boden bestellt, der ist damit verbunden!«

»Genau! Wer ihn fruchtbar macht! Und was war auf den Golanhöhen und der Westbank bis '67? Wer hat nach dem Sechs-Tage-Krieg eure ganze Erde fruchtbar gemacht?«

»Bei meinem Leben!« brauste Muhammad auf. »Wer hier im Land wirklich die Erde bearbeitet, das ist der Araber! Vielleicht ist der Boß Jude, aber wer im Schweiße seines Angesichts arbeitet, das ist der Araber. Und euere ganze Lehre von der Eroberung der Erde und der Arbeit – das ist alles Verdrehung! Denn wer hier wirklich gearbeitet hat, ist der arabische Bauer. Achad Ha'am (Gründer des Kulturzionismus) schrieb, als er Palästina besuchte und sah, welches Verhalten die Hebroner seinerzeit dem palästinensischen Arbeiter gegenüber an den Tag legten, sogar einen Artikel darüber, falls du den kennst.«

Tschotscho: »Nein, aber du hast mir meine erste Frage noch nicht beantwortet! Einen halben Tag haben wir jetzt schon verbraten, aber auf meine erste Frage hast du mir immer noch keine Antwort gegeben! Wenn wir schon einen Palästinenserstaat errichtet haben, wirst du diese Aufteilung endgültig akzeptieren, auch in deinem innersten Herzen?«

Muhammad: »Ich werde dir mit allergrößtem Ernst und Offenheit antworten. Wir, die Palästinenser haben von unserem Standpunkt aus das Gefühl, daß Palästina ganz uns gehört. Augenblick! Fahr nicht gleich aus der Haut! Aber wir suchen eine realistische Lösung. Wenn ich und du gemeinsam hier für die *volle* Gleichberechtigung kämpfen...«

»Einverstanden!« Tschotscho beugte sich über den Tisch

zu ihm hinüber, legte ihm die Hand auf die Schulter: »Aber erinnere dich auch diesmal daran: Wir kämpfen für unsere Rechte als Israelis in einem Staat der Juden! Es gibt keine andere Identität! Hier in diesem Staat ist das Thema der Identitäten ausgestanden! Du willst ein israelischer Araber sein? Welcome israelischer Marokkaner, israelischer Russe – Welcome! Aber nach meinem Gesetz! Nur nach meinem!« Wieder war er völlig in Rage, und Muhammads Lippen murmelten bereits die fertige Antwort darauf, es war deutlich zu sehen, wie jede Forderung beim anderen eine lange Zündschnur von Erinnerungen auslöste, deren Funken sich blitzartig an der Kette von Schmerzen und Verletzungen entlangfraß, wie in jedem Abschnitt ihres Gesprächs der gesamte Konflikt wieder zu neuem Leben erwachte, aus den Krusten aufbrach, die aus dem Zeitungspapier von gestern gemacht waren. Und im Hintergrund all dessen – das Meer, dem, man erinnere sich, ebenfalls eine gewisse Rolle in dem Konflikt zugewiesen worden war. »Und du antwortest mir immer noch nicht darauf, Muhammad, die ganze Zeit läufst du davon, denk jetzt gut nach und sag ja oder nein, in einem Satz, es braucht nur ein Satz zu sein, aus dem Bauch heraus, du hast Probleme damit, vielleicht weil du Rechtsanwalt bist, du überträgst etwas vom Bauch in den Kopf und dann zum Mund, und ich habe die ganze Zeit direkt aus meiner Mentalität heraus mit dir geredet. Erkennst du, Muhammad, ohne irgendeinen Einwand, mein Recht auf einen jüdischen Staat an? Ja oder nein?«

Muhammad lachte: »Schau, teuerster Tschotscho: der gesammelten Erfahrung der Araber in Isra–«

»Er ist schon wieder Rechtsanwalt.«

»Augenblick. Hör mir zu: Der gesammelten Erfahrung der Araber in Israel nach gibt uns der Staat Israel nicht die Rechte, die uns zustehen. Es ist doch kein Zufall, daß ihr keine Verfassung habt, denn wenn es eine Verfassung gäbe, müßte ein Schlüsselwort darin stehen: Gleichberechtigung. Und nicht zufällig hat Israel keine gesetzlich festgeschriebenen Grenzen, wie sie jeder zivilisierte Staat hat. Und deshalb kommen wir heute und sagen zu dir: Nachdem der palästinensische Staat gegründet sein wird, haben wir immer noch ein Problem mit dir: Unseren Grundbesitz. Unsere Erziehung. Unsere nationale Definition als Minderheit hier. Unsere nationalen Symbole. Aus all dem heraus gehe ich her und versuche, auf demokratischste Weise die Situation zu ändern und dich zu überzeugen, aber nicht mit Gewalt, daß mein Bestes zu deinem Besten ist. Daß wir, die Araber in Israel, so eine Art, eine Art Kanton sein werden, und wir werden...«

»Kanton?!« fuhr Tschotscho mit einem Stöhnen aus tiefster Seele in die Höhe. »Jetzt hast du mir den Rest gegeben! Jetzt hast du wirklich einen Staat im Staat errichtet!«

»Nur einen Kanton«, entfuhr es Muhammad Kiwan, »etwas regierungsmäßiges kleines...«

»Kanton, das ist ein Staat im Staat!« wiederholte Tschotscho Abutbul.

»Die Schweiz zum Beispiel ist ein ganzer Staat, und sie hat Kantone!«

»Also dann, weißt du was«, schlug sich Tschotscho mit der Faust in die Hand, »ich lasse die ganze Westbank und Gaza bei mir, unter meiner Herrschaft, und mache dort Kantone! Du entscheidest, in welchem Kanton du wohnen willst!«

»Ich will dir was erklären, Tschotscho, Autonomie oder eine Art von Selbstverwaltung, wie immer du es nennen willst, wird einem zukünftigen Staat Israel nichts wegnehmen, sondern es kann ihm sogar etwas hinzufügen und etwas dabei nützen, um die ganzen Probleme schon jetzt zu lösen und keine schwärende Wunde zu hinterlassen. Ich will nicht in eine Situation kommen, in der ich wegen des diskriminierenden Verhaltens des Staates mir gegenüber in nochmal zehn Jahren hier eine Intifada im Inneren stattfindet.«

»Demnach könnte es genauso eine Intifada der Äthiopier oder der Russen geben, oder der benachteiligten Marokkaner! Also was, sollen wir einen marokkanischen Kanton machen?! Hör zu, Muhammad, jetzt sagst du mir im Prinzip nichts anderes, als daß ein Mann wie Gandi recht hat. Gandi sagt: Ich transferiere die Araber, ob freiwillig oder mit Gewalt, aber wenn ich fertig bin, wird es hier nur Juden geben. Und ich verhindere so *alle* schwärenden Wunden! Dann gibt es hier eine Wunde, einen weltweiten Aufschrei, aber damit ist die Sache auch ausgestanden, und es wird für alle heilsam sein! Du wirst mit deinen ganzen Brüdern in euerem Palästinenserstaat leben. Du wirst keine doppelten Rechte haben, du wirst nicht das Problem haben, daß du zehn Wörter brauchst, um zu erklären, wer du bist, ein Araber, ein Israeli, ein Palästinenser oder ein Muslim, und ich werde die Probleme nicht mehr haben, daß ich Bürger habe, die mir die ganze Zeit mit Intifadas drohen...«

Muhammads Gesicht war enttäuscht: »Wenn du so ein finsterer Rassist bist, daß du wie Gandi glaubst, daß es im 20. Jahrhundert möglich ist, Völker zu transferieren – dann bitte. Ich glaube, daß das mißlingen würde.«

Tschotscho: »Ich bin doch dagegen! Aber du gehst einfach her und jagst mir Angst ein und läßt mir keine Wahl!«

»Menschen sind keine Schafe, die man zum Schlachten bringt!« schrie Muhammad. »Sie werden sich einem Transfer widersetzen! Es wird hier wieder Blutvergießen geben!«

»Dann werden eben zweihunderttausend getötet, und fertig ist das Problem!« gab ihm Tschotscho schreiend zurück. »Und wenn vierhunderttausend getötet werden! Aber das ist unsere Lösung!«

»Aber du weißt bereits aus historischer Erfahrung, daß das Problem damit nicht gelöst wird! Daß es ein neues Problem wird!«

In ihrem Zorn schlugen sie auf den Tisch und schrien sich an, ohne einander zuzuhören. Zwei russische Einwandererfamilien beobachteten sie erstaunt vom Strand aus. Vielleicht waren sie erst vorgestern hier gelandet. Sie hatten sicher keinerlei Ahnung, wie sehr diese Dikussion sie und ihre Kinder anging. Als Muhammad für einen Moment aufstand, um zu telefonieren, wandte sich Tschotscho entsetzt an mich: »Dann haben wir hier ein Problem, das sich nie lösen läßt! Dann wird der, der stärker ist, leben! Es gibt keine andere Wahl. Unsere Führung kennt dieses Problem offensichtlich. Das ist eines der Dinge, die wir als Bürger nicht wissen... Wir kehren also wieder an den Anfangspunkt zurück! Wir befinden uns in einem runden Zimmer ohne Ecken. Keiner kann sich in seine Ecke setzen, es gibt keine Ecke...« Er pfiff erstaunt durch die Zähne: »Dann ist es wirklich nötig, daß klar ist, daß beim jetzigen Friedensabkommen auch dieses Problem endgültig gelöst werden muß, es ist die letzte Gelegenheit. Wenn die PLO der einzige Vertreter Muhammads ist, dann soll sie sich von mir aus mir gegenüber verpflichten, daß er nicht noch weitere Bestrebungen im Galil hat! Wehe, wenn das nicht im Friedensabkommen drinsteht...« Er stand auf und setzte sich wieder hin: »Und obwohl ich bis heute gefordert habe, daß dieser Frieden das ist, was Israel am dringendsten braucht, bin ich im Moment dagegen! Bei einem solchen Frieden – lieber keinen als so einen! Denn dann habe ich keine Wunde geheilt: Ich habe sie nur zugedeckt, und darunter entzündet sich die alte Wunde von neuem. Und dann wird die Situation noch ernster, denn auf meine Trumpfkarten Nablus und Hebron habe ich dann bereits verzichtet... Sehr interessant... Und er ist ganz direkt, der redet aufrichtig... Hier muß irgend jemand nachgeben, keine Frage... Und er wird sicher das gleiche sagen... Und wenn das ihre endgültige Position ist... Ich fange langsam an zu verstehen, was hier los ist... Mir tut sich da ein Blickwinkel auf, den ich, als Israeli, gar nie gekannt habe...«

Muhammad kam zurück, setzte sich schwerfällig. Tschotscho wandte sich mit einer Stimme an ihn, die jetzt sehr ruhig, wenn auch ein wenig verletzt klang: »Ich habe immer gedacht, daß ich und du gleich wären. Ich und du – ein Teil von hier. Sicher gibt es Ärger, sicher gibt es keine totale Gleichberechtigung, aber man versucht sie zu erreichen. Du bist ein israelischer Araber, ich mische mich nicht in deine Gefühle ein, nicht in deine Religion, ich bemühe mich, dir soviel wie möglich zu helfen, daß dein Sohn in einer guten Schule lernen kann, daß er hier eine Zukunft hat so wie mein Sohn, ich wäre bereit, Schulter an Schulter mit dir zu stehen. Aber doch nicht, damit ich dann feststellen darf, daß du mir eines Tages einen Staat im Staat hinstellen willst...? Es ist mir gleich, wie du das nennst – Kanton, Selbstverwaltung, Galiläa-Staat, ich, Tschotscho Abutbul, habe mir heute ein Problem eingehandelt, an das ich nie gedacht habe! Und da setzt sich Tschotscho Abutbul hin und denkt, vielleicht wissen Gandi und Schamir ja wirklich etwas, das ich im Gegensatz zu dir nicht gewußt habe.«

Auch Muhammads Gesicht war nicht wie vorher. Mit einer nach der Anstrengung des Gesprächs großen Müdigkeit sagte er: »Die Verbindung zwischen den Ansichten Gandis und den meinen ist wirklich rasend komisch. Denn wenn ich Gandi mit meinen Ansichten und Forderungen entsprechen wollte, müßte ich parallel dazu sagen: Der ganze jüdische Staat Israel: Transfer! Abutbul soll nach Marokko gehen, der aus Rußland soll nach Rußland zurückkehren und der aus Rumänien nach Rumänien. Aber was ich meinem Freund Tschotscho zu erklären versuche, und zu meinem großen Bedauern mit nicht gerade übermäßigem Erfolg...«

»Nein, nein! Eben gerade überaus erfolgreich! Oh je, wenn ich richtig verstanden habe, was ich da gehört habe!«

Sie blieben noch einige Augenblicke sitzen und sprachen miteinander, kehrten zu den gleichen Wortgefechten und Überraschungen zurück, versuchten eine Bresche in die runde Zimmerwand zu schlagen, die bar jeglicher Ecken war. Danach erzählte Muhammad von der Klasse, in die sein Sohn ging: »Sie ist in einem Lagerraum von vier auf vier Meter, und damit genug Licht bleibt, ist der Lehrer im Winter gezwungen, die Tür offenzulassen.«

»Eine Schande für den Staat«, sagte Tschotscho, »es trifft mich und verletzt meinen Stolz auf meinen Staat, ich akzeptiere das nicht.«

Muhammad fuhr fort und schüttete sein Herz über die Schwierigkeiten und Ärgernisse des Alltags aus, mit denen er als Araber konfrontiert wurde, Probleme, die mit der Gesetzgebung zu tun hatten und Bedrängnisse, deren Ursprung tiefer lag. Er erzählte von einem jüdischen Jungen, der am Strand von Netanya auf ihn zukam, als er dort mit seinen beiden kleinen Kindern war, und ihn aufforderte, zu verschwinden, denn ›ihr macht uns das Meer dreckig‹. Tschotscho hörte zu. Bevor sie Abschied nahmen, versuchte Tschotscho, im Bemühen, die Stacheln des Gesprächs – nachträglich – zu entschärfen, eine schwerfällige, in ihrer Großzügigkeit jedoch zu Herzen gehende Bemühung, eine ›Lösung zum Guten‹ für Muhammads Worte über die Autonomie zu finden: »Wenn wir Muhammad und seine Leute als loyale israelische Bürger wollen«, sagte er, »müssen wir erst einmal ihnen gegenüber loyal sein. Das heißt, ihnen nicht das wenige nehmen, das ihnen geblieben ist, die Ehre, den Stolz, das wenige, das der Mensch zum Leben braucht. Und wir sollten nicht immer bloß darauf schauen, was wir von ihnen wollen, schauen wir auch, was sie von uns wollen. Sie sind ein Teil von uns. Und wenn es einen palästinensischen Staat neben einem jüdischen gibt und Muhammad das Recht hat zu wählen, wo er wohnen will, und er trotzdem beschließt, hierzubleiben, dann ist das nur unser Verdienst, es würde uns Ehre machen, wenn er sich hier wohlfühlt und gleichberechtigt. Und wenn ein Mensch wie Muhammad kommt und sagt, daß er das will, die Autonomie, seinen Kanton, meint er das, meiner Meinung nach, in Wirklichkeit nicht so. Er trifft Sicherheitsvorkehrungen. Er will Mittel zur Verteidigung. Das ist seine Absicht dahinter, wenn er einen Kanton will. Er will eigentlich viel weniger als das: Gleichberechtigung.«

Und Muhammad Kiwan ergriff die ausgestreckte Hand, die ihm angeboten wurde. Mir schien es, als ob Muhammad die zu Herzen gehende Geste Tschotschos ihm gegenüber – in jenem Augenblick – wichtiger war, als sich energisch hinter seinen verbarrikadierten Positionen zu verschanzen. Und es war in der Tat möglich, daß Tschotscho wirklich seine Absicht getroffen hatte. Ich weiß es nicht. »Vielleicht, Tschotscho hat das sicher mit großem Recht gesagt«, erwiderte Kiwan, »haben die Gedanken, die ich zum Thema Kanton aufgeworfen habe, möglicherweise tatsächlich als eine Art Schutz gedient, als Folge der gesammelten und äußerst bitteren Erfahrung des Verhaltens der hiesigen Regierung gegenüber der arabischen Bevölkerung. Aber für mich war die Hauptsache an diesem Treffen, daß ich dem Menschen Tschotscho begegnet bin. Ich habe auf sehr menschliche Weise die Bereitschaft Tschotschos, mich zu verstehen, sich mit meinem Leiden zu identifizieren, gespürt, und ich gehe hier mit einem tiefempfundenen Gefühl weg, wenn auch nicht gerade auf Grund dessen, was wir gesagt haben, sondern auf Grund der erhabenen Werte des Menschen und der Menschlichkeit. Ich habe immer daran geglaubt, daß jeder Mensch letzten Endes ein Mensch ist. Die Stigmatisierung, die Etiketten von Jude und Araber – dieses Gespräch hat bewiesen, daß sie sich gleichen wie ein Ei dem anderen. Und allein dafür – bin ich froh, daß ich gekommen bin.«

Die beiden standen auf, erschöpft von dem Gespräch, und dann, in einem spontanen Impuls, umarmten sie sich.

8. Kapitel

Vor sechs Jahren, im Januar 1986, äußerte der Schriftsteller A.B. Yehoschua in einem Zeitungsinterview: »Ich sage zu Anton Schammas: Wenn du deine volle Identität haben willst, wenn du in einem Staat mit einem selbständigen palästinensischen Charakter leben möchtest..., dann steh auf, pack dein Bündel und zieh hundert Meter weiter östlich, in den Palästinenserstaat, der neben Israel errichtet werden wird.« Schammas, ein palästinensischer Schriftsteller und Dichter, der sich damals mit seinen tiefgründigen und ironischen Artikeln, in denen er die israelische Gesellschaft für ihre Besatzungsherrschaft geißelte, einen Namen gemacht hatte, reagierte sehr heftig darauf. Er rückte Yehoschua in die Nähe der jüdischen Terrororganisation und stellte fest, »auch wenn ein palästinensischer Staat ensteht, will ich mein Land, meine Heimat und das Haus meines Vaters nicht für ein Land verlassen, das mir, in diesem Fall, A.B. Yehoschua zuweist.« Das rief einen kleinen Aufruhr hervor, allerdings kleiner als dem Thema angemessen: nämlich die Frage nach dem Wesen der israelischen Identität und dem Platz der Araber darin.

Sechs Jahre vergingen, Schammas veröffentlichte inzwischen seinen Roman ›Arabesken‹, den er in hebräisch geschrieben hatte. Seit einigen Jahren lebt Schammas in den Vereinigten Staaten, in Michigan, lehrt an der Universität in Ann Arbor und arbeitet zur Zeit an einer Artikelsammlung in englisch, die sich mit dem Nahen Osten befaßt.

Yehoschua schreibt momentan, nach seinen Büchern ›Molcho‹ und ›Herr Mani‹, an einem neuen Roman, einer Liebesgeschichte.

Anfang Januar '92 traf Schammas zu einem kurzen Heimatbesuch ein, und wir drei trafen uns in Yehoschuas Haus auf dem Karmel.

»Der Kampf um die Gleichberechtigung ist sicher wichtig«, sagte A.B. Yehoschua, »wir müßten ihn sofort und auf der Stelle beginnen und nicht erst warten, bis der Konflikt mit den Palästinensern in den besetzten Gebieten beigelegt wird, aber das Problem, das ich mit Anton habe, dreht sich nicht um die Gleichberechtigung, sondern um die Identität! Denn als nationale Minderheit im israelischen Staat -«

»Was ist das, ein ›israelischer Staat‹?« unterbrach ihn Schammas sofort. »So etwas gibt es nicht!«

»Was heißt hier, ›gibt es nicht‹?« fragte Yehoschua erstaunt, mit einem säuerlichen Lächeln, denn da fing es wieder an: »Für mich ist ›israelisch‹ ein authentisches Wort, das den Begriff ›jüdisch‹ ausfüllt und vollendet! ›Israelitum‹ ist das totale, vollendete und ursprüngliche Judentum, das die Antwort für alle Lebensbereiche sein muß! Der Begriff ›jüdisch‹ entstand schließlich tausend Jahre nachdem der Begriff ›israelisch‹ in Gebrauch war, und mit ihm wurde ein Teilbereich beschrieben, alles, was an ›israelisch‹ im Exil verlorenging, bis es schließlich zu ›jüdisch‹ wurde, und diese ganze Verwirrung hat nichts mit dem Thema Palästinenser oder Araber zu tun! Auch wenn es hier keine Araber gäbe, bestünde das Problem zwischen den beiden Begriffen ›jüdisch‹ und ›israelisch‹ genauso...«

»Du siehst im Israelitum die Summe des Judentums«, sagte Schammas, »aber ich sehe nicht, wo du dabei mich, den Araber, hintun willst. Unter den Teppich? In irgendeine Küchenecke? Vielleicht gibst du mir ja nicht einmal den Hausschlüssel?«

»Aber Anton! Stell dir vor, ein Pakistani mit britischem Paß kommt heute nach England und sagt zu den Briten: ›Kommt, wir errichten jetzt zusammen die britische Nation! Ich möchte pakistanische, muslimische Symbole! Und warum sollen wir eigentlich Englisch sprechen?‹ Stell dir vor, er stellt solche Forderungen! Die Engländer sagen ihm doch – ›Nein, mein Lieber! Wir haben nichts dagegen, daß du Pakistanisch sprichst, und du wirst – als Minderheit – auch Schulen und Moscheen erhalten, aber die Identität des Staates ist englisch, und du bist innerhalb dieser Nation eine Minderheit‹!«

Schammas: »Wenn ein Mann wie du den grundlegenden Unterschied zwischen dem Pakistani, der nach England kommt, und dem Galil-Bewohner, der seit Generationen dort in Fassuta sitzt, nicht versteht, worüber sollen wir dann überhaupt reden?«

»Ich verstehe dich nicht«, seufzte Yehoschua, »wenn es in Europa keinen Antisemitismus gäbe, würdest du nicht mal wissen, wie man das Wort ›israelisch‹ schreibt! Du sprichst von der ›israelischen Nation‹, als ob sie was weiß ich was für dich wäre! Dieses ganze Israel ist doch einfach vom Himmel auf deinen Kopf heruntergefallen! Was soll das überhaupt, diese Sehnsucht nach dem Thema der israelischen Identität?«

»Weil du mich erobert hast!« sagte Schammas zornig.

»Gut, dann habe ich dich eben erobert und dir die israelische Staatsbürgerschaft verpaßt –«

»Dann trägst du auch die Verantwortung!«

Yehoschua: »Meine Verantwortung besteht darin, daß sich jemand, der sich auf dem Gebiet des Staates befindet, dazu verpflichtet, ein Bürger des Staates zu sein, auf den alle Pflichten und Rechte entfallen, und das ist meine Verpflichtung ihm gegenüber.«

Schammas: »Hast du diese Verpflichtung erfüllt? Denkt überhaupt irgend jemand daran, dieser Verpflichtung nachzukommen?«

»Schau«, sagte Yehoschua, »daß dieser neue Staat den arabischen Einwohnern '48 sofort die Staatsbürgerschaft gegeben hat, das war ein mutiger und verhältnismäßig liberaler Akt, denn du mußt bedenken: diese Araber, die dageblieben sind, hatten gerade gestern noch auf uns geschossen! Gestern haben sie gegen uns gekämpft und wollten uns töten, und nur einen Monat später haben sie von uns das Recht erhalten, hier das Regierungsoberhaupt zu wählen! Rück deine Forderungen doch in die richtigen Proportionen! Du kannst mich fragen – haben wir alles erhalten? Sicher nicht! Es gab eine Militärregierung, Diskriminierung, aber zeig mir einen anderen Staat, der seinem eingeschworenen Feind einen Monat später die Staatsbürgerschaft und die Sozialversicherung gegeben hat!«

Schammas: »Ich habe immer gesagt, der gravierendste Fehler des Zionismus war '48, daß man die 156 000 Araber im Land bleiben ließ. Wenn man wirklich einen jüdischen Staat hätte errichten wollen, hätte man auch mich aus Fassuta hinausboxen müssen. Man hat das nicht gemacht – also behandelt mich gleichberechtigt! Als gleichen Teil des Israelitums!«

Yehoschua: »Du würdest kein einziges zusätzliches Recht erhalten, nur weil du dem israelischen Volk angehörst, ganz im Gegenteil! Ich würde dir deine speziellen Minderheitsrechte nehmen! Ich würde dir zusätzliche Pflichten auferlegen! Du müßtest in der Schule zum Beispiel das Alte Testament lernen, wie in Frankreich alle Bürger Molière und in England Shakespeare lernen!«

»Aber als literarischen Text«, unterbrach ihn Schammas, »und nicht als jüdischen Text!«

»Wieso denn?!« brach ein Aufschrei aus Yehoschua heraus: »Wir haben keinen Shakespeare oder Molière, wir haben die Bibel und den Talmud und jüdische Geschichte, und das wirst du lernen, und zwar auf hebräisch! Alles wird auf hebräisch sein! Du kannst nicht auf der einen Seite deine Kultur bewahren und auf der anderen ein Teil des Volkes sein wollen!«

»Wenn das so ist«, erwiderte Schammas, »dann muß man auch das Judentum vom Israelitum trennen, und dem wirst du dich mit Waffengewalt widersetzen.«

»Aber wie ist das möglich...?« fragte Yehoschua fast

tonlos. »Versuch doch, zum Beispiel Frankreich von den Franzosen zu trennen, wie soll das gehen?«

Schammas: »Frankreich und die Franzosen haben die gleiche Wurzel, Judentum und Israelitum ist aber etwas anderes! Und deshalb bin ich für eine De-Judaisierung und De-Zionisierung Israels!«

»Und du bist dann also auch für eine De-Palästinensierung des Staates, der in den besetzten Gebieten entstehen wird?«

»Ich bin dafür! Ich werde nicht damit einverstanden sein, Lösungen für den Staat der israelischen Nation im Rahmen der jüdischen religiösen Gesetzgebung zu finden, genauso wie ich gegen Lösungen für eine palästinensische Verfassung nach islamischem Gesetz bin!«

Nach einer kurzen Beruhigungspause erklärte Yehoschua: »Schau, der Name ›Israel‹, der dich '48 plötzlich ereilt hat, ist 3500 Jahre alt, und jetzt kommst du und sagst: Ich will ihn aller seiner Wurzeln berauben und von ihm nur die Unabhängigkeitserklärung übrig lassen, die machen wir zur Verfassung, und daraus machen wir dann eine Nation.« Er geriet plötzlich in Zorn: »Auch den Namen lehnst du also ab? Das ist, als ob ich in deine palästinensische Identität hineinmarschiere und sage – ich bin auch Palästinenser, also bitte gestaltet sie nach den Bedürfnissen meiner Identität!«

Yehoschua wandte sich an mich: »Siehst du, er begnügt sich nicht mit einem Staat und einer Identität, er möchte mit mir zusammen in einem Volk und einer Nation sein! In seiner Begehrlichkeit ist er darauf aus, mit mir zusammen in ein gemeinsames Volk einzusteigen!«

»Ich habe überhaupt keine ›Begehrlichkeit‹ in mir, und du sollst mich nicht beschuldigen!« schrie Schammas und deutete auf Yehoschua, der trotz seiner Hunderten Diskussionen zu diesem Thema immer noch fähig war, sich über solchen Fragen zu ereifern, und fuhr dann fort: »Weißt du, was dein Problem ist? Daß du glaubst, daß ›Israel‹ ein erstrebenswertes Wort ist...«

Ich fragte Schammas nach seiner Meinung zu einer Definition Israels als ›jüdischer Staat und Staat all seiner Bürger‹, die 1985 in der Knesset vorgeschlagen und abgelehnt wurde. »Wenn es ein jüdischer Staat sein würde, weil die Mehrheit jüdisch ist, der einfach mehr Betonung auf den jüdischen Teil legt – damit hätte ich keine Probleme. Aber in dem Moment, in dem du mir sagst, der Staat hätte nicht nur jüdisches Kolorit, sondern auch sein Charakter als Nationalstaat wäre jüdisch; in dem Moment, in dem die juristische Fakultät in Tel Aviv einen Verfassungsentwurf macht, der mit dem Satz beginnt: ›Israel ist für immer und ewig der Staat des jüdischen Volkes‹, da habe ich Probleme mit euch, denn ihr schließt mich mit dieser Definition aus.«

»Ich schließe dich nicht aus«, beugte sich Yehoschua zu ihm hinüber, »mein Israelitum enthält dich und alle israelischen Araber als Partner des hiesigen Lebensgefüges! Partner insofern, als ihr in die Knesset gewählt werden könnt.«

»Ich werde nicht für die Knesset wählen!« sagte Schammas mit erhobenem Finger,«du hättest das gerne, damit du mit deiner Demokratie vor der Welt als beispielhaft dastehst, aber da mache ich nicht mit. Ich weiß, daß alles, was ich hier tun kann, darin besteht, für die Knesset zu wählen, und mehr nicht. Ich weiß, daß es meiner Mutter nie im Leben gelingen wird, mich als Unterrichtsminister Israels zu sehen.«

»Wenn deine Mutter zu den Knessetwahlen ginge, statt am Wahltag Oliven zu ernten...«, seufzte Yehoschua, »ich werde nie vergessen, wie wir '88 bei den Wahlen dagesessen sind und Stimmen ausgezählt haben, dreizehn Abgeordnete hättet ihr stellen können, oh, nie werde ich euch diese Olivenernte vergessen...«

»Die meisten israelischen Araber unterstützen das, was ich sage, du weißt genau, Anton, daß du fast die einzige Stimme unter den Palästinensern bist...«, sagte Yehoschua, »sie wollen kein Teil des israelischen Volkes oder der israelischen Nation sein! Die Araber hier wollen gleichberechtigt sein, aber mit dem Status einer Minderheit! Und du willst nicht akzeptieren, daß ich Angehöriger eines Volkes bin, das tiefgehende Identitätsprobleme hat, die mit dir überhaupt nichts zu tun haben! Und du willst mein Israelitum nehmen, das ein uralter Begriff ist, und ein gleicher Partner darin sein! Ich sage nein! Du bist eine Minderheit! Komm, wir schreiben jetzt in ein großes Buch, was die Rechte einer Minderheit sind, neben denen des Staatsbürgers.«

»Kein Problem«, erwiderte Schammas, »vorausgesetzt du erklärst, daß Israel ein aufgeklärter Apartheitsstaat ist.«

»Wieso Apartheit?« sagte Yehoschua verletzt. »Es ist eine Minderheit wie die Basken in Spanien!«

»Nein, nein, und nochmals nein!« schrie Schammas. »Dem Basken in Spanien wurde die Möglichkeit angeboten, Spanier zu sein, ein Teil der spanischen ›Nationality‹ zu sein!«

Und Yehoschua: »Du hast auch die israelische ›Nationality‹!«

»Allmächtiger Gott!« rang Schammas die Hände: »Seit sechs Jahren versuche ich dir zu erklären, daß ›Staatsbürgerschaft‹ nicht gleich ›Nationality‹ ist! Das ist das Hauptproblem zwischen uns! Wenn ich mich mit dir darüber streite, was das ist, israelisch, sind wir beide Opfer einer Realität, in der das Wort ›Nation‹ im Hebräischen nicht die Übersetzung von ›Nationality‹ ist! Für den Begriff gibt es im Hebräischen keine Übersetzung, weil die Gründungsväter des Zionismus nur an einen ›Nationalstaat‹ unter dem Aspekt der jüdischen Nation gedacht haben und nicht an die Nation im Europa um die Jahrhundertwende. Auch das Arabische hat keine Übersetzung für diesen Begriff, weil es nicht wie die restlichen Sprachen der Realität eines Nationen-Staates zugerechnet wurde. Im Paß eines Korsen in Frankreich steht zum Beispiel, ›Nationalité: französisch‹! Bei uns, in unseren Pässen, steht: ›israelische *Staatsbürgerschaft*‹!«

Schließlich kamen sie überein, daß Yehoschua am nächsten Morgen bei der französischen und der belgischen Botschaft anrufen würde. Sollte sich herausstellen, daß in den Pässen der Bürger dieser beiden aufgeklärten Staaten die ausdrückliche Bezeichnung ›Nationality‹ vermerkt wäre, würde sich Yehoschua ›damit einverstanden erklären‹, daß auch in Schammas' Paß eine solche Definition eingetragen würde, ›Nationality: israelisch‹.

Am nächsten Tag verkündete Yehoschua, daß in den fraglichen Pässen tatsächlich ›Nationalité: französisch‹ beziehungsweise ›belgisch‹ stand.

»Anton will eine israelische Nationality, und ich werde sie ihm geben«, sagte Yehoschua, etwas überrascht von den Ergebnissen seiner Nachforschungen, »aber ohne Identität!«

Ich fragte: »Was bedeutet dann überhaupt eine solche ›Nationality‹ in deinen Augen, wenn die Komponente der Identität nicht darin enthalten ist? Eine Art ›Staatsbürgerschaft für Fortgeschrittene‹...?«

»Genau«, sagte Yehoschua, »das ist es! Das beantwortet Antons Bedürfnis, etwas zu erhalten, das mehr darstellt als das abgegriffene Papier der ›Staatsbürgerschaft‹. Siehst du, meiner Meinung nach ist ›Nationality‹ ein Begriff, den sich Anton eigens für die Ecke zurechtgezimmert hat, in der er lebt, und vielleicht nur er allein. Eine Art Rahmen, in dem er ein Araber sein kann, der mit Juden zusammenlebt, und die Definition, die er für sich geschaffen hat, hat nicht nur zufällig weder im Hebräischen noch im Arabischen eine Übersetzung... offenbar ist das der Platz, an dem er sich wohlfühlt...«

9. Kapitel

In einer Unterrichtsstunde in der 12. Klasse des Gymnasiums im Dorf Jatt fragte ich die Schüler, was sie über den Holocaust wüßten. Zuerst verstanden sie nicht, wovon ich sprach. Vielleicht kannten sie das Wort nicht. Ich übersetzte es ins Arabische. Immer noch waren die meisten Blicke verständnislos. Ein Mädchen sagte zögernd: »Ist das, was die Nazis mit den Juden gemacht haben?« Und als ich bejahte, fiel ihnen das Ganze wieder ein: sie hatten vier Unterrichtsstunden über den zweiten Weltkrieg gehabt, das wußten sie. »Das ist das, wo sie sie in die Öfen gesteckt haben? Ich habe gehört, daß er dort sechs Millionen Juden umgebracht hat.« Und sie lächelte: »Das sagen *sie*.«

Ein Junge namens Munzir, der in der ersten Reihe saß, sagte: »Ich habe die ›Feuersäule‹ gesehen, und meiner Meinung nach stimmt das nicht, was sie über die Nazis erzählen. Vielleicht haben sie nur eine Million umgebracht.«

»Weshalb glaubst du das?«

»Weil menschliche Wesen nicht dermaßen viele Menschen umbringen können. Er war nicht so grausam, wie ihr behauptet.«

»Findest du an den Taten Hitlers etwas Gutes?« fragte ich.

»Zuerst einmal das, daß er das ganze deutsche Volk hinter sich vereint hat und auch alle Völker der Welt vereinen wollte. Aber dabei waren die Juden ein Problem für ihn, denn sie herrschten über das ganze Geld in Deutschland. Hitler wollte, daß die Deutschen herrschten, und die Juden störten ihn. Deshalb hat er sie getötet. Aber ganz bestimmt nicht mehr als eine Million.«

Die Mehrheit der Schüler in der Klasse nickte bestätigend zu seinen Worten. Ich dachte: So oft warfen mir Araber vor, die Schuld am Tod der sechs Opfer vom ›Tag der Erde‹ zu tragen. Und sie sahen in den Ermordeten ein Symbol und einen Mythos, stellten Forderungen in ihrem Namen.

Ich fragte: »Und das scheint euch gerechtfertigt, wenn es eine Minderheit gibt, die die Mehrheit so stört – daß man sie liquidieren muß?«

»Gut, nicht liquidieren. Aber vertreiben, doch . . .«, grinste Munzir, »sie haben euch nur transferiert . . .« Aber da fiel ein anderer Junge mit Namen Amir alarmiert ein: »Natürlich ist das nicht legitim, ein Transfer! Was Munzir macht, ist eine Rechtfertigung für die israelische Regierung, die es mit uns so machen will. Auch wir stören hier schließlich die israelische Regierung!«

Ich wollte wissen, ob sie das Gefühl hätten, daß sich die Juden in Israel ihnen gegenüber so verhielten, wie sich die Deutschen den Juden gegenüber verhalten hatten. Die Jugendlichen zögerten nicht, von allen Seiten waren zustimmende Rufe zu hören. Als ich einwarf, daß Israel nicht versuchte, das palästinensische Volk zu vernichten, nicht aus rassistischen Motiven und nicht aus anderen, warf mir ein Junge namens Naim zu: »Das ist genau das gleiche, dort und hier! Der Staat Israel will die Araber genauso loswerden, will uns vernichten!«

»Vernichten?«

Er überlegte einen Augenblick: »Gut, wenn auch nicht körperlich, dann aber unseren Geist! Er will unsere Geschichte und Literatur vernichten. Hindert uns daran, etwas über unsere nationalen Dichter zu lernen! Löscht uns aus, moralisch betrachtet!« Während er sprach, wurde er zunehmend aufgeregter: »Sie wollen, daß wir uns in der Gesellschaft assimilieren, daß wir Israelis werden, daß wir von den anderen arabischen Völkern abgeschnitten werden, daß wir vergessen, was das ist, ein Palästinenser! Ist das in deinen Augen vielleicht keine Vernichtung?«

»Sicher wissen sie überhaupt nichts über den Holocaust.« Muhammad Handuklo, Geschichtslehrer an der Schule von Jatt, zuckte mit den Achseln: »Was wissen sie? Daß die Nazis gegen die Juden waren und sie aus Europa vertreiben wollten, und sie kennen einige der Lösungen, die Hitler, sagen wir mal, derer er sich angenommen hat. Ich will dir ohne Umschweife sagen, bei uns wird darauf nicht besonders Bezug genommen. Man lernt das, wie man, sagen wir mal, etwas über ›den tanzenden Kongreß‹ lernt. Wir reden darüber gerade soviel, wie nach Lehrplan nötig, liefern die Fakten, die Schüler debattieren ein wenig, ob er recht hatte oder nicht, ob er das mit ihnen machen mußte oder nicht, es gibt alle möglichen Meinungen dazu, und das war's.«

»Wie viele Stunden seiner gesamten Schulzeit wird ein arabischer Schüler im Durchschnitt mit dem Thema Holocaust zubringen?«

»Nicht im Durchschnitt«, lachte er, »sondern ganz genau eine Stunde. Ich gebe eine Unterrichtsstunde darüber.«

Das hieß, fünfzig Minuten.

Ich wandte mich an den Beauftragten für arabisches Unterrichtswesen im Ministerium, Dr. Ali Haidar, und fragte nach dem Grund für eine derart eingeschränkte Berücksichtigung des Holocausts im arabischen Lehrplan.

»Ich kann verstehen, daß sie sich nicht näher mit dem Holocaust befassen«, sagte er, »denn das ist ein heikles Thema.«

»Sehr heikel«, stimmte ich ihm zu.

»Bei allem, was mit der Vernichtung von Juden zu tun hat«, fuhr er fort, »hat der arabische Lehrer Angst, daß sie von ihm sagen, er... du weißt schon. Das heißt, wer weiß, vielleicht würde ein Teil der Schüler ihn verdächtigen, nur so, daß er ganz zufrieden ist mit dem, was war...«

»Aber der Lehrer kann den Holocaust auf objektive Weise darstellen, die Fakten bringen und so vermitteln, was sich ereignet hat.«

»Nein, nein...«, murmelte Dr. Haidar.

»Er kann aus dem Holocaust auch eine universellere Lehre ziehen, er kann ihnen auch erzählen, daß die Araber Hitlers Buch zufolge die ›nächsten gewesen wären, die an der Reihe waren‹.«

»Ja ... so habe ich es erklärt, als ich Schulinspektor war und man mich einmal aufforderte, in eine Schule zu kommen, in der sie ein Hakenkreuz auf die Straße gemalt hatten. Ich erklärte ihnen das Ganze – bis sie weinten. Aber ich hatte einen Hintergrund. Ich habe das Museum der Widerstandskämpfer im Warschauer Getto besucht, und ich wußte es. Aber ein anderer Lehrer – es gibt Leute, seine Feinde, die behaupten, was deshalb nicht wirklich seine Haltung wiedergeben muß, daß er den Holocaust im Unterricht durchnimmt und für die Vernichtung ist ... Es gibt bei uns in der Region nicht wenig Probleme mit den Denunzierten ...«

Ob ihm keine Veränderung der Situation möglich erscheine, fragte ich, und er erzählte, daß er in letzter Zeit, zusammen mit der Bewegung ›Lapid‹, mit der Ausarbeitung von Unterrichtseinheiten zum Holocaust begonnen habe, mit einem Programm für den arabischen Lehrer, das ihm helfen sollte, seinen Schülern die Tatsachen über den Holocaust zu vermitteln. »Alles hängt vom Lehrer ab«, seufzte er, »aber nicht jeder Lehrer ist in der Lage, so etwas zu bewältigen ... ein großes Problem ...«

»Was müssen wir denn darüber lernen?« schrie mir eine Schülerin in derselben 12. Klasse in Jatt ins Gesicht, »die ganze Zeit nur die Probleme der Juden!«

Ich ziehe es vor, ihr die Antwort darauf ausgerechnet aus dem Munde eines Ägypters, Tahsin Baschir, dem früheren persönlichen Gesandten Mubaraks, zu geben:

»Die Araber haben überhaupt kein Bewußtsein, was den Holocaust angeht«, sagte er zu mir. »Wir sehen in ihm höchstens ein Mittel, mit dem ihr das rechtfertigt, was ihr den Arabern antut, und daher ist es klar, daß die Toleranz diesbezüglich klein ist. Bevor der Frieden kommt, habe ich immer behauptet, fehlt uns zuallererst ein ernsthaftes Buch auf arabisch über das Judentum, ein wissenschaftlich fundiertes Werk. Keine tendenziöse Propaganda. Es fehlt uns auch die Kenntnis der geschriebenen hebräischen Literatur – vor allem der über den Holocaust. Es gibt zum Beispiel keine nennenswerte arabische Übersetzung von Anne Frank (es gibt eine: von Muhammad Abbasi. D. G.). Wie sollen wir euch da verstehen? Schließlich ist der Holocaust einer der Hauptschlüssel zur jüdischen Seele. Solange die Araber diesen Schlüssel nicht in Händen halten, solange haben sie keinen Zutritt.«

»Ich war im vergangenen Jahr auf einer organisierten Reise in Osteuropa«, erzählte Dr. Nazir Yunes aus dem Dorf Ara. »In der Gruppe befanden sich Söhne von Überlebenden des Holocaust, deren Verwandte teilweise dort ermordet worden waren, und auch Leute, die selbst dort gewesen waren, sowie Partisanen. Und natürlich waren das Ziel der Tour die Vernichtungslager. Ich hörte ihre Geschichten mit an und was sie auf den Autobusfahrten sagten. Sie veranschaulichten mir alles, was ich aus den Büchern wußte. Mit einigen von ihnen war ich unterwegs, um ihre Häuser zu suchen. Mit einem aus der Gruppe zusammen nahm ich mir ein Taxi, wir fuhren zu seiner Kleinstadt, und er erinnerte sich an jede Straße, jedes Haus, und wir kamen zu seinem Haus, sein Kindermädchen, eine blinde Alte, war immer noch da. In dem Konzentrationslager, das wir besuchten, stand ich vor den Gaskammern, und wir zündeten Kerzen an, und auf einmal schießt dir alles, was du über das Leiden und die ganze Geschichte der Juden gewußt hast, durch den Kopf und jagt dir wirklich Schauer über den Rücken, ich würde sagen, man ist fast den Tränen nahe. Und vor der Gaskammer fragte ich meinen Freund, einen Araber, der mit mir dort war, ›was sagst du dazu, daß ein ganzes Dorf, ganze Kleinstädte dort innerhalb eines Tages ausgelöscht wurden‹. Er antwortete mir: ›Was willst du, schau dir doch an, was sie jetzt mit uns machen‹.

Also, ich bin nicht bereit, einen solchen Vergleich zu ziehen«, sagte Yunes, »aber eine Beziehung zwischen den Dingen existiert zweifellos. Schließlich war der Hauptimpuls, der zur Errichtung des Staates Israel führte, die jüdische Erfahrung im Exil und im Holocaust. Und diese traumatische Erfahrung hat auf das ganze Leben hier Auswirkungen. Wenn du diese Dinge dort siehst, verstehst du das auf ganz konkrete Weise, und du begreifst, wie tief die Komponente der Furcht als Folge des Holocaust in der jüdischen Gesellschaft sitzt. Die Angst vor dem Fremden. Die Angst vor allem und jedem.«

Als Nazir Yunes vierzehn war, schickte ihn sein Vater auf eine landwirtschaftliche Internatsschule in Pardes Hanna, wo er unter jüdischen Kindern war. »Mein Vater wußte, daß wir zu einer engen Verbindung mit den Juden verpflichtet waren. Sie zu studieren und zu lernen, mit ihnen zu leben. Ohne gegenseitige Kenntnis werden wir nicht zusammenleben können.« Der junge Nazir kam ins Internat, ohne Hebräisch zu können, lernte über die frühen jüdischen Pioniere und die ›Befreiung der Erde‹, sang hingebungsvoll die ›Tikva‹, die Nationalhymne, und als er seinem Vater einen Brief schickte, der voller Fehler im Arabischen war, sagte jener: Ich habe meinen Sohn verloren.

Heute, mit vierundvierzig Jahren, ist Yunes Chirurg in der Abteilung für allgemeine und plastische Chirurgie am Hillel-Jaffa-Krankenhaus in Hadera, spricht Hebräisch völlig akzentfrei, liest hauptsächlich Hebräisch, träumt zweisprachig und zählt auf hebräisch.

»Wenn ich daran denke, daß von den 36 000 Dunam, die mein Dorf hatte, 26 000 beschlagnahmt wurden; wenn ich daran denke, daß ich bis Ende '66 wegen der Militärverwaltung eine spezielle Genehmigung brauchte, um mich von meinem Dorf ins Nachbardorf zu bewegen; daß der Strom zwanzig Jahre später in unser Dorf gelegt wurde als in die benachbarte jüdische Siedlung; daß die Straße erst seit drei Jahren nach Ara führt; daß die Bezeichnung von Nationalität und Religion in meinem Ausweis in jedem Amt immer noch die Augenbrauen hochschnellen läßt; und wenn ich dann in der Zeitung die Pläne von Ariel Scharon sehe, der mich mit dreißig-, vierzigtausend Juden einkreisen, mich wie einen gefährlichen Kriminellen umzingeln will, wenn jeden Tag Stimmen um mich herum laut werden, die auch für mich, den israelischen Araber, nach Transfer rufen –, wenn ich all das zusammenrechnen würde, müßte ich euch hassen. Aber es gelingt mir nicht...«

Bedächtig schüttelte er seinen Kopf, dessen Haar vorzeitig ergraut war: »Ich bin in euerer Kultur aufgewachsen. Ich bin in eine bestimmte Richtung erzogen worden. Hassen kann ich schon nicht mehr.«

Er ist ein mutiger Mann: Genau während der Friedensverhandlungen, als die israelischen Palästinenserführer erklärten, daß die PLO und nicht Israel ihr Vertreter bei den Friedensgesprächen wäre, stand Yunes bei einer stürmischen politischen Versammlung in Umm el Fahm auf und sagte: »Die PLO repräsentiert uns nicht in Madrid. Wer mich bei den Verhandlungen mit Israel über mein Schicksal als Palästinenser vertreten muß, das sind wir, die Palästinenser in Israel.« Diese Ansicht vertreten ohne Zweifel viele israelische Palästinenser, aber Yunes war einer der ersten, die sie offen und furchtlos zum Ausdruck brachten und so die abweichende Meinung unter den Palästinensern in Israel hinsichtlich ihrer Rolle im zukünftigen Friedensabkommen offenlegten. Weshalb erzähle ich das alles? Weil es direkt mit dem zentralen Thema zu tun hat, mit der speziellen israelischen Identität, die hier einmal geschaffen werden wird.

»Meinen Kindern fällt es schwer, mich zu verstehen«, fuhr er fort, »es ist seltsam für sie, mich und meine Frau aus lauter Gefühl und Mitleid weinen zu sehen, wenn ein Film über das Leid der Juden im Holocaust ausgestrahlt wird. Was wissen sie schon vom Holocaust. Meine Tochter, sie ist dreizehn, hat noch kein einziges Mal etwas davon gehört. Sie verstehen auch nicht, wie ich zu Hause ein Fest machen kann, zu dem zwanzig jüdische Gäste kommen, Kollegen aus der Arbeit, und in der gleichen Nacht durchsucht das israelische Militär das Flüchtlingslager in Nablus, tobt sich dort aus, im Haus ihrer Tante. Es geht alles durcheinander für sie.

Oder wie ich eines Tages meine Kinder ins Schwimmbad der Siedlung Gan Schomron, gleich nebenan, mitgenommen habe, ich habe ihnen eine Karte gekauft, gezahlt, und plötzlich hört die Kartenverkäuferin die Kinder Arabisch reden und sagt: Moment mal. Warten Sie draußen. Ich muß etwas klären. Kommt zurück und sagt zu mir: Bedaure. Das ist ein privates Schwimmbad.

Ich nahm meine Kinder beiseite, sie waren schon im Badezeug mit Handtuch, und erklärte ihnen, daß die Frau sagte, daß das ein privates Schwimmbad sei und man eine besondere Erlaubnis brauche, um hineinzukommen. Und meine zwei Großen sagten – Nein. Das ist, weil wir Araber sind.

Ich zog die Frau beiseite und sagte zu ihr, was mich wirklich zornig macht, ist das, daß ich nicht weiß, was ich meinen Kindern auf dem ganzen Heimweg erklären soll. Sagen Sie mir, was ich ihnen jetzt sagen soll.

Darauf sagte sie: Ich weiß nicht. Das ist nicht meine Anweisung.

Ich insistierte: Die Kinder wollen wissen, warum Sie sie nicht hineinlassen. Und ich hoffe nur, daß sich meine und Ihre Kinder wegen einer solchen Zurückweisung nicht in fünfzehn Jahren einmal auf unterschiedlichen Seiten der Front wiederbegegnen.

Sie brach in Tränen aus. Nachher stellte sich heraus, daß sie eine Überlebende des Holocaust war, und vielleicht hatte sie sich selbst in ähnlicher Situation an einem anderen Ort gesehen. Ich weiß nicht. Wir fuhren nach Hause. Aus der Siedlung riefen sie dann an und entschuldigten sich, baten darum, daß wir noch mal kämen, gratis, aber wir fuhren nicht mehr hin. Das heißt: Ich fahre regelmäßig dorthin. Ich bin Arzt dort in der Siedlung. Behandle sie. Mache die regelmäßigen Brustkrebsuntersuchungen bei den Frauen und übernehme auch Stellvertretungen dort.«

10. Kapitel

Der Gedanke an eine palästinensische Autonomie innerhalb des Staates Israel brodelt unter der Oberfläche des gesamten Problems: verborgen, jedoch präsent, bedrohlich und Verdacht erregend, wie ein doppelter Boden, von dem kein Mensch weiß, was sich darunter verbirgt, und er verleiht jedem Laut zwischen den beiden Völkern ein spezielles Echo. Die Dinge, die Muhammad Kiwan bei dem Gespräch an der Küste Aschdods mit Tschotscho Abutbul angesprochen hatte, ließen mir keine Ruhe. Ich suchte nach einem Menschen, der ein wenig Licht in das Dunkel bringen und etwas Aufschluß über die Dinge, wie sie wirklich sind, geben würde, und ich traf mich mit Dr. Said Zaidani, geboren in Tamra im Galil.

»Die Israelis stellen immer die falsche Frage, die ich ablehne«, sagte Dr. Zaidani. »Sie fragen mich – ›wenn ein palästinensischer Staat an der Seite Israels errichtet würde, würdest du in Israel bleiben oder in den Palästinenserstaat übersiedeln?‹ Ich glaube, daß man anders fragen muß: ›Wenn ein Palästinenserstaat errichtet wird, wie würdest du, als israelischer Araber, dein Verhältnis dazu sehen?‹ Das läßt Raum, um über ein differenziertes und facettenreicheres Verhältnis zu sprechen. Und über alle Arten von Mechanismen und Regeln einer Beziehung zwischen den Arabern in Israel und dem Palästinenserstaat. Ich weiß nicht, ob ich selbst dorthin gehen würde, aber ich wünschte mir sehr, es gäbe einen solchen Staat, von dem ich ein Teil wäre, oder zu dem ich wenigstens ein intimes Verhältnis hätte, auch wenn ich mich auf dem Gebiet des Staates Israel befände.«

Ich fragte: »Was ist das genau, dieses ›intime Verhältnis‹?«

»Zum Beispiel: Wenn ich im Galil wohne und ein Palästinenserstaat errichtet würde, muß er mir doch etwas sagen, nicht nur auf abstrakte Weise. Er muß meine Probleme lösen. Er muß für mich eine palästinensische Daseinsform repräsentieren, der ich zugehörig bin.«

»Inwiefern würdest du dazugehören, wenn du im Staat Israel lebst?«

»Das ist ein schwieriges Problem. Es muß zum Beispiel offene Grenzen zwischen Israel und dem Palästinenserstaat geben. Es muß zwischen den Arabern in Israel und denen in diesem Staat eine gewisse Anbindung geben, vielleicht administrativ. Es ist einfach nicht möglich, daß nach einem jahrzehntelangen Kampf ein palästinensischer Staat entsteht, und wir hier bleiben ihm gegenüber gleichgültig, und er – gleichgültig gegenüber uns. Dieses intime Verhältnis kann wie das Verhältnis der Juden im Exil, in Amerika, zu Israel sein...«

»Zwischen den Juden in Amerika und denen in Israel trennt der Ozean...«

»Stimmt, hier ist auch von territorialer Kontinuität die Rede, zwischen den Arabern in Israel und denen des Palästinenserstaates. So ist es möglich, sogar noch engere kulturelle, familiäre und geschäftliche Beziehungen zu unterhalten, Beziehungen aller Art. Vielleicht eine politische Anbindung zwischen uns und ihnen, vielleicht eine administrative.«

»Du sprichst im Prinzip von einer Autonomie für die Araber innerhalb Israels.«

»Das Wort ›Autonomie‹ beschreibt dieses Verhältnis nur teilweise.«

»Dann laß uns versuchen, es ausführlich zu beschreiben: Wenn du ›administrative Anbindung‹ sagst, siehst du dann Vertreter der israelischen Araber im Parlament eines palästinensischen Staates?«

»Wenn wir in Israel in die Knesset gewählt würden, würden wir natürlich nicht in ein palästinensisches Parlament gewählt. Aber wenn die Araber Israels ein Teil des Palästinenserstaates wären – dann könnten sie Abgeordnete ins dortige Parlament entsenden.«

»Glaubst du, daß eine Situation denkbar ist, in der die Araber, die in Israel leben, integraler Bestandteil eines Palästinenserstaates sein würden?«

»Was heißt ›glauben‹? Nicht in unmittelbarer Reichweite, auf lange Sicht. Aber vielleicht bleibt es ein Traum.«

»Auch deine Träume interessieren mich, und ich werde dir sagen, warum: Heute (1.8.91), als ich zu unserem Treffen fuhr, überholte mich der Geleitzug des Staatssekretärs Bakers, der gekommen ist, um von Ministerpräsident Schamir zu erfahren, ob Israel bereit ist, an Friedensgesprächen teilzunehmen. Sollte tatsächlich die ernsthafte Absicht bestehen, die grundlegenden Probleme im Nahen Osten zu lösen, ohne einen Aschehaufen zu hinterlassen, dann ist es doch sinnvoll, ganz klar zu wissen, was die Bestrebungen der einzelnen politischen Kräfte in der Region sind.«

»Schau, wenn man von wahrem Frieden spricht, von einem historischen Kompromiß, von Völkern, die wirklich zusammen leben wollen, von Gleichberechtigung und Wohlstand für alle, dann kann man an alle möglichen politischen Arrangements denken, an denen die Araber in Israel Anteil hätten. Was ich im Kopf hatte, als ich von Autonomie sprach, das war, anstatt dieses Gebiet in zwei Staaten zu teilen, Israel und Palästina, würde es vielleicht ein Staat sein, in Kantone unterteilt. Wie in der Schweiz. Und einer der Kantone wäre der Kanton der Araber in Israel. Und man könnte auch an Jerusalem als einen gesonderten Kanton denken. Das könnte die ethnischen Probleme innerhalb Israels lösen und auch das palästinensische Nationalproblem innerhalb Israels. Das ist alles.«

»Könntest du mir das Leben innerhalb einer solchen Autonomie im Staat Israel beschreiben?«

»Das ist nicht einfach. Ich habe darüber geschrieben, und

ich stehe hinter diesen Überlegungen: Wie kann eine nationale Minderheit Gleichberechtigung in einer Gesellschaft erlangen, die in der Mehrheit jüdisch ist, in einem Staat, der sich als jüdischer Staat definiert, und in Ermangelung einer israelischen Nationalität? Wie wäre das möglich? In allen Schichten und allen Bereichen des Lebens existiert Diskriminierung. Die Araber hier sind halbe Bürger, der Staat ist für sie eine halbe Demokratie. Sie stehen in der Mitte: zwischen Staatsbürgern und von Eroberern Beherrschten. Die Türen stehen ihnen in allen Lebensbereichen nur halb offen, und es gibt Bereiche, in denen die Kluft zunehmend größer wird. Und das auch noch nach jahrzehntelangem Kampf für irgendeine Art von Integration der Araber in Israel, einem Kampf, der nicht erfolgreich war. Dann frage ich dich: Was lernen wir daraus? Wie müssen sich die Araber in Israel als nationale Minderheit organisieren, um ihre andersartige ethnische nationale Identität zu präsentieren und ihre staatsbürgerliche Gleichberechtigung zu erlangen? Die Idee einer Autonomie soll diese beiden Fragen beantworten.«

Er war vierzig. Hatte Philosophie und Englisch an der Universität Haifa studiert. Seinen Doktor in Philosophie machte er an der Universität Wisconsin, Madison. Hauptsächlich beschäftigt er sich mit Ästhetik und Ethik. Heute ist er Dozent für Philosophie an der Bir Zeit Universität. Wie andere arabische, in Israel gebürtige Intellektuelle verlegte Zaidani seinen Wohnort in die besetzten Gebiete und lebt mit seiner Gefährtin und seinen zwei Söhnen in Beit Hanina: »Hier ist nicht die Rede von irgendeiner ideologischen Entscheidung, so als ob ich am Kampf teilnehmen und meine Söhne innerhalb der Intifada erziehen müßte. Zu sagen, daß das ideologisch gewesen wäre – wäre gut für eine Rede. Was mir und meiner Frau wichtig war, ist, daß wir in einer palästinensischen Gesellschaft leben, einer für uns normalen Gesellschaft, die mich nicht diskriminiert. In der ich eine angesehene Arbeit habe. Was Diskriminierung betrifft, so kann ich sie einfach nicht mehr ertragen. Wenn dir ein Polizist sagt, daß du einen Fehler im Straßenverkehr gemacht hast und aufpassen sollst, daß das nicht wieder vorkommt, Ok und Vielen Dank, und du gehst, und dann ruft er dich zurück und möchte deinen Ausweis sehen, und du weißt, von diesem Augenblick an bist du geliefert. Also schaust du den Polizisten an und zeigst ihm, wie sehr du ihn verachtest. Aber im Inneren ist das nicht nur Verachtung. Das ist ein solcher Schmerz, daß es dich umbringt.«

»Erkläre mir, woher er weiß, daß du Araber bist?« Für einen Moment irrte ich von unserem Gesprächsthema ab (oder vielleicht auch nicht). »Du hast vorhin selbst zu mir gesagt, daß du ›dem Typ nach nicht wie ein Araber aussiehst‹. Dein Hebräisch ist perfekt, und du sprichst ohne fremden Akzent.«

»Vielleicht ist es etwas in meinen Augen. Vielleicht eine Unsicherheit . . . Offenbar kriecht das Beunruhigtsein in die Augen. Vielleicht die Art, wie ich gehe, vielleicht durch das Mißtrauen, von dem ich mich ringsherum umgeben fühle. Und vielleicht«, er lachte, »vielleicht ist das generell ein ästhetisches Problem . . .«

Ich fragte ihn, ob es sein Aufenthalt in den besetzten Gebieten, in der Intifada gewesen war, der in ihm die Idee der Autonomie hatte entstehen lassen.

»Nur in taktischer Hinsicht. Das heißt: man sagt, daß die Autonomie in den besetzten Gebieten sein sollte, ich jedoch sage, daß das nicht der richtige Ort dafür ist. Autonomie für eine nationale Minderheit wird innerhalb eines Staates hergestellt, und nicht für ein besetztes Gebiet. Aber das ist nicht das Thema. Was wir sehen, ist, daß das Integrationsmodell, die Eingliederung, die Koexistenz, die sich die meisten politischen Vereinigungen der Araber in Israel auf ihre Fahnen geschrieben hatten, gescheitert ist. Und ich behaupte, auch wenn keine Kriegssituation herrschte, wäre es nicht möglich, eure Einstellung uns gegenüber und die Diskriminierung zu überwinden. Und deshalb muß ein anderes Modell gesucht werden. Es kann ein Entflechtungsmodell sein. Das hieße, wir trennen uns von dem jüdischen Staat. Wir würden ein

Teil des Palästinenserstaates, zum Beispiel. Oder wir wollen eine eigene Definition. Einen unabhängigen Staat.«

»Was ›Galiläa-Staat‹ genannt wird?«

»Ich glaube, daß dieser ›Galiläa-Staat‹ nicht realistisch ist. Deshalb schlage ich ein Kompromißmodell vor: daß wir ein Teil des Staates werden, jedoch sowohl Separation als auch Integration existiert. Schau dir die Versuche anderer Länder an: Schweiz, Kanada und Belgien, die Länder in Osteuropa, und du siehst, daß das Modell der Integration nicht funktioniert. In Belgien ging man zu einer Art föderativen Konstruktion über; in der Schweiz – eine Einteilung in Kantone nach ethnischer Zugehörigkeit, Italiener, Franzosen, Deutsche, und das funktioniert. In Kanada funktioniert es auch, ist allerdings schwieriger.«

Seine Ideen hatten bereits einigen Zorn hervorgerufen, hauptsächlich in Kreisen des arabischen Establishments in Israel. In einigen Gesprächen unter vier Augen jedoch – die nicht zur Veröffentlichung bestimmt waren – hörte ich sympathisierende Meinungen: daß dies die einzig realistische Lösung sei. Said Zaidani selbst trug seine Anschauungen mit ruhiger und gelassener Stimme vor; ein schmaler Mann von intellektuellem Aussehen, ein feines, ausdrucksvolles Gesicht. Bevor er etwas sagte, versank er jedesmal in sich, verschwand für einen Augenblick, bis er das Wort herausgesucht hatte, das er brauchte. Jenes Gespräch mit ihm, das ruhig und entschieden, einfühlsam und ein wenig distanziert war, schien für einige Augenblicke losgelöst, weit weg jener gärenden Mischung aus Gefühlen und Ängsten, der Masse, aus der die politischen Situationen im Gazastreifen geformt wurden; gleichzeitig jedoch spürte ich, daß mir gerade seine philosophische Einstellung, die mit einer Zeitlosigkeit arbeitete, in der alles möglich war, bedrohlich vorkam.

»Zu der arabischen Führung hier habe ich gesagt: Ihr jagt dem spanischen Traum hinterher. Hier wird es keine Integration geben. Es wird keine echte Partnerschaft mit den Juden geben. Also muß man den Kurs ändern. Einen anderen

Rahmen suchen. Und wenn ich von bedeutsamer und vollständiger Autonomie rede, spreche ich natürlich auch vom territorialen Aspekt.«

»Das ist allerdings unrealistisch: Im Staat Israel gibt es kein Gebiet, das rein arabisch ist.«

Mir fiel jener Sommerabend ein, an dem ich von Nazareth nach Maghar gefahren und der Weg gänzlich ›arabisch‹ war: Reina, Kfar Kanna, Tur'an, Ilabun, Maghar; felsige, braune Hügel, Hirten mit schwarzen, dürren Ziegenherden, braune Hähne, die am Wegrand pickten, eine Frau mit dunklem Gesicht, die Feigen vom Baum pflückte, die Seiten einer arabischen Zeitung auf Dornen aufgespießt... Etwas später passierte ich die Straßen Sachnins; in den Höfen der kleinen Wohnviertel standen Frauen und junge Mädchen und siebten Reis aus oder spalteten auf den Knien eine Wassermelone. Und durch die lange Dämmerung brach plötzlich der Schrei der grünen Moschee, dünn wie ein Bleistift, die jubelnde Stimme eines Kindes, das das Gebet mit dem Muezzin im Duett sang; ich fuhr langsam, von einer merkwürdigen Empfindung ergriffen, als ob ich sehen könnte, aber nicht zu sehen war. Anwesend und abwesend. Zwei Nachbarn im Unterhemd spielten Back Gammon, ein Kind brachte ihnen Kaffee. Eine Gruppe Halbwüchsiger stolzierte durch die Straßen, gestriegelt und gebügelt und schräge Blicke auf die Mädchengruppen werfend, und ich erinnerte mich, wie ich in genau so eine Szene hineingeriet, im Dorf Mimas im Libanon während des Krieges 1982, in einer solch entspannten Sommerabendstunde, als sich auf der einzigen Hauptstraße des Dorfes die Jungen und Mädchen trafen, einander Blicke zuwarfen, kicherten, sich gegenseitig aus der Entfernung maßen, überheblich und sich zierend, schließlich würde der Krieg einmal zu Ende gehen, die Lage würde sich ändern, und diese Augenblicke mußten jetzt gelebt werden, es würde sie nicht noch einmal geben; für einen Moment war es mir möglich, dieses Sachnin in den Schuf-Bergen zu sehen, in Jordanien oder bei Nablus; die Neonschilder trugen arabische Aufschriften, die Musik, die aus den Autos drang, war arabisch, und in der Luft lag eine selbstsichere, hausherrenmäßige Zufriedenheit; auch die Gangart der Leute und ihre Körpersprache war anders, freier und entspannter als jene, die sie an den Tag legten, wenn sie sich in den ›jüdischen‹ Gebieten Israels befanden. Mehr als einmal in diesem Sommer konnte ich spüren, was in den Leuten vorging, die ich in ihrem Haus, in ihrem ›Nest‹ traf; und nachdem ich mit ihnen nach draußen gegangen war, sah ich sofort, wie fremd das Draußen sein konnte, auch wenn es die Heimat war: wie ihre Gesichter sofort von den fremden Blicken geprägt wurden, die ihre Identität verdeckten, und wie sie sich unbewußt jenen geläufigen ›Abstempelungen‹ anpaßten und ›schwächer‹ oder extra ›erklärter‹ wurden... Aber an jenem Abend in Sachnin, da ruhten sie in sich selbst. Die Juden waren nicht anwesend, und es war möglich, sich der Illusion hinzugeben, sogar ›DIE Lage‹ sei gar keine. Auch ich empfand plötzlich eine gewisse Erleichterung, (während ich das jetzt, in Jerusalem, schreibe, beginne ich zu zweifeln: Wirklich? Keine Befürchtung oder Bedrohung angesichts dieser Freiheit, die sie ›sich erlaubten‹? Nein. Ganz im Gegenteil:) eine unerwartete Erleichterung, erholsam, als ob auch von mir irgendeine Last abgefallen wäre.

»Aber Moment mal!« schlug in mir dieser andere, der innere Sicherheitsoffizier, Alarm. »Was sollen diese schönen Worte? Weißt du nicht, daß drei Wochen vor deinem bezaubernden Araber dort eine Einheit ausgehoben wurde, die ein Waffenarsenal in die Luft sprengen wollte, eine richtige Terroristeneinheit?« Weißt du was, antwortete ich ihm, vielleicht hätte es nicht einmal eine einzige solche Einheit dort gegeben, wenn wir weiser und mutiger gewesen wären. Wenn die Leute von Sachnin das Gefühl von Entspanntheit und Freiheit auch in Tel Aviv hätten. Hast du es schon einmal mit dieser Überlegung versucht?

Die Idee einer arabischen Autonomie in Palästina ist genau sechzig Jahre alt: Im Jahre 1931 äußerte ein jüdischer Zionistenführer folgendes: »Die Herrschaft des hebräischen Palästina stellen wir uns folgendermaßen vor: Die Mehrheit der Bevölkerung wird hebräisch sein, aber die Gleichberechtigung jedes arabischen Bürgers wird nicht nur versprochen, sondern auch verwirklicht werden. Die zwei Sprachen und alle Religionen werden gleich in ihren Rechten sein, und jede Nation wird die Rechte einer kulturellen Selbstverwaltung erhalten.« Das schrieb Ze'ev Jabotinsky (russischer Zionist/Revisionist, 1880–1940; Propagandist des »synthetischen« Zionismus) in dem Artikel ›Der runde Tisch mit den Arabern‹ in seinem Buch, das (ironischerweise) den Titel ›Auf dem Weg zum Staat‹ trug. In seinen programmatischen Schriften wurde Jabotinsky noch deutlicher:

»Eine vollständige Gleichberechtigung der beiden Rassen, der beiden Sprachen und aller Religionen soll in dem zukünftigen hebräischen Staate herrschen. Die nationale Selbstverwaltung jeder einzelnen der Rassen, die im Lande ansässig sind, in Angelegenheiten der Gemeinde, der Erziehung, der Kultur sowie eine bevollmächtigte politische Vertretung muß in größtem und vollstem Maße mitinbegriffen sein« (›Was wollen die revisionistischen Zionisten‹, aus: ›Auf dem Weg zum Staat‹).

Am 26.1.90 veröffentlichte Said Zaidani in der Zeitung ›Alarabi‹ seinen Plan, der besagte:

»1. Ich stelle mir eine Autonomie für die Araber im Meschulasch-Gebiet und im Galil vor, unter Etablierung einer gewählten unabhängigen Führung, die Kompetenzen in weitestmöglichem Umfang hat:

a) die Errichtung einer oder mehrerer arabischer Universitäten in Israel,

b) die Umwandlung des Arabischen zur offiziellen Sprache in den Gebieten, die der Autonomie zugehörig sind,

c) die Entscheidungsbefugnis in Belangen von Bau, Entwicklung, Gesundheit und Umwelt,

d) die Entscheidungsbefugnis im zivilen Dienstleistungsbereich,

e) Entscheidungsbefugnis in Fragen der Erziehung, Festlegung von Zielen und Inhalten des Ausbildungssystems.
(...)
2. Die autonomen Gebiete werden föderativ an den Staat Israel angeschlossen. Ihre Führung soll freie Hand haben, Beziehungen zum Rest des palästinensischen Volkes und der arabischen Nation aufzunehmen und zu intensivieren, auch vor und nach der Errichtung des palästinensischen Staates an der Seite Israels.
3. Die Autonomie soll einer vollen und gleichberechtigten Staatsbürgerschaft und Gleichberechtigung nicht entgegenstehen.«
(...)
»Territoriale Autonomie«, fragte ich Dr. Zaidani, »ist im allgemeinen der Schritt vor der endgültigen Abtrennung vom Mutterstaat. Wer garantiert mir, daß sich die Palästinenser in Israel nach Erhalt der Autonomie nicht dem Palästinenserstaat anschließen wollen?«

»Eine solche Möglichkeit besteht natürlich«, erwiderte er ruhig, »aber andererseits hat Israel alles getan, damit diese Möglichkeit erst gar nicht in Frage kommt. Unter dem Aspekt einer Politik der Expansion seiner Bevölkerung. Die jüdischen Grenzsiedlungen, die Kibbuzim, die Plazierung der Absorptionszentren ... so, daß ein Anschluß an einen palästinensischen Staat nicht realistisch ist.«

»Wer wird über die äußere Sicherheit der autonomen Gebiete wachen?«

»Israel. Aber was den Rest angeht – da bin ich der Boß. Auch das System der Rechtsprechung soll getrennt sein. Was die Wahlen für die Knesset angeht, so kann die jetzige Situation bestehenbleiben. Oder der Kanton schickt zehn oder zwanzig Abgeordnete, proportional zur Bevölkerungszahl.«

»In der Schweiz«, bemerkte ich, »schickten die Bürger der verschiedenen Kantone ihre Söhne zum Beispiel zum Militär des Gesamt-Staates.«

»Die Autonomie ist auch für das Problem des Militärs die Lösung. Bisher haben die Araber in Israel weder verlangt noch darum gebeten, in der Armee zu dienen. Aber in einer territorialen Autonomie, die ihre eigene Polizei und ihr eigenes Bewachungssystem hat, kann man auch über einen nationalen Militärdienst reden. Man kann jeden Jugendlichen in einem gewissen Alter dazu zwingen oder ihn darum bitten, daß er ein bis drei Jahre dem Allgemeinwohl innerhalb der Autonomie widmet. Das heißt – nicht Israel verpflichtet zum nationalen Dienst für seine Ziele, sondern die jungen Männer dienen ihrer Gesellschaft. Sie können in öffentlichen Institutionen arbeiten, im nationalen Bewachungssystem dienen, in Krankenhäusern, bei der Polizei.«

»Beschreibe mir bitte noch deine Vorstellungen auf dem Gebiet der Erziehung.«

»Dafür will man doch schließlich die Autonomie, oder?«

»Wenn das so ist, weshalb begnügst du dich dann nicht mit der Forderung nach kultureller Autonomie?«

»Was ist das, ›kulturelle Autonomie‹? Wo auf der Welt hat das je funktioniert? Ich will eine arabische Universität, wo ich der Boß bin, aber als Teil des Gesamtkomplexes meiner Herrschaft in meiner Gesellschaft. An dem Ort, an dem ich lebe, soll kein Jude der Boß sein. Nehmen wir einmal an, ich würde mich heute für Atomphysik interessieren, kann ich das hier studieren? Und, nehmen wir weiter an, man würde mir erlauben, mich dafür einzuschreiben, wo könnte ich danach arbeiten? Am Bau? Du kannst nicht trennen zwischen dem, wie ein Bildungssystem funktioniert, und dem, was man tut, nachdem man einen Abschluß gemacht hat. Man kann unmöglich die Ausbildung vom wirtschaftlichen Leben der ganzen Bevölkerung abtrennen. Ich will doch meine Ausbildung so dirigieren, daß sie die Bedürfnisse meiner Gesellschaft erfüllt, so wie *ich* sie sehe, und nicht, wie es das Unterrichtsministerium in Jerusalem mir vorschreibt. Denn was machen unsere Schulabgänger heute? Lehrer, Lehrer und noch mal Lehrer. Sie werden nicht ihren Talenten gemäß eingesetzt.

Nicht in den Universitäten, nicht im öffentlichen Dienst Israels, nicht in Botschaften. Sie werden nicht in Kommissionen aufgenommen, sie sind keine Generaldirektoren, keine stellvertretenden Generaldirektoren, keine höheren Ränge, keine Minister. Wir haben hier keinen Platz. Und ich möchte eine Gesellschaft, in der ich einen Platz habe. In der es etwas gibt, auf das ich mich beziehen kann und dessen Boß ich auch bin. Ich möchte entscheiden, wer Vorgesetzter bei mir ist und nach welcher Qualifikation, und es soll niemanden geben, der einen Überbau über meine Bestrebungen setzt.«

Wenn ich mich mit einem solchen Menschen in einem anderen Staat unterhalten hätte, dachte ich bei mir, mit einem Basken in Spanien zum Beispiel, wie leicht und einfach wäre es für mich gewesen, seinen Worten Sympathie entgegenzubringen: da war ein Mann, der aufstand und kühn seinen präzisen Vorstellungen Ausdruck verlieh, die feindliche Herrschaft herausforderte, und – mehr noch – seine eigene Gesellschaft. Leute wie er waren auch dazu da, Vorbild an Mut, Selbstachtung und größter intellektueller Aufrichtigkeit zu sein. Und als ich mich daran erinnerte, wie viele von den Interviews, die ich in diesen Monaten geführt hatte, ausweichend und heuchlerisch waren, mit dem aber-bitte-nicht-zitieren-Mut, halbe Wahrheiten, die man sich mir gegenüber wie aus der Muschel eines zusammengequetschten Telefonhörers abrang, da konnte ich nur noch Erleichterung empfinden angesichts der Freimütigkeit Zaidanis und seiner klaren Position mir gegenüber, uns gegenüber.

»Du weißt sicher«, sagte ich zu ihm, »daß du mit deinem Autonomiegedanken direkt in den israelischen Alptraum stichst und den Träumer weckst, um ihm zu sagen: ›Das ist kein Traum‹.«

»Hör zu. Der israelische Alptraum interessiert mich nicht, wenn er auf meine Kosten geht!«

»Und weshalb sollten mich dann deine Wünsche interessieren, wenn sie auf meine Kosten gehen?«

»Ich möchte, daß du merkst, daß du ein Problem mit mir

hast. Und dieses Problem wird irgendwann einmal in der Zukunft explodieren. Ich werde nicht für immer dein gehorsamer Untertan bleiben. Es gibt eine neue Generation von Arabern in Israel. Ein neues Potential. Mit offenen Wünschen an die Welt. Ich akzeptiere nicht, daß mich der Staat so behandelt, wie er meinen Vater behandelt hat. Das muß klar sein. Ich bin ein stolzer Mensch, modern, gebildet, mit Selbstbewußtsein. Ich bin – um mit der Terminologie des Darwinismus zu sprechen –, ich bin bereits eine andere *Spezies* als mein Vater. Ich will ein gleichberechtigter Bürger sein und nicht hundert Jahre darauf warten! Ich will, daß meine Tochter genauso wie dein Sohn eine gleichberechtigte Bürgerin ist. Und wenn du nicht willst, daß ich gleichberechtigt bin, dann geh zum Teufel.«

»Und wenn sich die Lage nicht nach deinem Wunsch verändert?«

»Dann werde ich versuchen, dir das Leben schwerzumachen«, sagte er schlicht. »Wenn du Tausende von Arabern mit Doktortitel hast, die keine Arbeit finden, dann wird es krachen. Wenn du Zehntausende hast, die innerhalb des Staates keinen Arbeitsplatz haben, und über fünfzig Prozent Palästinenser, die unter der Armutsgrenze leben, obwohl wir mit Mühe achtzehn Prozent der Gesamtbevölkerung ausmachen, dann kannst du auf eine Explosion ganz sicher warten. Hör mal, ich male dir hier keine apokalyptischen Theorien an die Wand: Es gibt viele Probleme, die seit Jahrzehnten ihrer Lösung harren, und es ist für uns nicht absehbar, daß es in einer sichtbaren Zeitspanne und bei der Form des gegenwärtigen Kampfes eine Lösung für sie geben wird. Willst du also, daß ich mein ganzes Leben in einer Situation der Unterlegenheit verbringe? Daß auch die Zukunft, die ich für meine Kinder im Auge habe, so sein soll? Ich will das nicht. Ich denke, jede politische Theorie rechtfertigt die Anwendung verschiedener Mittel, des zivilen Widerstands und sogar der Gewalt, um das Ziel zu erreichen.«

11. Kapitel

»... Obwohl es hier und dort im Galil ein paar Juden gibt, kann eine arabische Autonomie dort stattfinden! Ganz bestimmt kann sie das! Und das Maß ihrer Loyalität dem Staat gegenüber hängt, wenn du mich fragst, direkt von der Entfernung des syrischen Panzers von der Grenze ab! Du hast gesehen, wie im Januar, im ersten Moment des Golfkrieges, dort die ganze Wahrheit ans Licht kam. Und wenn es uns gelingt, das Gebiet dort zu judaisieren – dann haben wir die Gefahr ein wenig zurückgedrängt. Alles hängt von uns ab.«

Professor Arnon Sofer, Geograph an der Universität Haifa. In den letzten fünfundzwanzig Jahren warnte er heftig vor den Tendenzen, die er im Verhältnis zwischen Juden und Arabern im Staat Israel und im gesamten Land sieht.

»Zuerst einmal – die Tatsachen. Die Menschheit verhält sich äußerst interessant: Mit den Jahren ist die Geburtenrate zunehmend gesunken, und an der Sterblichkeitsrate hat sich nicht mehr viel geändert. Es gibt das primitive Stadium: viele Geburten, hohe Sterblichkeit. Danach gibt es das ›aschkenasische‹, sprich europäische Stadium – man kriegt weniger Kinder, denn deine Frau möchte sich selbst verwirklichen, möchte einen Wagen, und das zusätzliche Kind wird auf nächstes Jahr verschoben.

Bei den Arabern in Israel blieb die Geburtenrate fast fünfzig Jahre lang auf der gleichen Stufe, aber dann passierte ein einmaliger Fall in der Geschichte: ihre Sterblichkeitsrate wurde innerhalb von vier bis fünf Jahren auf drastische Art und Weise reduziert. Das geschah, als die Leute von Sachnin aufhörten, ihre Kinder zu Hause zur Welt zu bringen und zur Entbindung zu uns ins Krankenhaus nach Haifa kamen.

Und so haben wir eine Situation, in der sie sich hinsichtlich der Geburten verhalten, als ob sie die Primitivsten auf der Welt wären, und was die Sterblichkeitsrate angeht – da unterschreiten sie sogar die jüdische. Sind sie vielleicht sauberer als du? Nein! Das ist eine Bevölkerung, die nur aus Kindern besteht! Und hier möchte ich eine Situation ansprechen, die ziemlich schrecklich ist und bei der die Öffentlichkeit im allgemeinen einem Irrtum unterliegt: Etwa 50 Prozent der Araber in Israel sind Kinder! Weitere knapp 12 Prozent sind Mittelschüler. Das heißt, 62 Prozent sind unter zwanzig Jahren! Es gibt nahezu keine Alten bei ihnen! Denn die Freunde aus der Zeit des Osmanischen Reiches hatten eine niedrige Lebenserwartung. Es gibt sehr wenige alte Leute in der arabischen Gesellschaft, die überwiegende Mehrheit sind Jugendliche und kleine Kinder.«

Ich erinnerte mich an den angenehmen Nachmittag, den ich bei Tagrid und Abed Yunes im Dorf Ar'ara verbracht hatte. Die beiden Babys in ihren Windeln, die Diskussion des Paares über die Frage, wie viele Kinder sie haben sollten...

»Richtig, richtig«, bestätigte er geduldig, »es gibt einen Rückgang in der Geburtenrate. Wir sehen das in der Statistik. In den letzten Jahren gab es jedoch wieder einen leichten Anstieg, der durchaus besorgniserregend ist, und von dem ich glaube, daß er gezielt herbeigeführt ist: In Afula zum Beispiel tauchten Frauen in den Krankenhäusern auf, um sich die Spirale entfernen zu lassen, und sie sagten, das sei ihr Beitrag zur Intifada. Doch, doch, israelische Araberinnen. Ein Kinderarzt hat mir davon berichtet. Aber nicht das ist das Entscheidende. Was den Ausschlag geben wird, ist die demographische Entwicklung, die ich ›das Momentum‹ nenne. Und das ist eine äußerst beängstigende Sache: Auch wenn die Araber Israels von heute ab beschließen würden, nicht mehr als zwei Kinder pro Ehepaar in die Welt zu setzen, würde der Betrieb trotzdem immer noch zwanzig Jahre lang so weiterlaufen, wie er heute ist, und er würde explodieren. Du glaubst mir nicht? Nimm ihre Nachkommenschaft, die heute ein Jahr alt ist. Was wird in weiteren zwanzig Jahren mit ihnen passieren? Nehmen wir an, daß sie nur zwei Kinder zur Welt bringen. Aber denk daran, welche Massen von jungen Paaren es geben wird, und das Ergebnis bleibt einfach grau-en-haft.«

»Und es gibt auch welche, die sich nicht einschränken!« Er erhob seine Stimme, als ob er sich über irgendeinen schändlichen Treuebruch erregte. »Manchmal kommst du in ein Dorf – und ich muß dir sagen, das sind wirklich echte Freunde von mir – Faissal Zuabi im Dorf Misr, dreißig Kinder, alles Buchhalter, Lehrer; es gibt hier ein Dorf, Hajajra, bei Bethlehem im Galil, und einen Mann dort, der achtzehn Kinder hatte, als ich Student war, und als er '79 bei einem Unfall ums Leben kam, hatte er bereits achtundvierzig Kinder, und das Dorf zählt heute 671 Seelen, alles die Sprößlinge seiner Lenden! Einfach unglaublich! Kurz gesagt: Die religiösen Muslime setzen weiterhin Kinder in die Welt, als ob nichts geschehen wäre. Die Drusen ebenso. Und auch die Beduinen. Und deshalb gibt es auch noch weitere zwanzig Jahre keine Erlösung für dich, du brauchst gar nicht danach Ausschau zu halten.

Und jetzt zur Hauptsache: Im Jahre 2000 – und das ohne Berücksichtigung des Anstiegs – werden die Juden 4.2 Millionen erreichen; die israelischen Araber 1.2 Millionen; die Araber in Jehuda und Schomron – ungefähr 1.5 Millionen, und in Gaza nähert sich die Zahl bereits einer Million. Das heißt: auf dem ganzen Gebiet Israels wird es, und wenn wir weiterhin die besetzten Gebiete behalten, 4.2 Millionen Juden und 3.7 Millionen Araber geben, was bereits ein bi-nationaler Staat ist. Eindeutig.

Und auch wenn wir dem eine Million Immigranten hinzufügen und so tun, als ob es keine Abwanderung aus Israel gäbe und eine große Einwanderungswelle die Auswanderung nicht noch weiter verstärken würde, und außerdem annehmen, daß sich die Araber weiterhin genauso verhalten, wirst du eine Überraschung erleben: Die Juden werden von 54 auf

57 Prozent ansteigen, und die Araber von 43 auf 40 Prozent fallen. Das ist der ganze Unterschied. Der bi-nationale Staat bleibt.«

Professor Sofer war um die sechzig. Hochgewachsen, langgliedrig, mit Brille. Von offenem Wesen, ein bißchen väterlich. Der Tisch vor ihm war mit Dokumenten, Forschungsarbeiten, Tabellen und Daten überhäuft, um ihn herum betriebsame Begeisterung, er selbst sicherheitsfanatisch, manchmal mit fast kindischer Spielfreude, und ganz offensichtlich fühlte er sich wie der letzte, der aufrecht auf dem Bergkamm stand und die verlorene Sache der leichtsinnigen, gleichgültigen Kolonne verteidigte; ich wurde ihm gegenüber – und gegenüber dem Strom von Zahlen, Karten und Bilderserien, die er um mich herum auftürmte – zunehmend deprimierter.

»... Was ist so schlimm daran, wenn im Galil die Mehrheit arabisch wird?« fragte mich der junge Muhammad Darausche aus Ichsal aufbegehrend. »Bereits seit zweitausend Jahren ist der Galil arabisch! Weshalb also wird so ein Aufstand gemacht, wenn ein Araber in Kfar Tavor einen Dunam kauft? Ist er kein Bürger Israels? Zahlt er vielleicht nicht für das Land?«

»Was für einen Einfluß eine arabische Mehrheit im Galil hat? Oho...«, Arnon Sofer seufzte tief. »Der Einfluß besteht in einem äußerst breiten Spektrum von Phänomenen. Zunächst einmal das Gefühl der Minderheit oder der Mehrheit bei den beiden: Wenn ich allein im Autobus fahre, setze ich mich in ein Eck und lese still ein Buch. Wenn wir zu zweit sind, reden wir. Und wenn wir sieben Kinder aus der gleichen Klasse sind – dann schreien wir schon.

Denn je mehr du Teil einer Gruppe bist, desto anders verhältst du dich. Von den großen arabischen Konzentrationen im Galil haben 90 Prozent nicht-zionistische Parteien gewählt. Neunzig Prozent! In kleinen und fernab vom arabischen Zentrum gelegenen Gemeinden ist das nicht so. Auch auf der Straße verhältst du dich anders. Du beachtest das israelische Gesetz weniger. Es gibt schließlich Gegenden, da hast du das Gefühl – hinsichtlich Fahrstil, Sauberkeit, illegaler Bauten –, daß der Staat Israel dort zu Ende ist!

Und dann – die Sprache. Du wirst dort nicht mehr Hebräisch sprechen. Nur noch Arabisch. Und du wirst deine Kafiya anlegen. Und damit ist bereits der Anfang eines nationalen Bewußtseins gemacht. Und wenn ein Jude dort hereinkommt, erwacht dein territorialer Anspruch. Plötzlich dringt ein Fremdkörper in das Gebiet ein! Und allmählich sammeln sich dort die Kräfte. Und dann hat der Jude Schwierigkeiten, das Gebiet zu betreten. Wenn du, der idealistische Jude, kommst, um dich im Galil niederzulassen, und alles ist von Massen von Arabern besetzt, angefangen von der Fläche (über eine Konzentration von Bodenkäufen) bis zu den Arbeitsplätzen, denn sie sind die billigeren Arbeitskräfte, und dich zieht außerdem aus der Ferne weiterhin der große Magnet Tel Aviv an, dann wirst du dich sehr schnell dort davonmachen! Du mußt wissen, daß der Galil in den 60er Jahren ca. 150 000 Juden absorbierte, und zehn Jahre danach, wie viele sind übriggeblieben? Rate! Dreizehntausend. Nicht mehr!

Und inzwischen wurden dort schon alle nötigen Komponenten zur Realisierung einer Autonomie geschaffen. Sie haben ein Territorium. Auf diesem Territorium gibt es eine Gruppe von Menschen, die die Mehrheit darstellt, die zwei Hauptinstrumente für das, was man Irridenta – Autonomie – nennt, sind bereits angelegt.

Technisch gesehen kann ich dir die Grenzen dieser Autonomie skizzieren. Denn es gibt schon heute eine arabische Kontinuität, physisch, und Grundbesitz, was dieses ganze Gebiet zu einer Art Territorium macht. Nimm Araba, Sachnin, Deir Hanna, Nazareth, Be'eina, Rummana. Das ist schon eine zusammenhängende Kontinuität. Und denk daran, das schwierigste Gebiet in Jugoslawien heute, zwischen Serbien und Kroatien, ist das Gebiet mit der gemischten Bevölkerung. Dort begannen die Kämpfe und Konflikte. Dort herrscht die Zerstörung.

Und genau das ist es, was direkt vor meiner und deiner Nase am Kochen ist. Und das war spontan. Niemand hatte geplant, ein ›arabisches Komitee zur Landwahrung‹ zu etablieren, genausowenig wie ein ›Komitee der arabischen Ratshäupter‹. Aber wie haben sie mich zum zionistischen Arnon Sofer erzogen? Ich erinnere mich, wie wir über die patriotischen Lieder und Gedichte geweint haben, es war schrecklich, der Schmerz ist noch wie gestern! Und wir haben die Griechen besiegt, uns mit dem Pogrom arrangiert und Ahasverus geschlagen. Und so haben sie diesen kleinen Zionisten, Arnon Sofer, zum großen nationalen Patrioten erzogen.

Sieh dich jetzt um«, er preßte die Finger seiner Hände einen nach dem anderen zusammen, »Tag der Erde und Tag der Brüderlichkeit, Tag des Hauses, Tag der Olive, Tag des Wassers und Tag der Gleichberechtigung, und sie stehen schweigend da, sie schreiben Lieder, und unser Freund Tufik Ziad, Bürgermeister von Nazareth, schreibt: ›Im zauberhaften Galil haben wir eine Heimat!‹ Und in ihren Ferienkolonien und ihren Lagern feiern sie das, zeichnen es und weinen darüber, und wenn du einmal an Araba vorbeigekommen bist, hast du die Läden mit den Farben der PLO gesehen, denn dort bauen sie ein *nationales Bewußtsein* auf!

Und ich sitze mit meinem guten Freund Majed Alhaj da, der vielleicht der kommende Führer der israelischen Araber wird, und er sagt zu mir: Ich werde mit euch nicht in Frieden leben, solange ihr nicht die Fahne ändert. Ich will die Farbe des Islam auf der Flagge! Und solange ihr diese Nationalhymne nicht ändert, die weder etwas über mich noch etwas zu mir sagt. Ich werde für einen bi-nationalen Staat kämpfen!«

»Nein, nein, nein...«, protestierte Majed Alhaj zornig, als ich ihm diese Äußerung zitierte, »wenn ich wirklich all das verlangt hätte, was Arnon Sofer sagt, dann würde das bedeuten, daß ich volle Gleichberechtigung forderte. Aber das fordere ich nicht! Eine Gleichberechtigung, in der gegenwärtigen Situation, kann es nicht geben! Die Araber in Israel kämpfen für gleiche *Chancen*, nicht für gleiche Rechte! Es ist wichtig, zwischen diesen beiden Dingen zu unterscheiden. Wenn ein Jude und ein Araber von ›voller Gleichstellung‹ sprechen, meinen sie damit im Prinzip zwei verschiedene Dinge: Der Jude meint eine Veränderung des jüdischen Charakters des Staates, und daher hat er Angst davor. Und der Araber meint Chancengleichheit hinsichtlich des Etats, der Sozialleistungen und so weiter. Volle Gleichstellung kann es erst zu einem späteren Zeitpunkt geben, erst wenn der Staat – im Verlauf des Friedens – beginnt, wieder an seine Orientierung zu denken und für sich zu definieren, was er will: ob er für immer und ewig mit seinem zionistischen Nationalismus weitermachen will oder ob eine neue Situation geschaffen wird, die einen neuen Vertrag ermöglicht, an dem alle Gruppen in der israelischen Gesellschaft beteiligt sind, einschließlich der Araber, als legitimes Element in der israelischen Gesellschaft. Dann, in einer solchen Situation, kann man von voller Gleichstellung in Rechten und Pflichten in jeder Bedeutung sprechen. Heute kann es so etwas nicht geben. Noch nicht.«

»Oh, sei nicht naiv«, beschwor mich Arnon Sofer, »das ist ihr Ziel. Sie werden dafür kämpfen. Ihr Ziel ist nicht die Gleichberechtigung. Hier sprechen wir schon von einem tiefgreifenden nationalen Problem! Ihr Kampf wird nicht beendet sein, wenn Majed vier Tonnen gefilte Fisch am Freitag erhält! Sie haben bereits das institutionelle Fundament für eine Autonomie aufgebaut. Aber schauen wir uns an, was hier weiter passieren wird: ein palästinensischer Staat wird errichtet – ich bin übrigens sehr dafür –, und die israelischen Araber, die Palästinenser, werden zu uns sagen, Freunde, Schluß mit den Ausreden! Jetzt gebt uns die volle Gleichberechtigung! Jetzt gebt uns die volle Mitarbeit in den Unternehmen, in der Industrie und den Militärlagern! Und das werden wir ihnen nicht geben. Aus objektiven jüdischen Gründen wird an den Sohn von Arnon Sofer immer vor den Kindern Majeds gedacht werden. Und an die Erziehung deiner Kinder und an den Neueinwanderer, der zu *dir* kommt, und nicht zu ihm.

Und dann fangen die eineinhalb Millionen, die bereits in großer Konzentration in der Gegend von Umm el Fahm und im zentralen Galil sein werden, wie in Kossovo zu sagen an, daß sie sich ihrem Staat anschließen wollen, dem Palästinenserstaat. Irridenta. Und ich frage meinen guten Freund Majed in dieser Angelegenheit, der mir die Antwort darauf schuldig bleibt: Warum solltet ihr anders als alle anderen Gruppen auf der Welt sein? Warum solltet ihr anders als die nationalen Gruppen in Berg-Karabach und in Armenien sein? Warum solltest du anders sein, zumal du eine historische Rechnung mit mir zu begleichen hast, und ganz besonders, weil wir hier nie einer nicht-jüdischen Herrschaft zustimmen werden?«

»Ich befürchte sehr«, erwiderte Majed Alhaj in seinem Haus in Schefar'am, »daß sich das ganze Gerede von Irridenta und den Bestrebungen der Araber nach Autonomie auf israelischem Gebiet in eine Prophezeiung verwandeln wird, die sich von selbst bewahrheitet. Und das hat seinen Grund darin, daß man den Häuptern der Politik die Legitimation erteilt hat, die bestehende Politik weiterzuverfolgen, sogar zu verschärfen, weil sie das in der Annahme stärkt, daß sich bei den Arabern nichts verändert hat. Aber es wird nichts helfen, die Bestrebungen der Araber werden sich schließlich gegen einen Staat und auf die Autonomie richten. Menschen wie Arnon Sofer vergessen irgendwie, daß es sehr viele Minderheiten auf der Welt gibt und nicht alle ihren eigenen Staat fordern.«

Arnon Sofer: »Und ich füge hinzu: Wenn dieser palästinensische Staat errichtet wird, den dieses arme Volk verdient hat, dann werden wir auch die Landkarte des alten Staates Israel neu zeichnen müssen. Denn ich würde zu mir sagen: Wir gemeinen Juden, wir wollen nicht in Umm el Fahm sein, und wir wollen auch das Wadi Ara nicht. Verzichten wir darauf! Komm, wir geben ihnen zum Beispiel dieses ganze

Gebiet hier, das südliche Meschulasch, mit den Zehntausenden, die dort sind, im Austausch für die Sicherheiten im Friedensplan des Ministers Alon mit Jordanien!«

Die Worte, die ich gerade geschrieben habe, lese ich mit Augen, die seit kurzem etwas bifokal geworden sind. Diese Zweifachsicht, diese jüdisch-arabische, ist sehr hilfreich für mich: Wie hätte ich ohne sie meinen Weg finden können, wenn ich auf den Tausenden von Kilometern, die ich in den letzten Monaten abfuhr, fast kein einziges wichtiges Hinweisschild auch auf arabisch geschrieben sah, obwohl es in Israel eine offizielle Sprache ist? Wie hätte ich im Lebensmittelgeschäft zwischen Spaghetti und Makkaroni, zwischen Dickmilch und Sahne unterscheiden können, wenn ich nicht auch Hebräisch hätte lesen können? Wie hätte ich mein Kind von Putzmitteln und giftigen Pflanzenschutzmitteln fernhalten können? Wie hätte ich zwischen den diversen Tabletten unterscheiden können, wenn ich nicht Hebräisch und Englisch gekonnt hätte? Wie hätte ich verstehen können, daß ein bestimmtes Schild vor Einsturzgefahr warnt? Und ein anderes: Achtung: Hochspannung! (Wenigstens blieben mir Aufschriften auf Traktoren und Lastwagen erspart, die besagten: ›Hebräische Arbeit!‹, oder Aufrufe der rechtsorthodoxen Kach-Bewegung wie: ›Wir sind für fünf Jahre Gefängnishaft . . . für jeden Nicht-Juden, der sexuelle Beziehungen mit einer Jüdin unterhält‹.)

Auch die Worte Arnon Sofers lese ich im Moment mit bifokalem Blick. Dazu nehme ich, zum Beispiel, den Blick Riad Kabhas aus Barta'a zu Hilfe, der in Givat Haviva, dem Seminar-Campus für Juden und Araber, für eine jüdisch-arabische Koexistenz und Verständigung arbeitet, oder die Augen Amal Yunes aus dem Dorf Ara, die sagten: »Ich fühle mich hier dazugehörig, hier ist mein Platz. Ich möchte mich so gerne eingliedern, in dieser Gesellschaft ›jemand‹ sein«; oder das Augenzwinkern Lutfi Masch'urs: »Ich will keine Autonomie hier! Das fehlt mir gerade noch, Autonomie, damit ich hier bei euch im Getto sitze? Vielleicht haben wir wirklich ein

Getto verdient, aber ich will gleichgestellt sein. Dazugehören!« Sicherlich wollen nicht alle Araber in Israel Teil der israelischen Existenz sein. Und wer das möchte – ist nicht aus lauter Liebe zu Israel dorthin gelangt, sondern aus sich pragmatisch arrangierender Überlegung, im zermürbenden Prozeß der Ausformung einer neuen Identität; sein Kampf gilt momentan dem Erhalt der bürgerlichen Gleichstellung. Und während ich diesen neuen Teilungsplan lese, den Arnon Sofer vorschlug, trübt sich meine arabische Augenhälfte: Unablässig bewertet mich meine Heimat durch die Brille des ›Numerus Clausus‹, zählt meine Säuglinge und meine Verstorbenen, schiebt mich hier im Nichts herum, von Schicksal zu Schicksal, und bei jeder Regelung, die getroffen wird, fragt mich kein Mensch nach meiner Meinung.

(Vielleicht würde es sich lohnen, bei diesem Thema die Juden, die aus Rußland eingewandert sind, zu fragen, was sie bei dem Erleichterungsseufzer so vieler Russen empfanden, als sich die Tür ihrer Heimat hinter ihrem Rücken geschlossen hatte.)

»Ihre Loyalität dem Staat gegenüber hängt direkt von der Entfernung des syrischen Panzers von der Grenze ab«, sagte Professor Sofer, und für den Moment akzeptierte ich seine Worte so, wie sie waren, weil diese Phrase meinen Befürchtungen sehr entgegenkam, aber als ich danach seine Feststellung bei Licht besah, zögerte ich bereits: Nein, ich glaube nicht, daß die israelischen Palästinenser Schulter an Schulter mit den israelischen Streitkräften gegen die Syrer kämpfen würden, ich bin jedoch genausowenig davon überzeugt, daß viele von ihnen bereit wären, etwas dafür zu tun, daß Israels Herrschaft durch eine syrische oder irakische oder sogar durch die PLO ersetzt würde. Ich habe heute keinerlei Zweifel, daß viele von ihnen das, was Israel ihnen bieten kann, zu schätzen wissen. Auch für sie würde seine Vernichtung das Ende eines Traums darstellen, der noch nicht verwirklicht ist, für den es sich jedoch zu kämpfen lohnt.

Arnon Sofer: »Du gehst also her und sagst – sehr schön.

Das Problem des Meschulasch hast du gelöst. Aber was ist mit dem Galil? Und ich sage: Wenn, w-e-n-n es im Land einen Ort für einen Transfer gibt, dann betrifft das nicht die Bewohner von Gaza oder Judäa und Samaria (historische Bezeichnung für die Westbank). Das ist der untere Galil. Wenn! Und jetzt wirst du sicher fragen, wie der liberale, fortschrittliche Arnon Sofer so etwas sagen kann? Zunächst einmal, der Ma'arach, die parlamentarische Vereinigung der Arbeiterparteien in Israel, hat mich gelehrt, daß man das bereits zweimal gemacht hat. Der klassische Fall sind die Golanhöhen. Dort haben wir 70000 Syrer innerhalb von zwei Tagen vertrieben, und dann geht man im Golan spazieren, alles ist ganz reizend und man ist ein guter Zionist und kann seinen Kindern erklären, wie schön es dort ist. Oder im unteren Stadtteil Haifas. Oder in Jaffa, da hast du 60000 Jaffaner transferiert! Das kannst du nicht unter den Tisch kehren! Also weißt du was? Zehn schwere Minuten, aber vielleicht ist das die gerechte Lösung?«

»Zehn schwere Minuten«, erinnerte ich mich an das, was nur allzu bekannt ist, »und danach kommen vierzig noch schwerere Jahre.«

Arnon Sofer: »Keine Sorge: Ich würde das nicht tun. Siehst du? Hier bricht mein ganzes Modell zusammen, denn ich bin nicht in der Lage, konsequent zu sein bis zum Ende... Ich werde meine guten arabischen Freunde nicht vertreiben. Was denn, ich soll dazu imstande sein, Menschen, die ich schon seit Jahren kenne, mit denen ich zusammenarbeite, zu sagen: Verlaßt euer Haus! Zu einem solchen Freund habe ich gesagt: Wenn etwas passiert, als allererstes ruf mich an, und ich bin da!

In der Theorie mag dieser Transfer also vielleicht die richtige Lösung sein. Auch was die Beduinen im Negev angeht, die die entscheidende Majorität in dem Gebiet dort haben. In der Theorie. In der Praxis – sieht das schon anders aus. Denn moralisch bin ich zu einem solchen Akt nicht fähig. Sogar wenn mein Leben in Gefahr ist. Ich kann nicht. Auch wenn es mich das Leben kosten sollte. (Er lachte.) Was soll ich machen? Ich bin in großen moralischen Nöten. Ich habe keine Antwort. Wir sind in einem furchtbaren und schrecklichen Teufelskreis. Und ich komme nach Hause, mit solchen und anderen Daten, und kann in der Nacht nicht schlafen. Ich habe keine Antworten. Und die ganzen Spielchen, die wir machen, sind nur dazu da, alles um eine Woche oder ein Jahr aufzuschieben. Die Araber wollen uns nicht, das ist das Schreckliche!

Was also kann man trotzdem tun? Nicht viel, aber etwas. Zunächst einmal – raus aus den besetzten Gebieten. Das ist die einzig logische Antwort auf das demographische Problem. Rückzug aus den besetzten Gebieten – und du hast eine schlagende jüdische Mehrheit im Staat Israel geschaffen. Die Araber werden ein Fünftel der Bevölkerung im Staat darstellen, und das ist bereits kein bi-nationaler Staat mehr. Das ist ein normales Verhältnis zwischen einer Mehrheit und einer Minderheit, wie in den meisten Ländern auf der Welt. Und auch wenn einen Moment nach unserem Rückzug von dort aus ein Blutbad seinen Anfang nimmt – zurückziehen!

Und danach die Methode ›Teile und herrsche‹. Ja, genau diese grobe und billige Taktik: die Beduinen hätscheln. Die Drusen pflegen. Die Christen. Geben. Jedem, der gut zu uns ist. Denn wenn es ihm gutgeht, wird er nicht gegen uns rebellieren wollen.«

»Eines der Dinge, die mich wirklich wahnsinnig machen«, sagte Lutfi Masch'ur, der israelisch-palästinensisch-christliche Araber und Herausgeber einer Zeitung, »ist, wie die klugen Juden in die gleichen Irrtümer verfallen, in die die anderen schon vorher verfallen sind. Wie die Engländer, die mit der Methode ›Teile und herrsche‹ zu Fall gekommen sind, so auch die Juden: Auch ihr teilt jedes Mal wieder die Araber in Christen, Muslime und Beduinen ein und erklärt uns, daß wir, die Christen, generell ein Teil des Westens sind, den es nur zufällig hierher verschlagen hat, und daß wir überhaupt keine Araber sind. Und dann habt ihr gesagt, die Drusen wären auch keine Araber, und jetzt habt ihr damit angefangen, daß die Beduinen keine sind! Bei uns nennt man einen Beduinen aber ›Arab‹, was heißt: sie sind die ursprünglichen Araber, nicht wir! Dann habt ihr eine neue Einteilung gemacht und gesagt, daß die Christen untereinander geteilt sind in Maroniten, die, wie du weißt, totale Zionisten sind, in die ganz Strenggläubigen und in die Katholiken, die sozusagen noch auf Bewährung bei euch sind; dann die Protestanten, die bei euch einmal als die Zionisten schlechthin galten und heute völlig pro-PLO sind, und auf diese Art spielt ihr wunderbar mit eurem Spielzeug und versteht überhaupt nichts.«

»Und was bist du?« fragte ich Masch'ur.

»Ich?« Masch'ur, ein Mann des schnellen Denkens, listig und ironisch, grinste: »Wenn man mich als Katholik verflucht – bin ich Katholik. Wenn sie über mich als Muslim herfallen – bin ich sofort ein Muslim. Du wirst fragen: Und was ist mit einem Juden? Nun gut, in der ursprünglichen Bedeutung, so wie ich das Judentum begreife, bin ich bereits mehr Jude als die Juden hier, denn was ist in deinem Israel von den jüdischen Werten übriggeblieben?«

». . . Und den Geheimdienst verstärken«, schlug Arnon Sofer weiter zu, »und die Polizei und die Grenzwache. Ein Polizei- und Geheimdienststaat, jawohl! Ohne jede Schöngeisterei! Es gibt keine Alternative. Wir sind wirklich dazu verurteilt, hier ein Sparta zu schaffen. Eine Militärlandschaft als Staat!

Und Keile zwischen sie treiben! Ihnen die Wachtürme überall hinstellen, wo es nur möglich ist. Und hier und da und dort hineinstoßen. Darauf bin ich stolz, denn ich bin einer der Verantwortlichen für diese Idee von Gusch Segev (anti-arabische Gruppe von jüdischen Siedlern und Siedlungen): wir haben hier und dort Pflöcke eingeschlagen, so daß sie fast nirgends einen territorialen Zusammenhang haben. Aber auf alle Fälle sind das alles nur Verzögerungsaktionen.« Langsam sammelte er die Papiere, Dokumente und Karten ein: »Nur ein Aufschub für ein paar Jahre. Wenn du mit offenen Augen in die Zukunft schaust – die demographische Bilanz, die Jugend, die das Land verläßt, der Niedergang in der Gesellschaft, die sicherheitspolitische Anstrengung, die uns in Wirtschaftskatastrophen stößt, und die demokratischen Kräfte, die von hier verschwinden... Wir leben nicht auf einer einsamen Insel, und eines Tages, wenn wir schwach werden, wird der Schlag fallen. Der Staat Israel, befürchte ich sehr, wird vom Erdball vertilgt werden.«

»Weshalb bleibst du dann hier?« fragte ich.

»Eine herrliche Frage. Weshalb ich hier bleibe? Weil ich hier geboren bin. Weil meine Eltern Zionisten waren. Weil ich hier eine Menge begraben habe. Zweihundert Menschen habe ich hier begraben. Freunde, Verwandte, Schüler. Mein Bruder fiel hier im Befreiungskrieg. Und die Hauptsache – ich will nicht im Exil leben. Ich kann nicht. Zu meinen Kindern habe ich gesagt: so ist die Lage. Das ist meine Vorhersage. Ihr könnt euch frei entscheiden. Ich werde hier bleiben, um die Stellung zu halten.«

Arnon Sofer läßt diese Worte bereits seit über zwei Jahrzehnten vernehmen. Die Linke in Israel beschuldigte ihn des Rassismus und die Rechte – des Defätismus. Die Araber regen sich darüber auf, daß er sie verdächtigt, die Autonomie anzustreben, eine Bestrebung, die die meisten nachdrücklich leugnen.

Ich für mich dachte – hinter dem Hagel von Daten, Fakten und Zahlen, der mit energischer Liebenswürdigkeit auf mich herunterprasselte – darüber nach, wie sehr die demographische Frage in den letzten Jahren zu einem zentralen Argument in der gegenwärtigen politischen Diskussion geworden war: Jede Seite brachte ihre eigenen Daten, und auch die von allen anerkannten Fakten interpretierte jede Seite nach ihren Bedürfnissen. Diverse Jahreszahlen wurden in den Raum geworfen, an denen die Gleichberechtigung ›geschaffen‹ werden sollte: 2015, 2030, 2045... (Die Rede ist von einer Gleichberechtigung auf dem *ganzen* Gebiet zwischen Jordanien und dem Meer, einschließlich der besetzten Gebiete). Alles bezieht sich auf Zahlen und Prozente, die einer Simplifizierung unterworfen werden, als ob genau in dem Moment, in dem das demographische Patt erreicht ist – und erst in diesem Moment –, irgendein vollkommen magischer Prozeß in Gang käme; als ob eine besonders harte oder eine besonders orthodoxe oder eine mit Größenwahn geschlagene Minderheit nicht dazu in der Lage wäre, über längere Zeit – mit Waffengewalt und ihrem Vorsprung – über eine mächtigere Mehrheit zu herrschen; ebensowenig befinden wir uns momentan schon im magnetischen Bereich des Patts, das uns tatsächlich zu einem binationalen Staat macht. Die einzig wichtige Sache scheint dabei zu sein, *wie viele* Juden gegenüber Arabern es hier geben wird, und nicht, *was für ein* Leben wir hier haben werden.

Said Zaidani ist bisher der einzige, der den Gedanken einer Autonomie für die israelischen Palästinenser so offen und deutlich formuliert hat. Der Gedanke fand '89 Resonanz, nachdem Arafat in Algier die Errichtung des Palästinenserstaates angekündigt hatte. In diesem Augenblick wurde den Palästinensern in Israel klar, daß sie keinesfalls Bestandteil jeder zukünftigen Vereinbarung sein würden und sich ihre Sache überhaupt nicht auf der palästinensischen Tagesordnung befand. »Wir bleiben im Regal übrig«, sagte ein israelisch-palästinensischer Intellektueller zu mir. Diese Einsicht, zusammen mit dem Gefühl der Benachteiligung in Israel, der Furcht vor Einwanderungswellen aus Rußland und vielleicht – aber das ist nur eine Vermutung – mit der schallenden Ohrfeige der PLO, die sich in ihren Deklarationen nicht auf die Araber in Israel bezog, trieb Zaidani anscheinend dazu, seinen Plan Ende '89 zu veröffentlichen. Man darf auch annehmen, daß jetzt, mit dem Zusammenbruch der Sowjetunion und dem Schlag, den die kommunistische Partei – die jahrelang den Kampf um die Gleichberechtigung der Araber geführt hat – in Israel erhalten hat, ein Teil ihrer Anhänger sich radikaleren und separatistischen Überlegungen zuwenden wird.

Die massivste Opposition gegen den Plan Dr. Zaidanis kam ausgerechnet von seiten der Oberhäupter der arabischen Öffentlichkeit im Lande. Die Gründe, die sie dagegen vorbrachten, bezogen sich auf die Impraktikabilität unter dem geographischen Aspekt, auf die Aussichtslosigkeit einer Zustimmung der jüdischen Mehrheit und auch darauf, daß bereits das Auftauchen der Möglichkeit einer Forderung nach Autonomie das Verhalten des Staates zu seinen arabischen Bürgern verschärfen würde.

»... Eines der zentralen Argumente der extremen Rechten war die ganze Zeit, daß die Palästinenser nicht alle ihre Karten auf den Tisch legen ... Und plötzlich erhalten sie ›ein Präsent‹ ausgerechnet aus arabischen Kreisen, nicht in ausländischer Währung, sondern in Gold – Autonomie!« wütete Salem Jubran, Redakteur der Zeitung ›Alittihad‹, in einem Interview für eine Haifaer Zeitung. Das Knessetmitglied Nawaf Massalha (Arbeiterpartei) sagte: »Die Forderung nach Autonomie entzieht uns den Boden der moralischen und legitimen Berechtigung der Forderung nach palästinensischer Unabhängigkeit in den besetzten Gebieten, zuallererst gegenüber der Linken Israels, die unser Partner in diesem Kampf ist. Wer Autonomie fordert, unterminiert die Beziehungen zwischen Juden und Arabern in Israel.«

»Sicher haben sie mich angegriffen«, sagte Zaidani gelassen, als ob ihn die Dinge nicht berührten, »ich habe schließlich auch harte Worte gesprochen. Aber vielleicht darfst du, wenn du die gesamte Öffentlichkeit vierzig Jahre lang in einer bestimmten politischen Richtung erziehst, nicht erwarten, daß Ideen dieser Art die ideologischen und pragmatischen Schranken durchbrechen. Ihre Verwirklichung verlangt etwas, das hart und schwierig ist, und die politische Führung versucht, zum Leichteren hin auszuweichen. Aber ich würde gerne deine Meinung als Israeli zu dem hören, was ich gesagt habe.«

Ich erwiderte, daß ich seinen Mut sehr schätzte. Daß ich, während er sprach, daran dachte, wie schade es doch sei, daß

Israel nicht die Einsicht besitze, es einem Menschen wie ihm zu ermöglichen, sich zu äußern und in jeder Hinsicht als Israeli zu verwirklichen. Was seine Ansichten betreffe, sagte ich, stimmte ich ihm nur zum Teil zu.

Das Wort ›Autonomie‹ klang in meinen Ohren nicht so beängstigend: ich würde mir wünschen, daß die arabischen Bürger in Israel die größtmögliche Freiheit genössen als Minderheit, die ein eigenständiges Erziehungssystem unterhalten kann, arabische Universitäten einrichtet und ihre religiösen Einrichtungen unterhält, und nicht, daß ein jüdischer Beamter den Kadi und den Imam ernennt; ich würde mir wünschen, daß die jungen Leute den nationalen Dienst innerhalb ihrer Gemeinde und zu ihren Gunsten leisteten und die israelische Regierung endlich die Körperschaften anerkannte, die sie verträten. Aber all dies müßte, meiner Meinung nach, im Rahmen des Staates Israel, im Staat der jüdischen Nation geschehen, der neben einem Staat der palästinensischen Nation bestehen würde. »Ich weiß, daß du mir nicht zustimmst und daß deiner Meinung nach keinerlei Chance für eine solche Eingliederung besteht, aber meiner Meinung nach haben wir auch nach dreiundvierzig Jahren noch nicht aufrichtig und mit gezielten Mitteln eine Eingliederung in den Staat Israel wirklich versucht; wir, Araber wie Juden, haben für uns die Bedeutung und die Erfordernisse von Begriffen wie ›Gleichstellung‹, ›Koexistenz‹ und ›Staatsbürgerschaft‹ noch nicht geklärt, und der Prozeß, der bis jetzt zwischen uns abgelaufen ist, bestand in der Hauptsache aus gegenseitigem Ausweichen und Zurückhalten. Ich habe viel geredet, und ich möchte zum Schluß fragen, ob du vorhast, praktische Schritte zu machen, um deine Ideen zu verwirklichen?«

»Ich bin keine politische Persönlichkeit«, sagte er, »und ich habe auch keinen Ehrgeiz in dieser Richtung. Ich versuche, zum Selbstverständnis beizutragen. Das ist ein langer Prozeß, aber es gibt bereits weitgehende Veränderungen auch in der bestehenden Führung. Es gibt Echos auf diese Gedanken.

Die ›fortschrittliche Liste‹ spricht von ›Selbstverwaltung‹; die ›Islamische Bewegung‹ agiert in der Erziehung im Grunde in Richtung Autonomie; mit Darausche hat sich eine rein arabische Partei etabliert, es gibt schon Vorboten. Es ist richtig, daß der Autonomiegedanke heutzutage eine theoretische Idee ist. Aber ich sage dir, daß sich hier innerhalb von zehn Jahren ein Komplex von Problemen entwickeln wird, für den es keine andere Lösung als in dieser Richtung geben wird. Probleme mit der Beschäftigung. Wirtschaftliche und gesellschaftliche Probleme.

Ich glaube also, daß ich dir eine große Herausforderung vorgesetzt habe. Ich stelle die jüdische Demokratie, die jüdischen Werte und deine ganze Tradition vor eine große Herausforderung. Ich stelle hier eine moralische Forderung im Namen eines kategorischen Rechts auf, das jenseits der Fragen nach Nation oder Religion steht. Das ist eine Sache der Menschlichkeit!« Zum ersten Mal seit Beginn des Gespräches erhob Zaidani seine Stimme, und sein Gesicht wurde ein wenig blaß: »Durch deine Diskriminierung mir gegenüber sagst du mir quasi, daß ich als Mensch weniger wert bin als du. Daß ich weniger Mensch bin. Wenn du das sagst – und das geht aus dem ganzen Verhalten der Mehrheit in Israel mir gegenüber hervor, und man kann das als logische deduktive Beweisführung überprüfen –, dann ist meine praktische Schlußfolgerung daraus, in aristotelischem Sinne, dir eine Ohrfeige zu verpassen.«

12. Kapitel

Frühe Morgenstunde in Pardes, einem Dorf an der alten Straße von Hadera nach Haifa. Das Café liegt direkt an der Straße. Als ich mich dort hinsetze, erstirbt die Unterhaltung der Männer. Sie mustern mich eingehend. Dann ignorieren sie mich. Um den Platz herum werden gähnend die Läden geöffnet. Das große Dorf erwacht langsam. Es lebt mit der Straße, wie ein anderes Dorf mit einem Fluß lebt: kleine Kinder sitzen an seinem Ufer und schauen sehnsüchtig auf die andere Seite hinüber; Jungen mit kurventüchtigen Fahrrädern zerteilen mutig die Verkehrsfluten; ein Hirte befördert drei Ziegen und zwei Kohlköpfe hinüber ...

Dann passiert eine alte gebeugte Frau den rauschenden Strom, sie balanciert einen hohen Eimer auf dem Kopf. Ein Wunder an Konzentration und Zielstrebigkeit, die hohe Kunst des Eimertragens: ihre Arme liegen seitlich am Körper an, sie schiebt ihr Kleid über die Knie, der Eimer rührt sich nicht. Sie schaut nach rechts, sie schaut nach links, macht schnelle Schritte, der Eimer rührt sich nicht. Hunderte Generationen unterdrückter Frauen haben diese Alte und ihre Last sozusagen in eine gemeinsame Form gegossen. Ich trinke einen ersten Kaffee, der immer süßer schmeckt als alle folgenden, und lausche nebenbei der Unterhaltung der Männer hinter meinem Rücken.

Es gab einmal zwei Tanaiten (Lehrer der mündlichen Lehre zur Zeit des Zweiten Tempels), den große Rabbi Hiya und Rabbi Simon Ben Halafta, die ›die Worte der Übersetzung vergaßen‹, die Übersetzung von Wörtern aus den Propheten und den fünf Büchern Mose, und ›sie kamen zum Markt der

Araber, um von dort zu lernen‹, und sie hörten den Leuten zu, bis ihnen die Übersetzung der vergessenen Worte wieder einfiel; ebenso konnte auch hier, in Pardes, jemand, der kein Arabisch konnte, die Unterhaltung verstehen: der gemeinsame Ursprung der beiden Sprachen, die Verwandtschaft der Wörter, durchsetzt mit hebräischen Ausdrücken und Fremdwörtern, obwohl sie unter sich waren.

Ich lauschte. Ich registrierte in meinem Gedächtnis die hebräischen Wörter: Mehrwertsteuer, Einkommensteuer, Anzahlung, Bankbürgschaft, Sozialversicherung, Genehmigungen, Geldstrafen... Ein instrumentalisiertes Hebräisch, ins Arabische eingeschraubt wie Metallgelenke, und zumeist – fest wie ein Schraubstock.

Ich dachte an das reiche, gefühlvolle Hebräisch, das ich von den Leuten zu hören bekam, wenn sie mit mir sprachen. Ganz von selbst stiegen in mir die Worte auf, die Zuheir Yehia aus Kfar Kara zu mir sagte: »Unsere Seele ist nicht hier. Vielleicht ist unsere Seele überhaupt hier bei euch eingeschlummert. Unsere Seele ist dort, bei den Palästinensern in den besetzten Gebieten. Dort ist die ganze Seele, und hier ist der Körper. Ich versuche die Seele abzutöten, um den Körper zu erhalten. Oder sie beiseite zu drängen. Und ich weiß nicht, wann sie erwachen wird. Ich will meinen Körper nicht in Gefahr bringen. Vielleicht wird sie eines Tages erwachen.«

Ich fragte, wann.

»Hör zu: Heute habe ich mich schon mit der Tatsache abgefunden, daß Kfar Kara nicht im Palästinenserstaat sein wird. Aber auch wenn ich nicht dort sein werde, ist das in Ordnung. Es wird vieles leichter für mich, wenn es einen solchen Staat gibt. Die Seele wird wiederauferstehen, wenn es einen Palästinenserstaat gibt.«

»Und inzwischen?«

»Der Legende nach wiegt die Seele auf der Waage schwerer als der Körper. Bei uns – da ist der Körper schwerer. Es gibt eine Seele, aber inzwischen wartet sie. Das ist so ähnlich, wie wenn du dich in eine Frau verliebt hast – vielleicht ist das kein modernes Beispiel, aber bei uns kann das vorkommen –, und plötzlich trifft die Familie die Entscheidung, daß du eine andere nehmen mußt. Und auch wenn das brutal ist, du wirst davon kosten und sagen: es ist ein bißchen schmackhaft. Du kannst nicht die ganze Zeit sagen, daß es nicht schmackhaft ist.«

Einige Wochen danach las ich einen Artikel von Imanuel Kupilevitzca, ehemals Beauftragter für arabisches Erziehungswesen, der sich mit der Verwendung hebräischer Wörter in der arabischen Umgangssprache in Israel beschäftigte, dem Artikel zufolge sind etwa dreitausend verschiedene hebräische Wendungen in der arabischen Umgangssprache geläufig.

Der Artikel enthielt eine Liste der ›62 häufigsten hebräischen Wörter im Arabischen in Israel‹. Darunter waren zum Beispiel: Krankenkasse, Taxi, Ampel, Computer, Gerät, Bestätigung, Post, Wurst, Urlaub, Haltestelle, Formular, Büro, Mitgliedsausweis, Direktor, Theorie (bei der Führerscheinprüfung), Führerscheinprüfung...

Und die Liste war lang: Arbeitsgerät. Autowerkzeug. Speisen. Steuern. Formulare. Elektrogeräte. Sachen. Strafen. Behörden. Verwaltungsinstitutionen und ähnliches mehr. Die Versatzstücke, die sich in der Sprache dieses sozialen Gefüges niederschlagen, betreffen, immer noch, erst den Körper. Nur die Materie.

Ich war der einzige Jude in dem kleinen Café. Ich befand mich in der Minderheit. Jeder von uns ist mindestens einmal in einem Kontext seines Lebens eine Minderheit, jeder von uns hat in einer bestimmten Situation die Erfahrung von Anomalie gemacht, und es ist nicht nötig, das weiter auszuführen. Aber es gab einen Augenblick, in dem der Lärmpegel der Unterhaltung um mich herum plötzlich anschwoll, jemand zufällig an meinen Stuhl stieß, ein vorbeifahrender Motorradfahrer zu sehr in meiner Nähe Gas gab und ein ersticktes Lachen hinter mir zu hören war, und obwohl dem Anschein nach nichts von all dem gegen mich gerichtet war, stieg in mir irgendeine Art Pegel an, und in meiner Not bückte ich mich nach meiner Tasche, um das Notizbuch herauszuholen (vielleicht wollte ich einfach den Stift in der Hand halten, um Sicherheit daraus zu beziehen) – und begriff auf einmal, wie ich dort wirken mußte: da sitzt einer in einem arabischen Café, hat die Augen hinter einer Sonnenbrille versteckt und notiert sich die Gespräche. Und ich wußte: wenn ich den Stift herausziehen würde, würde ich ihnen *angst machen*, das heißt, sie bekämen Angst, würden verstummen, einige Herzen würden sich für einen Moment zusammenziehen, und die Leute würden entsetzt in ihren Köpfen noch einmal durchgehen, was sie gesagt hatten, ob ihnen nicht etwas entschlüpft war, das falsch ausgelegt werden könnte... Einen langen Augenblick verharrte dieser sardonische Kitzel in mir, ihnen das leichte Unbehagen von vorhin zu vergelten. Die Versuchung war sehr stark, und daher wußte ich auch mit Bestimmtheit, was bei den vielen Gelegenheiten, bei denen jeder einzelne der Umsitzenden simpler, billiger Böswilligkeit ausgesetzt war, vor sich ging, wenn in einem der ›Unseren‹ – wie in mir in jenem Augenblick – die Gehirnanhangdrüse einen Tropfen überschüssigen Machtwillen absonderte.

13. Kapitel

»Am 31. Oktober 1948, ich war damals zwanzig, erreichte die israelische Armee mein Dorf, Ikrut. Wir empfingen die Soldaten wie Gäste. Mit Essen, mit Getränken und Liedern.«

»Lieder? Worüber habt ihr euch denn so gefreut?«

»Wir waren glücklich, daß unsere Leute bei den Kämpfen nicht verwundet worden waren. Daß der Krieg unser Dorf verschont hatte. Bis dahin hatten wir sehr gute Beziehungen mit den Gruppen, die in der Gegend waren. Wir waren weder für Kaukji (syrischer Offizier, der arabische Truppen organisierte und anführte) noch für die Israelis. Wir waren ein christliches Dorf und wußten, daß sich keine der beiden Seiten etwas aus uns machte, und wir wollten leben. Die ganze Woche nach Ankunft der israelischen Soldaten fütterten und bewirteten wir sie. Unsere Mütter und Frauen schöpften Wasser aus der Quelle, die zwei Kilometer vom Dorf entfernt war, und brachten es den Soldaten zum Trinken. Als die Soldaten zur Quelle gehen wollten, zeigten sie ihnen ganz genau den besten Weg, damit sie nicht auf die Minen traten, die die Befreiungsarmee Kaukjis dort ausgelegt hatte, und es wurde wirklich niemand von den Soldaten verletzt.«

Auni S'beit traf ich in seinem Haus im Dorf Rama. Rama ist ein gemischtes Dorf, in dem Muslime, Drusen und maronitische Christen leben. Auni war etwa dreiundsechzig, Vater von acht Kindern, Großvater von neunzehn. Ein Volksdichter, der sich davon ernährte, Lieder für Hochzeiten und freudige Ereignisse zu verfassen; ein Mann mit heiterem Gesicht, korpulent und herzlich, wegen der Hitze in eine weiße Kafiya eingehüllt, auf einen Stock gestützt: ein Traktor hatte sein Bein überfahren, und zur Zeit unterzog sich Auni S'beit einer Nachbehandlung im Krankenhaus in Akko. Ob er nicht zu müde sei, um nach Ikrut zu fahren?

»Zu müde? Für Ikrut?« lachte er mit allen seinen weißen Zähnen.

Der Wagen tat sich schwer mit den Windungen der zerfransten Straße. Eichen und Johannisbrotbäume zu beiden Seiten. In den kleinen Dörfern lagen rote Pfefferschoten auf den Dächern. Auni S'beit (er sprach nur Arabisch) konnte es nicht erwarten, bis wir das Dorf erreicht hatten, und begann schon unterwegs seine Geschichte zu erzählen, erinnerte sich auswendig an jedes Datum und an jeden Namen, der mit seinem Unglück verbunden war:

»Und da kam am 5. November 1948 der Kommandant der Armee, sein Name war Ya'akov Kara, und sagte, daß Befehle eingetroffen seien. Von wem, wußte man nicht. Wir haben das Blatt Papier nicht gesehen. Befehle. Daß die Kinder, Frauen und Alten aus dem Dorf evakuiert werden sollten, denn man wolle mit Kaukjis Armee kämpfen, die sich noch in der Gegend befände, und wollte keine Zivilisten verletzen. Der Kommandant Ya'akov Kara gab sein militärisches Ehrenwort, das immer die Wahrheit ist, und versprach, daß wir das Dorf nur für fünfzehn Tage verlassen brauchten und danach nach Hause zurückkehren könnten. Für jede Familie dürfe einer zurückbleiben, der auf das Haus aufpasse. Auch dem Priester erlaubte man, zu bleiben und die Kirche zu bewachen.

Die Soldaten evakuierten uns und brachten uns mit ihren Fahrzeugen nach Rama. Hast du gehört? Wir sind nicht geflohen. Die *Armee hat uns evakuiert*, und wir hatten ein Abkommen mit der Armee, daß sie uns zurückbringen würden, wenn sie mit Kaukji fertig wären.

Nach fünfzehn Tagen gingen wir zu den Verantwortlichen und sie sagten – noch mal fünfzehn Tage. Wir kehrten nach Rama zurück und warteten. Und nach fünfzehn Tagen gingen wir wieder zu den Verantwortlichen und man sagte uns, kommt in noch mal fünfzehn Tagen wieder. Und so weiter.

Sechs Monate waren wir in Rama. Alle Leute aus Ikrut. Sie gaben uns die Schlüssel der Häuser von den Dorfbewohnern Ramas, die geflohen waren.«

»Das heißt: Ihr habt in Häusern von Leuten gewohnt, die auch ihre Häuser verlassen haben?«

»Genau. Das ist etwas, was den Menschen am empfindlichsten Punkt trifft. Denn was rechtfertigt, daß ich mein Haus verlasse und im Haus eines anderen Menschen wohne? Wir kannten die Bewohner von Rama überhaupt nicht. Damals war das nicht wie heute, wo es ein Auto gibt und man hinfährt. Wir wußten auch nicht, wohin sie verschwunden waren. Man zeigte uns Häuser und sagte, geht rein. Und wir traten ein. Wir sahen, daß die Häuser schon leer waren. Diebe waren eingedrungen und hatten alles mitgenommen.«

Die Bewohner von Ikrut hatten noch Glück. Sie hatten ein Dach über dem Kopf. Auch die Einwohner von Bar'am, dem maronitischen Christendorf, das ebenfalls an der libanesischen Grenze liegt, wurden von der Armee aufgefordert, sich für einige Tage aus dem Dorf zu entfernen; ›bis das Gebiet von feindlichen Elementen gesäubert ist‹, wie man ihnen erklärte, und sie gehorchten. Auch sie kannten die Soldaten, die sie evakuierten: in den Wochen, die der Aufforderung zur ›Entfernung‹ vorausgingen, hatten die Soldaten bei den Leuten gewohnt. In jedem Haus im Dorf war ihnen ein Raum zugeteilt worden. Gemeinsam schliefen sie, aßen sie, und die Kinder von Bar'am, die mittlerweile alt geworden sind, erinnern sich noch an die Mahlzeiten mit den an die Wand gelehnten Gewehren. Kurz vor der Evakuierung machten die Dorfbewohner ihre Häuser sauber und räumten auf. Dann übergaben sie einer nach dem anderen ihre Schlüssel dem Kommandanten.

In einer langen Marschkarawane zogen sie zu ihren alten Olivenhainen in den nahen Bergen. Dort hausten sie etwa zwei Wochen. Es war November und es regnete heftig. Die Familien schliefen auf der Erde. Die Glücklichen (oder vielleicht auch: die Starken) fanden Höhlen und übernachteten dort. Am Tag versammelten sich alle unter den Olivenbäumen und blickten besorgt und verständnislos zu ihrem Dorf hinüber, in dem Militärlaster ein- und ausfuhren. Nach zwei Wochen war der Leidenswille der Dorfbewohner erschöpft; eine Delegation alter Männer ging zum Dorf, um die Armee um die versprochene Rückkehr in ihre Häuser zu bitten. Als sie das Dorf betraten, verfinsterten sich ihre Blicke: Die Haustüren waren aufgebrochen. Die Häuser waren leer. Zertrümmerte Möbel, auf die Straße geworfen. Die Soldaten, denen sie begegneten, jagten sie drohend mit dem Gewehr davon: ›Das Land gehört jetzt uns‹, sagten sie.

»Der Verrat traf uns wie ein Messer«, schrieb Elias Schakur, ein ehemaliger Bewohner von Bar'am, in seinem Buch ›Blutsbrüder‹. Schakur war damals ein Junge: ›Vater und Mutter wirkten angesichts dieses erbarmungslosen Verrats wie niedergeschlagene Kinder. Ich glaube, daß die Sache einfach über ihr Verständnis ging.‹

Wir fuhren über den Moschav Elkosch, das frühere Dorf Deir al Kasi, dann am Moschav Even Menahem vorbei, ehemals Kal'a al Rahib (›Mönchsburg‹). Auni S'beit deutete mit einer ausholenden Geste umher. »Alles, was du ringsherum siehst, gehörte uns. Das ganze Land von Ikrut.« Sechzehntausend Dunam Land hatten sie, das meiste felsiger Boden. Von ferne tauchte bereits der Kirchturm von Ikrut auf: eine weiße Kuppel, die auf der Spitze des Berges emporragte.

»Wir sahen, daß sie uns nicht zurückbringen würden«, fuhr er fort, »und wir beschlossen, uns an das Gesetz um Hilfe zu wenden. Wir gingen zu einem Rechtsanwalt in Nazareth und brachten ihm unsere Besitzurkunden. Im Mai 1951 wandte er sich an den Obersten Gerichtshof, und im Juli begann der Prozeß.

Im Juli fuhren wir nach Jerusalem. Wir waren vielleicht zweihundert Leute aus Ikrut. Der Prozeß wurde zwischen uns und dem Staat geführt, Gegenstand war die Frage, ob wir in Ikrut unseren festen Wohnsitz hatten. Das Gericht legte fest, daß man uns sofort nach Ikrut zurückzubringen hatte.«

Tatsächlich – das Oberste Gericht hatte den Staat abgewiesen und zugunsten der Kläger entschieden: ›Wir sind der Ansicht, daß die Beklagten (der Staat – D. G.) nicht imstande sind zu leugnen, daß die Kläger ständige Einwohner sind.‹ Die Urteilsverkündung jedoch wurde auf einen späteren Zeitpunkt verschoben. Es schien, als sei das Hindernis beseitigt und die Rückkehr der Bewohner in ihr Dorf stehe unmittelbar bevor.

»Den ganzen Tag, damals, tanzten wir vor Freude. In Jerusalem und in den Autobussen auf der Heimfahrt. Wir kehrten nach Rama zurück. Wir begannen zu packen. Das Gericht hatte gesagt, daß wir die Bewohner von Ikrut waren! Das Militär kam und verteilte Schlüssel und Schlösser an uns, um die Häuser abzusperren, in denen wir in Rama gewohnt hatten, und wir waren schon fertig zum Aufbruch nach Ikrut. In Rama gab es nur zwei Autos, aber wir waren bereit, zu Fuß zu gehen. Und da kam plötzlich ein Feldwebel und teilte uns mit, daß gerade eben ein Brief von der Armee an den Muchtar von Ikrut eingetroffen sei, und in dem Brief teilte die Armee dem Muchtar mit, daß das Dorf Ikrut im Moment als militärisches Sperrgebiet betrachtet würde und bis zu einer erneuten Weisung nicht betreten werden könnte.«

Diesen Trick, den die israelische Verteidigungsarmee da anwandte, wird man auf keiner Militärakademie lernen. Die Sache funktionierte so: Vor Gericht argumentierte die Armee, daß die Dorfleute keine ständigen Bewohner von Ikrut seien, weil sie sich zu dem Zeitpunkt, als das Gebiet zur Sicherheitszone erklärt worden sei, nicht in ihrem Dorf befunden hätten. Der Oberste Gerichtshof stellte fest, daß die Verhinderung der Rückkehr ungesetzlich war, weil die Dorfbewohner von der Armee aufgefordert worden waren, das Dorf zu verlassen, und sich *deshalb* nicht hatten im Dorf befinden können, als es zur ›Sicherheitszone‹ erklärt wurde. Die Armee hatte ein Gefecht verloren, war jedoch nicht bereit, die Stellung aufzugeben: Sofort nach der Entscheidung des Obersten Gerichts stellte die Armee ihre Gerissenheit unter Beweis und überstellte den Evakuierten, die zu dem Zeitpunkt in Rama waren, ›Ausweisungsbefehle‹ aus Ikrut. Das heißt: die Armee wandte sich nun an die Dorfbewohner, als ob sie noch in Ikrut wohnten, als ob überhaupt nichts gewesen sei, und teilte ihnen mit, daß jetzt – sozusagen zum ersten Mal – entschieden worden sei, sie aus Ikrut auszuweisen. Zur allergrößten Überraschung stellte sich heraus, daß nicht einmal der Oberste Gerichtshof etwas gegen die militärische Taktik unternehmen konnte: formal gesehen war das eine völlig korrekte gesetzliche Handlung.

»Wir wußten nicht, was wir tun sollten. Wenn das Oberste Gericht eine Entscheidung traf und die Armee sich nicht daran hielt – dann war die Geschichte für uns offenbar zu Ende. Trotzdem verzweifelten wir nicht. Nicht einen einzigen Augenblick. So wie das jüdische Volk zweitausend Jahre lang gelitten hat und verfolgt wurde und immer darauf hoffte zurückzukehren, so hoffen auch wir, bis jetzt.«

Wir kamen an dem verrosteten Schild vorbei, das darüber informierte, daß dies – Militärgebiet sei. Wir bogen in einen Sandweg ein. Die Grenze zum Libanon war nahe. In den Anfangstagen des Staates diente diese Grenze zur Eliminierung nicht weniger arabischer Dörfer in dem Gebiet: die Sicherheitskräfte verdächtigten die Bewohner des Versuchs, den Feind jenseits der Grenze zu unterstützen. Sie befürchteten, daß die Leute von Ikrut und Bar'am Beziehungen zu ihren christlichen Brüdern im Libanon anknüpfen würden. Wie bekannt, schützt heute die christliche Miliz mit Waffen der israelischen Armee die nördliche Zone von der anderen Seite der Grenze her.

Aunis Sohn, Chalil, sprang aus dem Auto und öffnete für uns den Drahtgitterzaun, der dazu bestimmt war, die Kuhherden Yehuda Der'is, die dort weideten, an der Flucht zu hindern. »Das fehlt uns noch, daß auch nur eine einzige Kuh davonläuft«, murmelte Auni S'beit.

Im Dezember 1951 wurde das Dorf Ikrut von den Sicherheitskräften überraschend zerstört. Alle Häuser wurden in die Luft gesprengt und der Ort umgepflügt. Auch die Kirche, die die Zerstörer nicht in die Luft sprengen wollten, war betroffen. Mit besonderer Sorgfalt wurde das Datum der Zerstörung gewählt: der 25. Dezember. ›Was für ein Weihnachtsgeschenk an das Dorf!‹ schrieb Elias Schakur; »In der Weihnachtsnacht«, seufzte Auni S'beit, »während wir die Entscheidung des Obersten Gerichts in Händen hielten, die besagte, daß unser Recht auf Rückkehr bis zu dem Moment gewahrt bleiben würde, in dem hier die militärische Zone aufgehoben würde. Warum? Einfach so. Sie wollten uns zum Verzweifeln bringen. Uns treffen, wo es am meisten schmerzte.«

Auch das Schicksal der Bewohner von Bar'am war nicht besser: Im September 1953, fünf Jahre, nachdem sie mit List aus ihrem Dorf vertrieben worden waren und die inzwischen verlassenen Häusern von Jisch (heute Gusch Halav) bewohnten, standen sie auf dem Hügel, der sich über ihrem Dorf erhob, dem ›Hügel der Tränen‹, wie sie ihn heute nennen, oder die ›Klagemauer von Bar'am‹; unten, nicht weit entfernt von ihnen, pulsierte ihr Geburtsort in ungewöhnlicher Aktivität. Militärfahrzeuge und Planierraupen kreisten das Dorf ein, und ein Soldatentrupp trieb sich zwischen den Häusern herum und zog Drähte. Dann war eine starke Explosion zu hören, und vor den Augen der Flüchtlinge begannen die Häuser in die Luft zu fliegen. Die gesamte Aktion dauerte fünf Minuten: kurz und effektiv. Fünf Minuten lang zitterte das Dorf, dann war es zerstört, und seine Bewohner standen auf dem Hügel und mußten zusehen. Danach begannen die Planierraupen, das Gelände einzuebnen.

Als wir ankamen, herrschte in der ganzen Gegend völlige Stille. Die Luft war klar. Dornensträucher bewegten sich im Wind. Auf der eingeebneten Fläche erhob sich ein kleiner Hügel, eine Ruine, eine pflanzenüberwucherte Tür. Hier und dort verstreute Stein-Bruchstücke. Darüber ein einziges Gebäude – die renovierte Kirche. Wir kletterten den beschwerlichen und felsigen Weg hinauf, Auni S'beit benutzte seinen

Stock jedoch kaum. Er hüpfte zwischen den Steinen und Sträuchern umher, zeigte mit dem Stock auf eine verrostete Olivenmühle, auf eine kleine Ölpresse. Wir marschierten auf einem aufgehauenen Steinpfad, der sich zwischen Dornen und stacheligen Sträuchern verbarg. Aunis Beine dirigierten ihn ganz von selbst: hier war die Straße, die vom Dorf hinunterführte. »Hier kam ich immer herunter.« Und da der Brunnen. Und inmitten des tiefen Brunnens wuchs ein prachtvoller hoher Paternosterbaum.

Ich fragte ihn, was er empfunden hatte, als er zum ersten Mal hierher gekommen war und die Zerstörung gesehen hatte.

Er wandte sich mir zu, mit einem Lächeln, das mir meine Dummheit verzieh: »Komm, wir tauschen. Ich bin David und du bist Auni S'beit. Jetzt beschreib, was du gefühlt hast.« Und er fügte hinzu: »Der Mensch ist kein Stein, Hawaja.«

›Hawaja‹, Herr, nannte er mich. An diesem alten Ausdruck konnte man seine Generation erkennen, die Generation der Niederlage. Auch nach über vierzig Jahren schien es, als ob sie sich immer noch nicht von der großen Umwälzung erholt hätten, die ihr Leben durcheinandergebracht und sie von Hausherren zu kaum geduldeten Gästen gemacht hatte.

›... das Ereignis, das unsere Köpfe leer fegte, unsere Erinnerungen aus dem Gedächtnis tilgte und die Konturen unserer Welt ausradierte‹, so lauteten die Worte Emil Habibis in der Zeitung ›Achtia‹. Es ging ›über ihr Verständnis‹, wie Schakur sagte, dieses grausame Erwachen an einem Morgen, der nicht der ihre war, dem Morgen eines Volkes, das mitten in einem neuen Aufschwung war, das aus dem Unglück geboren wurde und gierig jede Zukunft einsog, die damals in seiner Umgebung eingesogen werden konnte; während sie, die langsam Erwachenden, sofort mit einem dichten Netz ausgeklügelter, ihnen unverständlicher Gesetze überzogen wurden, und mit einer Beweisführung, der sie nichts entgegenhalten konnten. Historische Gerechtigkeit, das Recht der Väter und Sicherheitsgründe, ja, wer konnte schon das

›Notstandsrecht‹ anzuweifeln, das wir damals hatten, wobei ›damals‹ allerdings längst vorbei ist.

»Die Rückgabe der Dörfer würde einen Niedergang im Glauben an den Zionismus bewirken, Zweifel an der Berechtigung des Zionismus«, sagte Ministerpräsidentin Golda Meir 1972 und stellte damit ein großes Schild über unsere Berechtigung: ›Achtung, hier hat man recht!‹, und Lutfi Masch'ur, der Herausgeber von ›Assinara‹ aus Nazareth, seufzte: »Das ist es, was ich immer sage, daß unser Problem darin besteht, daß wir es mit Juden zu tun haben...«

»Und was heißt das?«

»Das ist unser Problem. Wenn es eine andere Besatzungsmacht wäre... Aber ihr wart immer skrupelloser, stärker als wir, die besseren Rechtsanwälte, paranoider als wir... nehmen wir zum Beispiel die Türken. Sie haben uns erobert und sich wieder zum Teufel geschert. Sie hatten überhaupt keine Kultur. Worin bestand ihre Kultur? Große Töpfe! Das haben sie uns hier hinterlassen... Sie hatten nicht den Verstand und den Charakter, den ihr habt. Mit euch ist es sehr schwierig...«; er preßte seine Lippen aufeinander und wurde ernst: »Ihr seid ein-sehr-starkes-Volk. Ein zu-starkes-Volk.«

»Hier waren Feigen, da Oliven und dort Weintrauben«, S'beit zeichnete mit einem Schwenk seines Stocks im Nu Weinberge und Plantagen in die Luft, »und hier war mein Haus.«

Jetzt war es nur noch ein Hügel mit Betonüberresten neben der Kirche. Auni S'beits Vater war der Muchtar des Dorfes gewesen, und sein Haus hatte als einziges ein Betonfundament gehabt: »Vater hat jeden Stein im Haus selbst ausgesucht. Als das Haus zerstört war, kamen Leute und haben die ganzen Steine gestohlen. Kein einziger blieb übrig.« Er richtete mit seinem Stock einen umgeknickten Himbeerstrauch auf, schritt geistesabwesend zwischen den großen Kotfladen umher, die die Kühe Der'is im Gästezimmer seines Hauses hatten fallen lassen, und war immer wieder von neuem erschüttert.

»Wenn sie dich ließen, würdest du wieder hierher zurückkehren?« fragte ich Chalil, Aunis Sohn, der heute in Haifa lebt. Er schüttelte zweifelnd den Kopf: Nein. Er habe sich schon an das Stadtleben gewöhnt. An ein Leben außerhalb der Familie. Er werde nicht zurückkehren. Sein Vater dagegen: »Wenn man mich zurückkehren ließe, wäre ich bereit, sogar auf dem hier zu schlafen«, und schlug mit seinem Stock auf die Dornen. »Schau, was für ein Verbrechen sie an uns verübt haben: In unserer eigenen Heimat sind wir Flüchtlinge. Und wie gerne wir zurückgekehrt wären. Und wie sehr sie es uns versprochen haben. Wer hat es uns nicht alles versprochen. Ben Gurion, Weizmann, Begin, Golda Meir... Zu Schimon Peres habe ich gesagt: Verehrter Minister. Komm, wir legen die Unabhängigkeitserklärung zwischen uns auf den Tisch und gehen sie Absatz für Absatz durch, sie soll unser Richter sein. Und Yigal Alon hat mich einmal gefragt, ob die Kinder von Ikrut, die in Rama geboren worden sind, immer noch an Ikrut denken. Ich habe gelacht: Ich lebe bis auf den heutigen Tag in Rama zur Miete. Ich habe kein Haus gebaut. Denn ich glaube, daß meine Söhne ein Recht darauf haben zurückzukehren. Wenn du alle Kinder von Rama zusammensammelst und sie fragst, woher sie kommen, werden dir die allerkleinsten Kinder sagen, daß sie von da sind, aus Ikrut. Und wenn ich dich zu einer schwangeren Frau bringe, leg dein Ohr an ihren Bauch und da kannst du von drinnen hören: ›Ich bin aus Ikrut‹.«

Später, bei ihm zu Hause, in Rama, zeigte er mir ein Foto, das ein unbekannter Jude vor fünfzig Jahren aufgenommen hatte, »einer, der im Galil unterwegs war und schöne Dinge zum Fotografieren suchte«. Auch Aunis Frau kam, um es zu betrachten, und sofort füllten sich ihre Augen mit Tränen: »Siehst du, was wir hatten und wo wir jetzt sind, als Flüchtlinge...« Sie deutete mit der Hand auf den nackten Fußboden der Mietswohnung, auf die abblätternden Wände, und verschwand. Das Foto, das ich in der Hand hielt, zeigte ein blühendes Dorf. Sprießende Bäume. Ikrut, wie es lebte.

Chalil: »Für Vater ist Ikrut die Erinnerung. Die Kindheit. Für mich war Ikrut die Zuflucht vor dem Dorf Rama, das mich nicht wollte. Es hat uns nicht integriert. Wir werden bis heute als Flüchtlinge, als Menschen ohne Dach überm Kopf angesehen. Die Leute von Rama haben sich mit den unseren nicht verheiratet, sie wollten ihre Töchter keinen Flüchtlingen geben. Bis heute – dreiundvierzig Jahre lang! – sind wir dort Fremde geblieben. Sie verfluchen uns. Demütigen uns. Das Dorf Rama hat eine sehr geschlossene Gesellschaft. Ich habe keine Chance, in unserem lokalen Rat mitzumischen. Wenn ich versuchen würde, mich einzumischen, würde man mir sagen, du gehörst nicht dazu.« Verhielten sich die Leute von Rama so, weil die Bewohner aus Ikrut kamen, um in ihren Häusern zu wohnen, während viele aus Rama in die Verbannung gingen? Weil die aus Ikrut Christen waren, während Rama ein muslimisches Dorf ist? Weil auch die Leute von Rama daran interessiert waren – irgendeiner Anweisung folgend oder ›freiwillig‹ –, das Problem der Flüchtlinge aus Ikrut als solches zu erhalten? Und was wurde aus diesem demütigenden und unverständlichen Verhalten ihren Brüdern und deren Schicksal gegenüber ersichtlich? – Chalil hörte sich meine Fragen an, nickte stumm.

»Und wenn du trotzdem deine Kandidatur vorschlagen würdest?«

Chalil lächelte: »Das ist die Kehrseite der Angelegenheit: auch die Leute von Ikrut unterstützen ihren eigenen Kandidaten nicht.«

»?«

»Sie weigern sich, überhaupt an Wahlen teilzunehmen. Das könnte ein Eingeständnis sein, daß sie bereits hierher gehören und nicht nach Ikrut.«

Heute sind die Bewohner Ikruts über die ganze Welt verstreut. Ihre religiösen und familiären Zeremonien jedoch halten sie hier ab, die ganze Gemeinde versammelt sich hier. Wie die Leute aus Bar'am. Ich hörte von einem Mann aus Bar'am, Josef Elias, der neunzehn Jahre lang ein Stückchen

Erde am Rande seines zerstörten Dorfes bearbeitete: Dreimal pro Woche ging er dorthin, um sein Gemüse zu bewässern. Manchmal, an Samstagen, schleppte sich eine lange Autoschlange in Richtung der beiden Dörfer (die übrigens nicht benachbart sind. Nur die Gemeinsamkeit dessen, was beiden zustieß, vereinte ihr Schicksal und blieb im israelischen Bewußtsein als eines haften). Auch an gewöhnlichen Tagen kann man hier eine Familie aus Ikrut finden, die dasitzt und ein Picknick macht. »Sie wollen ein wenig von der Luft hier schöpfen, das gibt Kraft«, lachte der junge S'beit.

»Ihr müßt wissen«, erklärte Auni zum dritten oder vierten Mal, »daß das Problem von Ikrut und Bar'am völlig anders als das anderer Dörfer und anderer Flüchtlinge ist. Wir sind nicht geflohen und wir wurden nicht vertrieben, sondern das Militär kam, war bei uns zu Gast, hat unser Brot gegessen, unser Wasser getrunken und versprochen, uns zurückzubringen.«

Sein Sohn nickte mit dem Kopf wie jemand, der wußte, daß dies nur Wunschträume waren, Worte, die sie festhalten sollten. »Sie wollen uns nicht zurückkehren lassen«, brach es schließlich aus ihm heraus, »denn das würde zeigen, was '48 in Wahrheit passiert ist. Ihr habt Angst davor zuzugeben, daß die palästinensischen Flüchtlinge nicht geflohen sind, sondern vertrieben wurden. Wenn ihr uns zurückbringen würdet, würde das den Mythos zerstören, mit dem eure Nach-'48-Generation erzogen wird.«

»Die Regierung befürchtet«, antwortete ich, ohne die Lippen zu verziehen, »wenn sie die Einwohner dieser beiden Dörfer an ihren Ort zurückkehren läßt, könnte die Sache eventuell zum Präzedenzfall werden.«

»Was kümmern mich die Befürchtungen deiner Regierung?« brauste Chalil auf. »Es ist mein Recht, Gerechtigkeit für mich zu fordern! Soll ich vielleicht die ganze Flüchtlingsfrage bewältigen? Das ist ein Problem, das ihr geschaffen habt, nicht ich!«

Wir stiegen zwischen den Dornen zum Friedhof hinunter.

Die Zerstörung ringsherum war grün überwuchert, der Galil frühlingstrunken und nur der Hügel von Ikrut war nahezu kahl. Als ob sogar die Natur beschlossen hätte, hier nur schändliche Verwahrlosung zu hinterlassen. Auch die Hand eines Menschen konnte hier nichts tun. Das Gelände war zu Militärgebiet erklärt worden, und daher war es jedem – Jude wie Araber – verboten, die Erde zu bearbeiten, sie lag brach, und es war, als ob der gesamte Ort sich mit schwerfälliger Verwunderung umsah, immer noch wie gelähmt vor Schreck.

Auf dem Friedhof zeigte mir Auni die Gräber seiner Eltern. Seit dem Jahre '72 war es erlaubt, die Toten von Ikrut in ihrem Dorf zu begraben, und jede Familie hatte ihren eigenen Begräbnisplatz eingerichtet. Alle Nachfahren der Dörfler – auch wenn sie selbst nicht hier geboren waren – lagen hier begraben. Der erste, der nach der Vertreibung in Ikruts Erde begraben wurde, war Aunis Großvater. Als er 1953 starb, brachten die Familienmitglieder seinen Leichnam seinem letzten Willen gemäß dorthin und begruben ihn in dieser Erde. »Als wir dabei waren zu graben, kam das Militär und fragte, was macht ihr hier. Wir sagten: das und das. Sie sagten: Ihr geht jetzt zurück und holt ihn wieder raus und bringt ihn nach Rama zurück. Wir gruben ihn aus, hoben ihn auf unsere Schultern und trugen ihn zurück. Vor was hatten sie Angst?« fragte S'beit. »Daß er aus dem Grab aufsteht und anfängt, hier etwas anzusäen?«

›Es sind die Verbrecher, die die Geschichte machen‹, sagte Hegel, aber dort, auf dem verlassenen Hügel von Ikrut, konnte man sich davon überzeugen, wie die Geschichte Menschen zu Verbrechern macht. Wie der Zwang, ein harter, aggressiver und kompromißloser Feind zu sein, etwas im Menschen gefrieren läßt. Ich werde auf die Versprechungen, die den Leuten von Ikrut und Bar'am gemacht wurden, nicht näher eingehen. Versprechen von Ma'arach- und Likud-Regierungen. Sie wurden alle gebrochen. Auch Menachem Begin schrieb ihnen, daß er für ihre Rückkehr sei, diese allerdings als Folge der Sicherheitsprobleme verschoben werden müßte. Das meiste Land der Dorfbewohner wurde schon vor Jahren unter den jüdischen Siedlern verteilt, und ein Teil wurde zum Naturschutzgebiet erklärt. Ein verschwindend geringer Teil der Vertriebenen akzeptierte das Entschädigungsangebot der Regierung. Den Vorschlag, neue Siedlungen für sie zu errichten, lehnten alle ab, weil ihr ursprünglicher Landbesitz in dem vorgesehenen Gebiet nicht enthalten war.

Im Juni 1986 tat Minister Mosche Arens seine Absicht kund, die Dorfbewohner innerhalb kurzer Zeit zurückkehren zu lassen. Die Heimatlosen wurden von einer Woge der Freude und Hoffnung mitgerissen. Mosche Arens nannten sie den ›neuen Mosche Rabeinu‹ (Stammvater Moses, Moses unser Herr) und hofften, er würde der Mann sein, der sie in ihr Land zurückführte, nach vierzig Jahren Exil. Auch dieses Versprechen verlief im Sande: Ministerpräsident Yizchak Schamir schmetterte es auf eine Art und Weise ab, die damals von der Likud als ›Ohrfeige für Arens‹ verstanden wurde.

In dem Viertel Scheich Jarah in Ostjerusalem wohnten bis 1948 meine Großeltern mütterlicherseits. Es war ein gemischtes Viertel mit Juden und Arabern. Mit dem Unabhängigkeitskrieg begann mein Großvater, Schalom Vermus, jede Nacht seine heiligen Schriften und sein leichtes Hausgerät in die Häuser von Freunden im Westen der Stadt zu bringen. Danach wurde der Krieg ringsherum heftiger und meine Großeltern, mit ihnen meine Mutter, damals ein junges Mädchen, und ihr kleiner Bruder, wurden Flüchtlinge in ihrem eigenen Land. Eines Abends, Anfang Oktober '91, kehrte ich in jenes Viertel zurück, um dort Verteidigungsminister Mosche Arens in seinem Büro zu treffen: »Es gibt keinerlei Rechtfertigung, die Leute von Ikrut und Bar'am an einer Rückkehr auf ihr Land zu hindern. Es gibt heute keine Sicherheitsgründe mehr, um sie davon abzuhalten. Diejenigen, die dagegen sind, befürchten, daß hier ein Präzedenzfall geschaffen wird, der die Büchse der Pandora öffnen könnte.

Ich sehe hier keinen Präzedenzfall. Ikrut und Bar'am sind ein Sonderfall.«

Ich fragte ihn, weshalb die israelische Regierung nicht jetzt, mit dem Beginn und während eines Dialoges zwischen den Nahoststaaten, die symbolische Geste machen könne und die Entwurzelten zur Rückkehr aufrufe. Wenn damit ein Präzedenzfall geschaffen würde, wäre das ein Präzedenzfall von gutem Willen, von Großzügigkeit und Selbstsicherheit.

»Wenn es von mir abhinge, würde ich das tun«, sagte Arens schlicht. »Ich glaube, daß man das generell tun müßte, und ich stimme auch der Überlegung zu, daß jetzt ein besonders guter Zeitpunkt dafür wäre. Aber es hat keinen Sinn, diesen Vorschlag einzubringen, wenn mir von vornherein klar ist, daß ich damit scheitere.«

Heute meinen die Leute, die mit dem Thema vertraut sind, daß die israelische Regierung das Problem verhältnismäßig einfach lösen könnte, zur Zufriedenheit aller Beteiligten. Man vermutet, daß die meisten Dorfbewohner jetzt damit einverstanden wären, die von der Regierung vorgeschlagenen Entschädigungen anzunehmen, und sich etwa hundert Familien aus jedem Dorf auf dem ihnen zugeteilten Land von neuem niederlassen würden. Den meisten Vertriebenen ist klar, daß sie ihr früheres Land nicht zurückerhalten werden. Daß man altes Unrecht nicht wieder gutmachen kann, indem man neues schafft.

»Und schreib auf, daß seit dem Jahr '48 kein einziger aus Ikrut etwas gegen den Staat unternommen hat«, ließ sich Auni S'beit, plötzlich erschöpft, vernehmen, als wir den Platz verließen, »und alles, was wir getan haben – war gesetzlich. Aber was haben wir davon? Sogar die Situation eines Gefangenen ist besser als die unsere. Ein Gefangener, der zu zehn Jahren verurteilt worden ist, weiß, wann es vorbei ist. Wir wissen nicht, wann unser Gefängnisaufenthalt ein Ende hat.«

Wir fuhren zurück, Chalil stieg aus, öffnete den Drahtzaun und schloß ihn wieder, damit die Kühe von Der'i nicht davonliefen, damit es keinen Skandal gäbe. Auni, ein warmherziger, gefühlvoller Mann, umarmte mich und sagte, als ob er mich trösten wollte: »Wir werden hierher zurückkehren. Da gibt es kein Entkommen. Wir werden zurückkommen, Häuser bauen, die Plantagen und Weingärten wieder anlegen und uns dafür entschädigen, was wir all die Jahre entbehrt haben. Und du kommst mich dann besuchen.«

Und ich bin sicher, daß sie zurückkehren werden. Es wäre der reine Sadismus, es ihnen jetzt zu verweigern. Ich weiß sehr gut, wie diese Worte in den Ohren nüchterner Leute klingen, in den Ohren einschlägiger Experten, Systemanalytiker, vom Dunst der Erfahrung umwehter Politiker und dem Rest der Meinungsmacher; sie alle haben analytische Gehirne, die jedoch keine einzige der wichtigen Entwicklungen in unserer Region und auf der Welt kommen sahen, und in ihrem inneren Wörterbuch, einem Wörterbuch des Lebens als Überlebender, sind alle Wörter wie Mißtrauen, Falle und Täuschung fettgedruckt. Sie alle würden sagen, daß auch nur das leiseste Nachgeben die Linie insgesamt sprengen würde. Daß die Glaubwürdigkeit Israels als prinzipientreuer Staat angekratzt würde, wenn es auch nur im mindesten davon abwiche. Daß es besser sei, bei einmal gemachten Fehlern zu bleiben, damit nicht nachträglich Zweifel an der Richtigkeit des Weges aufkämen. Zuallererst aber werden sie sagen, daß ich naiv bin. Möglich, aber vielleicht liegt die *verbrecherische* Naivität bei jenen, die immer noch der Ansicht sind, daß Israel die vernünftigen Forderungen seiner arabischen Bürger vollständig und auf lange Sicht ignorieren kann, daß Israel, ihrer Meinung nach, eine ›neue Ordnung‹ in der Region ganz nach Belieben festlegen kann; daß Israel immer in allen Kriegen siegen wird und ganz sicher von den Amerikanern unterstützt wird, was immer es auch tut.

Wie lange will man die Vertriebenen von Ikrut und Bar'am noch daran hindern, nach Hause zurückzukehren? Wie lange werden wir noch mit unseren Rechtfertigungen aus den Tagen von '48 hausieren gehen? Zu irgendeinem Zeitpunkt muß schließlich ein anderer, ein neuer Prozeß beginnen. Und dafür muß mit der einzigen Naivität gekämpft werden, die im Nahen Osten erlaubt ist, einer mit Narben übersäten Naivität, wie sie aus Yehuda Amichais Gedicht spricht, der auch in jenem Krieg kämpfte:

> An dem Ort, an dem wir recht haben,
> werden niemals im Frühling
> Blumen sprießen.
> Der Ort, an dem wir recht haben,
> ist festgestampft
> wie ein Hof.
> Aber Zweifel und Liebe
> graben die Welt um
> wie ein Maulwurf, wie ein Pflug.
> Und ein Flüstern wird zu hören sein an dem Ort,
> an dem das Haus stand,
> das zerstört wurde.

14. Kapitel

Freitag gegen fünf Uhr abends, und Kfar Bara summte wie ein Bienenstock: heute nacht würden hier Gehwege angelegt, Zäune errichtet und Straßen ausgebessert. Zweihundertfünfzig Männer rannten mit Werkzeug in den Händen durch die Dorfstraßen, zertrümmerten widerspenstige Felsen, hackten, brannten Ziegel, blieben keinen Augenblick untätig.

Die Straßen des Dorfes kochten. Dampf stieg von den Gehsteigen auf, die mit Walzen glattgepreßt wurden. Ich zerdrückte einen Klumpen heißen, klebrigen Teer zwischen den Fingern. Überall, wo ich hinsah, waren Leute an der Arbeit, mit leuchtenden Augen, kraftvollen Bewegungen. Jungen rannten zwischen den Arbeitenden herum, hielten kalte Getränke und Kaffee in den Händen. Die Anwohner, an deren Haus vorbei gerade der Gehweg planiert wurde, luden die Arbeiter ein, hereinzukommen und sich zu erholen. Mittags hatten alle an der Arbeit Beteiligten bei einem der Nachbarn hier gegessen. Zwei Schafe waren geschlachtet worden. Zweihundert Menschen versammelten sich in einem Hof. Es ist das Recht des Muslims, ein Schaf zu schlachten, wenn ihm ein Sohn geboren wurde. Aber dieses Recht, diese ›Opfergabe‹, kann auch für einen späteren Zeitpunkt ›aufgespart‹ werden: »Was ist besser, dieses Fleisch satten, feiernden Leuten zu geben oder Leuten, die schwer arbeiten?« fragte Kamel Rian. »Bei uns hebt man sich dieses Recht auf, manchmal ein halbes Jahr lang, bis zum islamischen Arbeitslager.« Für den nächsten Tag hatten sich schon zwei Dorfbewohner angemeldet, die die Arbeitsgruppen zum Essen einladen wollten.

Übermorgen gab es ein Problem: Zu viele Dorfbewohner stritten sich um diese Ehre. Die Mehrheit gehörte gar nicht der Islamischen Bewegung an. »Wie es scheint, müssen wir das Lager um ein paar Tage verlängern«, Kamel Rian brüllte vor Lachen.

Ich hätte am liebsten Sozialarbeiter hierher gebracht, Beteiligte am Stadtviertel-Entwicklungsprojekt, Stadtoberhäupter – um von diesem jungen Mann etwas zu lernen. Wie er, ohne jede Erfahrung, ohne ein Teil der Tradition der ›städtischen Verwaltungskultur‹ zu sein und, die Hauptsache, ohne jede Unterstützung seitens des Staates das rückständige Dorf in einen Ort verwandelte, in dem es ein Vergnügen war zu leben. Ich hätte auch die Oberhäupter der arabischen Ratsgremien hierher gebracht, die in Vierteln mit luxuriösen Villen saßen, zwischen denen es häßliche, staubige Wege gab, in denen die Kanalisation überfloß und sich kein Mensch dazu aufraffte, sich selbst zu helfen. Rian, klug, populär und geduldig, war überall zu finden, hob jedes Stückchen Schmutz auf, hielt seine mächtige Brust dem gesamten Dorf entgegen. Ich ging ihm auf eines der entfernteren Felder nach, außerhalb des Dorfes. Bulldozer arbeiteten dort bei Laternenlicht, planierten den Weg für eine Umgehungsstraße. Die Lastwagen luden Erde ab. »Das ist der Aushub, den ich von den Gehsteigen aufbewahrt habe, die wir im vorigen Arbeitslager aufgegraben haben. Anstatt ihn wegzuwerfen, habe ich ihn aufgespart, und jetzt baue ich eine neue Fahrbahn damit.«

Zwei Fahrer kamen uns im Licht des Bulldozers entgegen. Schweißüberströmt, staubbedeckt, strahlend. Nidal Sultani aus dem Dorf Tira und Ali Abu Scheicha aus Ara. Sie waren für eine Woche gekommen. Schliefen bei Freunden im Dorf. »Wo Boden ist, kann ich schlafen. Wo Land ist, gibt man mir zu essen«, sagte Ali. Er arbeitete freiwillig hier. Verzichtete auf eine Bezahlung für die Arbeit mit seinem Volvo B. M.-Traktor, büßte seinen Arbeitslohn anderswo ein. Sogar das Dieselöl für den Bulldozer bezahlte er selbst: »Ich habe gelernt, wenn ich hier eine gute Tat vollbringe, verdiene ich nachher draußen mehr.« Und sein Gefährte fügte hinzu: »In diesen ›Lagern‹ habe ich gelernt, was das ist, die Kraft der Religion, und was die Macht der Arbeit ist, wenn du es für dich selbst machst und dir selber hilfst. Du siehst, wie die Leute hier mit Leib und Seele dabei sind. Ich bin heute aufgestanden, als es noch dunkel war, um halb fünf, dann habe ich gebetet, und seitdem arbeite ich, und so werden wir arbeiten, bis wir umfallen.«

In den letzten sieben Jahren ist es der Islamischen Bewegung gelungen, sieben Ortsverwaltungen zu erobern, eine äußerst beachtliche Leistung; sie hat Vertreter in zwei Städten und in zwölf weiteren arabischen lokalen Ratsgremien; sie hält zäh an ihrer Machtposition in der Gewerkschaft fest; sie hat eine islamische Fußballiga gegründet (mit Gebeten am Spielanfang und -ende), hat zehn Kindergärten eingerichtet, Clubs und Kliniken, in Umm el Fahm werden gerade – auf ihre Anregung hin – vierzehn eigene höhere Mädchenklassen eingerichtet und in Taibe eine religiöse Hochschule. Je mehr das Gefühl der Benachteiligung und der Frustration im Kreise der Araber in Israel wächst, desto mehr steigt offenbar die Zahl derer, die eine Lösung für ihre Notlage in der Religion suchen und in der Islamischen Bewegung. Je geringer der Glaube an die Fähigkeit der arabischen Führung in Israel, bedeutsame Errungenschaften zu machen, desto größer der Zulauf der Bewegung. Vielleicht sollte ich anstatt einer Liste der gesamten Errungenschaften ein Detail hervorheben: Im letzten Jahrzehnt wurden in den arabischen Niederlassungen in Israel etwa hundert Moscheen gebaut.

Scheich Abdalla Nimer Darwisch, Gründer der Bewegung und einer ihrer herausragenden Führer, seufzte, als ich ihn fragte, was für eine Wirkung die große Macht auf ihn habe, die er in Händen halte: »Im politischen Leben, wenn ein junger Mann in meinem Alter eine Machtposition erlangt, ist das für ihn eine große Sache. Ich dagegen versuche mich heute gerade zurückzuziehen. Es reicht! Genug!«

»Gibst du auf? Hast du nicht genug erreicht?«

»Nein, nein. Alles, was ich geplant habe, habe ich erreicht, Gott sei Dank. Ich habe sogar erreicht, was ich gar nicht geplant habe. Ich hätte nicht gedacht, daß ein Mitglied der Islamischen Bewegung in den 90er Jahren Bürgermeister des großen Umm el Fahm wird. Und wenn wir schon Umm el Fahm bekommen haben, schließe ich die Möglichkeit nicht mehr aus, auch die Stadt zu kriegen. Die große Stadt, Nazareth.«

»Und danach?« fragte ich.

Der Scheich warf mir ein tiefgründiges Lächeln zu: »Danach – die Regierung, oder? Beruhige dich. Beruhigt euch. Nazareth ist uns sehr wichtig. Weiter als bis dahin denken wir nicht. Und wenn, dann muß eine arabische Gesellschaft in Israel aufgebaut werden, die auf zwei Fundamenten kämpft – alle ihre legitimen Rechte zu erhalten, und zweitens: nicht das Gesetz zu brechen. Wenn wir dahin kommen, ist das die Gesellschaft, die ich suche.«

»Wenn das so ist, weshalb habt ihr euch bis jetzt zurückgehalten, die politische Arena zu betreten, um euere Rechte zu erhalten?«

»Ich lehne so etwas nicht ab. Aber wir haben noch nicht darüber entschieden. Ich hege die Hoffnung, daß sich die arabische Führung im Staat innerhalb der nächsten zwei bis drei Monate zusammensetzt und über eine vereinigte arabische Liste entscheidet. Solange es keine solche Liste gibt, habe ich kein Interesse daran, in die Politik zu gehen.«

»Werden in einer solchen Partei Juden akzeptiert?«

Der Scheich, betont: »Araber, A-ra-ber. Das ist genug. Das reicht schon.«

»Das ist Rassismus.«

Er machte eine wütende Kopfbewegung: »Wer von Rassismus reden will, der soll über die Mehrheit der zionistischen Parteien reden! Rassismus! Alle diese Parteien außer der Mapam haben Juden mit Stimmen der Araber in die Knesset gebracht! Zeig mir eine einzige zionistische Partei, die einem

Araber eine Chance auf einen wichtigen Posten gegeben hätte! Ein Minister! Ein stellvertretender Minister in ernsthafter Funktion! Und wir sind achtzehn Prozent der Bevölkerung! Ich bin kein Rassist. Ich bin ein gläubiger Mensch, und ich weiß, daß Rassismus die Lehre des Satans ist. Satan sagte ausdrücklich, ›Ich bin nicht bereit, Adam zu akzeptieren, weil du ihn aus Sand erschaffen hast, und ich bin aus Feuer gemacht‹. Das ist Rassismus.« Er beugte sich nach vorne, mit stark in die Höhe gezogenen Augenbrauen: »Und wenn schließlich ein arabischer Minister in der Regierung ist, weißt du, wo sie ihn hinsetzen? Auf einen Ministersessel ohne Geschäftsbereich! Weißt du, wie erniedrigend das für uns ist, wenn uns ein Minister für arabische Angelegenheiten vorgesetzt wird? Was soll das, habt ihr hier vielleicht einen Minister für jüdische Angelegenheiten? Weshalb braucht es bei der Polizei einen ›Offizier für Minderheitsangelegenheiten‹? Es reicht doch, daß er ein ›Offizier‹ ist, aus! Soll er doch die Angehörigen von Minderheiten und der Mehrheit verhören. Warum muß man mich überall, wohin ich gehe, spüren lassen – aussätzig! Du kommst nachher dran! Nein. Nein. Diesmal will ich als erster drankommen. Als erster die Halle betreten, in der sie über mich entscheiden. Über mein Schicksal.«

Warum enthält sich die Islamische Bewegung einer direkten Teilnahme an den Wahlen? Eine mögliche Erklärung ist, daß die Bewegung heute ein wachsendes Prestige genießt – manche schätzen ihr Potential bei einer Wahl auf sechs Sitze in der Knesset –, sich aber davor scheut, dieses Potential einer genauen Prüfung unterziehen zu lassen. Eine andere Erklärung ist, daß eine Teilnahme an den Parlamentswahlen in Israel – in der Praxis – die Anerkennung der israelischen Souveränität sein würde, ein Treueschwur an den jüdischen Staat und eine Bindung an die Gesetze der Knesset, die laut Scheich Ra'ad Zalah »dem entgegenstehen, was uns Gott befohlen und zugeteilt hat«. Eine Beteiligung an den Wahlen würde die Islamische Bewegung zwingen, ein offizielles

Parteiprogramm herauszugeben, das ihre Position in vielen Bereichen klarmachen würde, was sie, wie es bislang schien, zu vermeiden suchte: Man darf annehmen, daß es bei vielen wesentlichen Dingen, die das Leben eines fanatischen Muslim im jüdischen Staat betreffen, bequemer ist, sie im Bereich der Spekulation, des Flüsterns und des Gebets im Herzen zu belassen.

Dagegen waren nach Auffassung der Islamischen Bewegung Wahlen zu lokalen Gremien zulässig, sogar wünschenswert: Sie befaßten sich mit der Festlegung des Charakters einer arabischen Herrschaft über Araber und stellten einen gewissen Schritt in Richtung einer Selbstverwaltung, einer Autonomie dar, die die Aktivisten der Bewegung »immer anstreben, jedoch nicht aktiv betreiben«, wie Kamel Rian sich diplomatisch ausdrückte.

In einer grauen Galabiya und schwarzen Hausschuhen aus Plastik empfing Scheich Darwisch die Gäste. Sein Haus in Kfar Kassem war schlicht eingerichtet. Ein paar Stühle, ein Sofa. Ein Holztisch und ein Regal mit gebundenen Ausgaben der heiligen Schriften. Auf dem Fensterbrett stand ein Krug mit kühlem Wasser. Ein Farbfleck im Raum: ein buntes Plakat, das der Scheich in Mekka erhalten hatte, als er seine Hadsch machte: ein chinesischer Junge schaute verlangend auf die Ka'aba und die Omar-Moschee. Einunddreißig Millionen Muslime gibt es in China.

»Und frag mal – wie viele Palästinenser gibt es auf der Welt? Fünfeinhalb Millionen! Araber? Hundertsechzig Millionen. Muslime? Zwölfhundert Millionen! Habt ihr etwa überhaupt keine Angst davor, daß es die ganzen Araber eines Tages satt haben? Nicht nur die Araber im Staate Israel, sondern überall!«

Normalerweise erlebte man ihn kaum wütend. Auch wenn er explodierte, schien es, als ob er sich zuvor dafür entschieden hätte. In der Regel war seine Art ruhig und sicher, selbstbewußt. Oft sprach er von sich in der dritten Person, ›Scheich

Abdalla sagt immer, daß...‹; er war verhältnismäßig jung, dreiundvierzig, und hatte fast zwanzig Jahre öffentlicher Aktivitäten hinter sich. Sein Bart war an den Wangen kurzgestutzt, er hatte ein fesselndes Gesicht: manchmal, wenn er sprach, spiegelte es eine vollständige Palette von Altersstufen wider, von der Kindheit bis ins Alter. In einem Augenblick war es voller Verschlagenheit, Bösartigkeit und einer Lebenserfahrung, die weit über sein Alter hinausreichte, und im nächsten Moment unschuldig und naiv. Sicher war er nicht naiv, er stellte sich auch nicht so. Mehr als alles andere war an ihm der Wunsch eines sehr starken Menschen zu erkennen, die Furcht vor ihm mittels einer demonstrativen Selbst-Entwaffnung zu mildern, und wenn man ihn traf, wurde einem klar, in welchem Maße die gesamte Bewegung diese Verhaltensform ihres Führers verinnerlicht hatte.

Bara'a, seine sechsjährige Tochter kam ins Zimmer. Ein rundliches Kind, fröhlich, mit schwarzem Haar. Sie schmiegte sich an ihn, zupfte an seinem Bart, quälte ihn, und er erduldete die Torturen liebevoll. Ich fragte, ob er sich an dieses Alter erinnerte.

»Ich war ein unruhiges Kind. Ich war kein leichtes Kind. Ich machte meiner Mutter Probleme. Im Alter von acht Monaten wurde ich krank. Kinderlähmung. Bis heute ist meine linke Hand gelähmt geblieben. Die ganze Zeit war ich mit Vater und Mutter zusammen und fühlte mich – und sie gaben mir das Gefühl – verwöhnt und als etwas Besonderes. Ich erinnere mich gut daran (er zog den Kopf zwischen die Schultern und errötete kichernd), ich weiß nicht, ob ich es dir erzählen soll... Vater und Mutter waren noch ziemlich jung, so um die dreißig, und ich schlief immer zwischen ihnen... am Tag, in der Nacht (er lachte heftig mit glänzendem Gesicht), vielleicht verhalte ich mich heute Bara'a gegenüber so, wie sie sich meinem Gefühl nach zu mir verhielten...«

Ich fragte, ob die Krankheit, die ihn im Säuglingsalter befallen hatte, einen Einfluß auf sein Leben gehabt hatte.

»Wie kann ich das wissen...? Ich weiß nur, daß ich mich

immer, seitdem ich mich erinnern kann, anders als alle anderen verhalten habe. Ich habe zum Beispiel nicht getrunken, auch als ich noch kein Gläubiger war. Nie! Denn ich habe gesehen, wie sich die Betrunkenen benehmen, und ich wollte nicht wie sie sein. Ich sagte mir: Ich muß von vornherein alles mögliche machen, um mehr oder weniger wie alle anderen zu sein, und wie würde das dann aussehen, wenn ich betrunken bin?«

Er hielt einen Augenblick inne. In sich selbst versunken. »Schau«, sagte er schließlich, »ich glaube jetzt, daß es vielleicht ein großer Fehler war, daß ich bei allem, was ich in meinem ganzen Leben geschrieben oder gesagt habe, nie die behinderten Menschen erwähnt habe. Vielleicht ist es ein Fehler von mir, daß ich das überhaupt nicht erwähne. Vielleicht bräuchte es das sogar jede Woche! Verstehst du: Ich selbst habe nicht gelitten. Ich habe mich nicht als einsames, minderwertiges Kind empfunden. Vielleicht kam das daher, weil meine Familie angesehen war, man hat es nicht gewagt. Das ist unsere Mentalität, aber jetzt, nachdem ich darüber gesprochen habe, vielleicht sollte ich anfangen, auch draußen darüber zu reden, darüber zu schreiben?«

Ich überlegte, wie sich bei ihm schon so früh ein so entschieden politisches und gesellschaftliches Bewußtsein hatte entwickeln können. Das ihn dazu trieb, jegliche Einschränkung und Willkür zu bekämpfen. Laut sagte ich, daß eine Behinderung dem Menschen manchmal auch ein gewisses Gefühl von Einzigartigkeit, von Auserwähltheit verleihen kann.

»Vielleicht gibt es einen bestimmten Schlüssel«, sagte der Scheich, »der einen unmerklich aufzuschließen beginnt. Immer öfter muß ich daran denken, daß ich mit zwanzig einen bestimmten Lehrer hatte, sehr klug, der uns in arabischer Literatur unterrichtete; und in dem Abschnitt, den wir in jenem Jahr durchnahmen, waren ausgerechnet alle Dichter – einer war blind, einer war taub – Behinderte. Und da ist mir ein Licht aufgegangen: ah, was haben wir da? Wieso ausgerechnet? Und ich las ihre Gedichte mit Begeisterung, die ganze arabische Literatur aus der Anfangszeit des Islam und im Mittelalter war aus den Werken dieser Schriftsteller entstanden. Damals, mit zwanzig, begann ich nachzudenken: Vielleicht hatte dieser Blinde, weil er viele Dinge nicht sah, die Gelegenheit, mehr nachzudenken? Mehr zu verstehen? Etwas anderes zu empfinden?

Und damals, in meinen jungen Jahren, beschloß ich, mich im Zimmer einzuschließen, keinen Menschen zu sehen, allein zu sein. Zu lesen. Ich las ein Jahr und drei Monate, alle wichtigen Werke der islamischen Philosophie. Ich ging nicht aus dem Haus, außer in die Moschee zum Gebet. Ich war ohne Menschen. Ohne Diskussionen. Es war leicht für mich so und tat mir gut. Ich hatte die Möglichkeit, den Geist und die Tiefe des islamischen Denkens zu verstehen.

Und bis heute kann ich sagen, daß – was soll ich machen, ich kann bei diesem Thema nun einmal nicht so bescheiden sein – daß Scheich Abdalla in der Koranauslegung vielleicht unter den ersten ist, den er-sten, vielleicht, auf dem gesamten Gebiet! Denn um die Koranverse zu erklären, mußt du die arabische Sprache, Grammatik und Literatur beherrschen. Und ebenso – die Weisheit der Religionsgelehrten in ihrem Denken. Denn was ist die Lehre des Islam wirklich? Die Lehre des Islam besagt, Frieden für alle Menschen. Punkt.«

Im Jahre 1980 entdeckte der Sicherheitsdienst die Untergrundorganisation der ›Jihad-Familie‹. Ihre Mitglieder hatten die Vision von einem ganz und gar muslimischen Palästina, und den Juden darin war die Rolle einer gehorsamen Minderheit bestimmt. Die ›Jihad-Familie‹ steckte Felder und Wälder im Negev und im Galil in Brand, zerstörte Obstplantagen und stahl Waffen aus Armeelagern. Ihre Mitglieder, die einen gewalttätigen Jihad gegen Israel favorisierten, sahen in Scheich Abdalla Nimer Darwisch ihren geistigen Führer. Sechzig Leute, darunter Scheich Darwisch, wurden vor dem Militärgericht in Lod verurteilt. Die Einzelheiten dieses Prozesses sind bis heute geheimgehalten worden. Laut Aussage des

Führers der Untergrundbwegung, Farid Abu Much, gelang es der Anklage nicht nachzuweisen, daß Darwisch tatsächlich der ideelle Führer der Bewegung war. Er erhielt eine Gefängnisstrafe und wurde nach etwa drei Jahren entlassen.

Nach seiner Freilassung gründete er mit seinen Gefährten die ›Islamische Bewegung‹, die sich verpflichtete, gemäß dem Gesetz des Staates zu agieren, und deren erklärte Ziele um vieles gemäßigter waren als die der ›Jihad-Familie‹. In seiner Klugheit bahnte der Scheich so den speziellen Weg, den seine Gläubigen im Staat Israel sicher beschreiten konnten: Sie können ihre Loyalität dem Staat gegenüber erklären, was ihre nationale Identität nicht verletzt; ihre nationale Identifikation finden sie in einer tieferen Schicht als der palästinensischen Nationalität – in der arabischen Nation insgesamt, im Islam. Man konnte diese Identifikation nachvollziehen, als der Scheich die Begeisterung der jungen Muslime während der ›Arbeitslager‹ erwähnte: »Obwohl dort alle unter der grünen Fahne der Islamischen Bewegung arbeiten, gehören viele überhaupt nicht zu uns. Denn auch die jungen Leute, die manchmal über sich sagen, daß sie materialistisch und abgestumpft sind, suchen genauso nach einer Gelegenheit, bei der sie alles geben, was sie können. Bei der sie einen Beitrag leisten können. Und bei welcher Gelegenheit gibt einem der prächtige, demokratische Staat Israel sonst schon die Möglichkeit, aus freiem Willen etwas zu geben? Und sich mit irgendeiner Idee zu identifizieren?«

In Kfar Bara traf man im Scheinwerferlicht die Vorbereitungen für das Fundament des Bürgersteigs im südlichen Teil des Dorfes. Der Untergrund, die zerkleinerten Steine, wurden aufgeschüttet. Man beriet sich, wie die Arbeiten mit den Walzen, die aus anderen Dörfern gebracht wurden, effektiv einzuplanen waren. Man hatte die Absicht, 3 500 qm Bürgersteig innerhalb von vier Tagen anzulegen. Von der Früh bis zum Abend waren bereits 1 200 qm angelegt worden. Im Schulhof beendeten Lehrer und Schüler eine kleine Pflanzaktion. Im Halbdunkel begutachteten sie ihre Arbeit: »Wir

wollten keine Zypressensetzlinge, weil eine Zypresse wie eine Rakete aussieht, die in den Himmel geschossen wird.«
Sie pflanzten Eukalyptusbäume. Gleichzeitig zog auf der Hauptstraße halb rennend eine lange Reihe von Kindern und Jugendlichen vorbei, die Töpfe mit Baumsetzlingen in den Händen trugen. Eine spezielle Arbeitsgruppe bereitete bereits innerhalb der Gehsteige die Vierecke mit den Randsteinen vor, die für diese Setzlinge vorgesehen waren. Neben dem Postamt lud ein Lastwagen die Stützgestelle ab, die die zarten Setzlinge schützen sollten. Kfar Bara würde ein grünes Dorf werden: »Normalerweise wird in einem arabischen Dorf nicht auf Grün geachtet, heute wird etwas angepflanzt, und morgen ist es verdorrt. Aber ich wollte, daß es schön aussieht«, sagte Kamel Rian, »und es hat sich herausgestellt, daß sich die Leute, wenn sie die Bäume selbst pflanzen und den Rasen selbst ansäen, auch weiterhin um den Baum neben dem Haus und um den Rasen in der Nähe kümmern. Und wenn jemand im Dorf es wagen sollte, ein Blatt vom Baum zu reißen – fallen alle über ihn her. Warum? Weil sie ihn selbst gepflanzt haben.« Während er sprach, erreichten wir ein schönes Gebäude, groß und stolz, das in würdigem Licht erstrahlte: das ›Kulturzentrum‹ von Kfar Bara. »Jetzt sag mir eins: hast du schon mal so ein Haus gesehen? Rate, wie lange wir daran gebaut haben?«

Ich sagte, daß mich schon nichts mehr überraschen könnte.

»Hör dir die Geschichte an: Wir waren gerade mit der Planung einer Freiwilligenaktion im Dorf beschäftigt, da starb einer unserer Mitplaner an einem Herzschlag. Er war noch jung. Ich war um eins in der Nacht von ihm weggegangen, um drei riefen sie mich an und sagten, er ist tot.

Auf dem Höhepunkt der drei ersten Trauertage rief ich meine Leute hier zusammen und sagte, kommt, wir ändern den Plan. Wir bauen hier ein Jugendkultur- und Sportzentrum zu seinem Andenken. Wir setzten uns hin, überprüften die Sache und stellten fest, daß sich die Kosten für ein solches

Zentrum auf eine halbe Million Schekel beliefen. Die wir nicht hatten. Woher nehmen? Du mußt bedenken: der Etat meines Dorfrats für Regionalentwicklung beträgt im Jahr elftausend Schekel für eintausendvierhundert Einwohner. Von diesem Geld muß ich auch noch einen Empfang und das Mittagessen für den Innenminister bestreiten, der mit fünfzig Leuten hier ankommt, die auch noch von mir verlangen, daß ich einen koscheren Koch aus Petah Tikva hole, und schon sind die ganzen elftausend weg! Deshalb lade ich nie auch nur einen einzigen dieser Gauner ein.

Was haben wir gemacht? Wir haben eine Mannschaft zusammengestellt. Wir haben fünf Ingenieure aus Kfar Kanna, Umm el Fahm, Kfar Kassem hergebracht und auch einen von uns. Das war die Kernmannschaft. Dann haben wir fünf Komitees gebildet, eines verantwortlich für Material, eines für Arbeiter, eines für Werkzeuge, und so weiter.

Am vierten Trauertag haben wir bereits angefangen zu arbeiten. Achtzigtausend Schekel haben wir von den Leuten im Dorf gesammelt, die Leute holten ihre Ersparnisse raus. Frauen zogen Ringe von ihren Fingern. Sie nahmen die Goldreifen ab, wir haben hier einen ganzen Sack voll mit Gold und Schmuck eingesammelt...«

»Rein freiwillig? Es gibt Gerüchte, daß ihr Leute zum Spenden zwingt.«

»Alles freiwillig. Es ist uns von der Religion her verboten, einen Menschen zum Zahlen zu zwingen. Und außerdem – welche Macht habe ich, um etwas mit Gewalt zu nehmen? Ich habe nur den Druck der Öffentlichkeit. Wenn alle um dich herum etwas geben, dann gibst du auch etwas. Es gibt Parteien im Dorf, die gegen uns sind, aber wenn wir einen Gehsteig neben dem Haus eines Opponenten machen, glaubst du vielleicht, er kommt nicht raus und hilft mit? Wie kann er anders?

Kurz gesagt, innerhalb von achtzehn Tagen riefen wir das Kulturzentrum endgültig ins Leben. Wir arbeiteten Tag und Nacht. Zwölf-Stunden-Schichten: Schichtende, schlafen, aufstehen, Schichtanfang. Über 700 qm. Eine öffentliche Bibliothek, in der, Inschallah, zwanzigtausend Bände stehen werden. Ein riesiger Versammlungssaal. Eine Bühne für das Theater der islamischen Frauen, das wir hier im Dorf haben. Und im Untergeschoß zwei private Kinderkrippen, die wir eingerichtet haben, dreißig Schekel im Monat für ein Kind...«

Ich sah die Kindergärten. Fröhliche Kindergärten, voller Farben, Anreize, Spielangebote, Ausrüstung und Material. »Sicher. Weil der Etat dafür nicht vom Unterrichtsministerium kommt. Er kommt von uns. Von der Gesellschaft, die wir errichtet haben. Na und, weshalb sollten wir nicht ein separates Erziehungssystem haben, wie euere Religiösen?«

Und er begann aufzuzählen: »Heute gibt es im Dorf ein ›Altenheim‹; es gibt einen Basketballplatz; es gibt zwei öffentliche Spielplätze mit bester Ausstattung. Wir haben den Friedhof endlich hergerichtet. Wir haben ein Kanalisationsnetz angelegt. Straßen. Beleuchtung auf den Straßen. Das Unterrichtsministerium hat nicht einen einzigen Raum in der Schule gebaut, seitdem ich in dem Ort bin«, bemerkte er, sogar ohne jeden Vorwurf, »in der gesamten Schule gab es zwei Toiletten. Der Lehrer ging zusammen mit dem Schüler aufs Klo, was für ein Zustand! Wir haben zwanzig Toiletten gebaut. Schulzimmer angebaut. In meinem Ort hat die Islamische Bewegung das gemacht, was kein Innenministerium in fünfzig Jahren je machen würde. Auch wenn sie uns den Entwicklungsetat fünfzig Jahre lang verdoppeln würden, es würde nicht zu dem reichen, was wir im Dorf gemacht haben. Das heutige Unternehmen hat mich fünfzigtausend Schekel gekostet, und wenn ich die Arbeit weggegeben hätte – hätte es dreihunderttausend gekostet.«

Natürlich wollen wir eine Autonomie, sagten mir – jeder auf seine Weise – die Männer, mit denen ich in einer der Arbeitspausen in Kfar Bara ein kräftiges Abendessen einnahm: »Wir sprechen viel darüber«, sagte Kamel Rian, »bei all dem drängt sich am Ende auf, daß wir hier eine Autonomie erhalten. Die herrschende Macht treibt uns mit Gewalt dazu, das zu wollen.« Und seine Gefährten im Chor: Nimm die Ernennung der Kadis als Beispiel. Wie kann ein Beamter in Petah Tikva, der kein Arabisch kann, einen Kadi für ein bestimmtes Dorf ernennen, zumal wenn alle wissen, daß er ein Trinker ist und nur dazu ernannt wurde, weil er ein Spitzel für den Schin Bet ist? Wie kann ein Analphabet zum Imam für ein Dorf ernannt werden? Weshalb muß ich zehn Jahre warten, bis ich von den Geldern des Dorfrates einen Kindergarten bauen kann? Du hast gesehen, was wir selbst alles machen können; warum läßt man uns unseren traditionellen islamischen Lehrplan nicht selbst festlegen?; warum wird unsere Fußballmannschaft nicht zur Liga zugelassen?; die islamische Liga wurde aufgestellt, weil wir einfach keine andere Wahl hatten!

»Langsam, langsam«, faßte Kamel Rian die stürmischen Rufe zusammen, »unsere selbständigen Aktivitäten werden immer mehr und geben uns das Gefühl von Unabhängigkeit. Die Islamische Bewegung hat heute schon ihre Instrumente, Institutionen und Vertreter. Diese Dinge drängen in Richtung Unabhängigkeit.«

Sie rannten wieder los. Die Zeit war knapp, das Unterfangen groß, und – man war sein eigener Herr, das war wohl das Geheimnis. Die Luft knisterte vor Erregung. Ich hatte bereits begriffen, weshalb ich hatte kommen müssen und wie blaß die Worte gegenüber den Taten waren. Mir fiel die Zikr-Zeremonie einer Derwischsekte ein, der ich einmal in der Altstadt Jerusalems beigewohnt hatte: im Verlauf einiger Stunden versetzten sich die Mitglieder des ›zawiye‹ (Derwischkloster) in eine völlige Ekstase. Etwas von der gleichen Spiritualität und Hingabe gab es in dieser Nacht auch hier. Überall wurde gehämmert und gehackt. Gegenüber, in der Dunkelheit, Petah Tikva in feiertäglicher Sabbatruhe, im Kreis um die Suppenteller versammelt, und bei uns, beziehungsweise bei ihnen, lud ein Lastwagen noch einen Schwall Steine ab und die ›Steinmannschaft‹ stürzte los, um die Steine an die ›Zaunmannschaften‹ zu verteilen. Im Dorf arbeiteten sechs Bulldozer, zwölf Lastwagen, drei Betonmischmaschinen, Bagger, und inmitten des ganzen Getümmels eroberte ein dreijähriger Junge namens Wasim mit Hilfe einer gelben Plastikhacke den Teer vor seinem Haus. Dieses Plastikwerkzeug erinnerte mich an einen anderen Jungen in seinem Alter, der eine gelbe Plastikstange auf mich gerichtet hatte, im Kindergarten in Dahaische, und auf mich geschossen hatte, weil ich ein Jude bin. Dieser Junge war heute bereits acht, und wenn ihm nichts passiert war, hatte er sich sicher schon von Plastik zu Stein vorgearbeitet. Wasim war völlig fasziniert von dem Teer. Ernsthaft und hingebungsvoll glättete er einen kleinen Buckel, schnüffelte daran, berührte ihn mit der Hand: Sinnesempfindungen, die er nie vergessen würde; vielleicht formte sich hier in ihm auch, ohne es zu wissen, sein politisches und religiöses Bewußtsein.

Neben dem kleinen Postgebäude rieb der Sekretär des Dorfrates mit einer harten Bürste die Betonbrösel von dem neuen Steinzaun. »Auch das ›finish‹ ist wichtig«, Rian nahm es genau mit ihm, und ich dachte über diesen einen Ausdruck nach, ›Araberarbeit‹. Daneben, regelrecht vor meinen Augen und innerhalb von ungefähr zwei Stunden, verwandelte sich ein schmaler Sandpfad in einen breiten, bequemen Bürgersteig, gesäumt von Bäumen, und schon stürzte sich die Arbeitsgruppe der Bordsteinanstreicher darauf, danach die Reinigungsmannschaft, die den Material-Abfall entfernte, und schließlich wurden die Stützrahmen um die Baumsetzlinge herum befestigt, die Ständer für die Abfallkörbe ...

Ein anderer, fast vergessener Pioniergeist. Ein Schwung, dem auch ein Fremder nur schwer widerstehen kann. Und wenn sie mich aufforderten, mitzumachen? Was, wenn mir jemand Hacke oder Spaten reichen würde? Welche Versuchung zu vergessen, was hinter den Dingen stand, und sich dem pionierhaften Elan der Gründergeneration hinzugeben, der die Brust weitete. Wie wäre es überhaupt möglich, in dem alles mit sich reißenden Sturm ringsherum die Hand eines

Menschen abzulehnen, die dir ein Arbeitsgerät hinhält? Eine äußerst verwickelte Frage, die – über Zwischenstufen von ausweichenden und zurechtgebogenen Interpretationen – nur auf eines hinauslief: Hatten ich und sie das gleiche Ziel?

Ja, denn sie bauten das Land auf. Nein, denn ich spürte, daß sie nicht mein Land aufbauten. Doch, denn sie machten genau das, was jede israelische Gruppe, die Initiative und Ideale besaß, gemacht hätte. Nein, denn diese Begeisterung war Teil einer perfekten Maske von geheimen Wünschen und Überzeugungen, die nicht die meinen waren, und die Glut diente im Moment nur dazu, das Feuer unter dem riesigen Teerkessel am Brennen zu halten.

Ein kräftiger Mann mit gekräuseltem Haar näherte sich Kamel Rian. Seine Haare waren weiß vor Staub. Er war der Verantwortliche für den Asphalt. Es gab ein unvorhergesehenes Problem: Auf Grund des schnellen Arbeitstempos ging der Teer aus. Siebzig Tonnen. 1700 qm Bürgersteig waren an einem Tag fertiggestellt worden. Alles staunte. Die Bewegungen verlangsamten sich. Kamel kratzte sich wie erwachend am Kopf: »Es ist alles weg? Aber das war für zwei Tage!«

›Wir haben die islamische Lösung, für Juden und für alle Menschen ... es gibt nur für einen Staat Platz zwischen dem Fluß und dem Meer. Dieser Staat wird muslimisch sein‹, hatte ich eine Woche zuvor im Organ der Islamischen Bewegung, ›Die Stimme der Gerechtigkeit und der Freiheit‹ gelesen, aber trotz des Zustands, in dem sich die arabische Gesellschaft in Israel befindet, in ihrer Passivität und Selbstausgrenzung, fiel es einem schwer, von den Taten unbeeindruckt zu bleiben und das Geheimnis ihrer Anziehungskraft auf so viele nicht zu begreifen. Dort, in Kfar Bara, gegenüber den trockengelegten Sümpfen von Melabes (heute: Petah Tikva, eine der jüdischen Pioniersiedlungen), konnte man den Aufbruch eines muslimischen Petah Tikva nachempfinden und auch den schmerzhaften Stich eines überraschenden

Bedauerns spüren, Sehnsucht nach uns selbst, wie wir einst waren.

»Komm, was träumst du da«, Kamel Rian wurde wieder aktiv, faßte mich an der Hand und zog mich fort, »komm, ich zeige dir was, was du nicht glauben wirst.«

Aber ich blieb stehen und bestaunte das, was ich vor mir sah: Im Hintergrund des halbdunklen Platzes entdeckte ich plötzlich eine Ansammlung von Gestalten, schweißüberströmt, still, nur ihre Rücken sah ich, wie sie sich hinknieten, aufrichteten, hinknieten, ihre Gesichter nach Mekka gewandt.

15. Kapitel

Inwieweit sind sie selbst für die mißliche Lage verantwortlich, die zwischen ihnen und der jüdischen Mehrheit entstanden ist? Was ist ihr Anteil am Scheitern? Sind sie bereit, auch ihre Versäumnisse mit kritischem Blick zu betrachten oder versuchen sie nur, die ganze Schuld auf die Juden abzuwälzen?

»Es ist völlig natürlich, daß eine Minderheit sich immer über die Mehrheit beklagt«, sagte Ra'afat Kabha aus Barta'a: »Wenn du zu einem israelischen Palästinenser gehst und zu ihm sagst, ›da, es gibt einen Fortschritt in Richtung Gleichberechtigung, es gibt eine Verbesserung gegenüber den vergangenen Jahren‹, – ich glaube nicht, daß es einen einzigen Palästinenser in Israel gäbe, der zu dir sagen würde: ›in Ordnung, stimmt, ich werde nicht benachteiligt‹. Das wird nie passieren. Hast du schon mal eine Minderheit gesehen, die sich nicht beklagt hätte?«

Die Situation an sich, der Zustand, eine Minderheit zu sein, erzeugt fast unvermeidlich ein bestimmtes Gefühl, das keine Besänftigung und Beschwichtigung zuläßt: Unzufriedenheit und Sorge, Mißtrauen und Bitterkeit. Es gibt etwas an der bloßen Existenz der Tatsache, Minderheit zu sein, das dazu angetan ist, sie in einem Teufelskreis von ›Beleidigtsein‹ festzunageln: es gibt die ständige Bereitschaft, verletzt und beleidigt zu werden, es gibt eine ›Ausbeutung‹ dieses Verletztseins, um das Unglücklichsein zu bestätigen und zu erhalten, es gibt ein Sich-darin-Suhlen, und schon fängt wieder alles von vorne an.

Mehr als einmal während der Zusammenstellung der Interviews für dieses Buch spürte ich mich gegen den Ton beständiger, fast zwangsläufiger Beschwerde aufbegehren, in dem sich Araber gegen den Staat Israel und die jüdische Mehrheit wandten; ›aufbegehren‹ nicht nur, weil ein solcher Ton an sich schon reizt, und zwar in jeder Situation und von jedem Menschen, sondern weil ich mich auch davon überzeugen konnte, wie gefährlich die Position des andauernden Leidens für diejenigen ist, die sich in diesem Zustand befinden:

In der 12. Klasse in Jatt beschwerten sich die Schüler mir gegenüber vehement, daß man ihnen nicht erlaubte, in der Schule die Gedichte von Mahmud Darwisch zu lernen und so ihr nationales Erbe und palästinensisches Bewußtsein verletze. Diese Beschwerde ist nur zu bekannt und, meiner Meinung nach, auch legitim, jedoch war zugleich nur schwer zu übersehen, daß die Jungen und Mädchen für ihre eigenen Beschwerden die gleichen Wörter und Phrasen benützten, die ich anderswo in ähnlichem Zusammenhang gehört hatte: sie rezitierten.

Ich stimmte ihnen zu, daß es gut wäre, wenn sie die Gedichte Darwischs lernen würden, die Geschichte und Kultur der Palästinenser allgemein, und danach fragte ich, wer von ihnen versucht hatte, sich das Thema selbständig zu erschließen. Niemand antwortete. Ich nahm an, sie hätten die Frage nicht verstanden und fragte nochmal: Hat jemand von euch versucht, Literatur über das palästinensische Volk zu finden? Schweigen. Ein Schüler – von fünfunddreißig – sagte, daß er einmal in der ›Palästinensischen Enzyklopädie‹ geblättert hatte, die in Israel in arabisch publiziert ist. Die anderen duckten sich in ihre Bänke. Grinsten. Eine Schülerin murmelte, sie hätte einmal ein Buch gelesen, ›Die palästinensische Katastrophe‹. Eine andere hatte begonnen, ein Buch über die ›Tragödie eines palästinensischen Mädchens‹ zu lesen. Habt ihr, fragte ich, mit irgendeinem Erwachsenen über diese Dinge gesprochen, die euch so wichtig sind? Sie tauschten Blicke aus, begannen zu kichern. Wurden leicht aggressiv. Es war ersichtlich, daß sie noch nie auf die Idee gekommen waren, die ihnen gesetzte Linie zu überschreiten, für deren Existenz ja die jüdische Herrschaft verantwortlich war. Das fixierte Beleidigtsein diktierte ihnen Phrasen, lieferte ihnen Ausreden anstatt Einsicht.

Ich erzählte Rassem Hamayesi, Stadtplaner aus Kfar Kanna, davon. Er wohnt heute in Ramalla, ein energischer Mann, aktiv und zukunftsorientiert. Solche Geschichten, sagte sein Gesichtsausdruck, kann ich nicht mehr hören.

»Es genügt, die ganze Zeit zu sagen, daß alles nur wegen der Regierung ist, dabei sind auch wir an dieser Situation schuld! Wir drängen uns noch nicht besonders danach, uns selbst zu kritisieren. Ich gebe dir ein Beispiel aus meinem eigenen Leben: Die Tochter meines Bruders, sie ist in der fünften Klasse, zeigte mir ihr Geographieheft. Ich schaue es an und sehe, daß falsche Antworten drinstehen, aber der Lehrer hat ein Häkchen hingemacht und abgezeichnet, als ob alles richtig wäre! Ich ging zu dem Lehrer und fragte ihn: Warum das?

Er sagte: Ich verbessere nicht. Ich unterschreibe nur, daß ich nachgeprüft habe, ob sie ihre Hausaufgaben gemacht hat.

Ich sagte: Einfach so? Vielleicht hat sie dir da ein Lied von Umm Kaldhoum hineingeschrieben?

Er begann: Nein... schau, wir machen das immer so, so ist es eben...

Und das war ein junger Lehrer, von dem man hätte annehmen können, daß er in Ordnung ist, daß er ein Wertsystem hat, an das er glaubt!

Diese Kultur, dieser Kleingeist, herrscht bei uns, und eines der bedenklichen Dinge ist, daß wir immer ein Alibi dafür haben: Ich bin ja eine nationale Minderheit! Oder: Die äußeren Faktoren ermöglichen mir kein Vorwärtskommen! Schön und gut, manchmal hat das seine Berechtigung, aber oft benützt man es einfach so. Ein Junge, dessen Hefte ich überprüft und dabei festgestellt hatte, daß er einfach irgendeine Übung kopiert hatte, kam zu mir. Er begann mir folgende Ausrede vorzutragen: Ich will fertig machen, ich will einen Abschluß, ist es nicht genug, daß sie uns nicht vorwärtskommen lassen ... Ich sagte zu ihm: Das ist eine Ausrede. Mir verkaufst du das nicht! Du willst Lehrer werden, nicht wahr? Wie könnte ich wollen, daß du meine Söhne unterrichtest? Was würdest du ihnen beibringen? Welche Werte? Wenn du dich also ständig selbst begrenzt und von vornherein sagst: Man läßt mich nicht vorwärtskommen, gerätst du in das destruktive Fahrwasser eines Volkes, das sich selbst schwächt und auslaugt. Vielleicht gibt es Leute, denen es Spaß macht, sich so zu fühlen, die ganze Zeit arm und erniedrigt. Das liefert ihnen die Ausrede für alle möglichen persönlichen Fehlschläge. Aber ich will meine Kinder und meine Gesellschaft nicht unter solchen Umständen erziehen.«

Als er das sagte, dachte ich darüber nach, wie sehr uns das Gefühl der Beleidigung – vielleicht mehr als jedes andere Gefühl – in die Situation der Kindheit zurückversetzt; wenn wir dagegen zum Beispiel Wut verspüren, kehren wir nicht dorthin zurück. Auch nicht, wenn wir verbittert sind oder traurig. Aber wenn wir beleidigt sind, werden wir zu Kindern: etwas Verletzliches und Hilfloses, Gebranntes, aber auch Scheinheiliges steigt aus den Tiefen unserer Erinnerung auf und schnürt uns den Hals zu. Was bedeutet, daß ein willentlich gelebtes Beleidigtsein einen Menschen oder eine Gruppe in einer gewissen Kindheitsfixierung verharren läßt. Und in der Tat lag genau dieser Ton, kindisch, hilflos, und eigentlich verwöhnt, in der Stimme der Schüler – und eben auch gewisser Erwachsener, die ich getroffen hatte, die ohne Selbstreflexion und Einsicht ihr Klagelied über das Unrecht anstimmten, das Israel ihnen antat. Es war deprimierend, so etwas bei Erwachsenen zu spüren, die älter waren als ich, bei Familienvätern, teils Lehrern, die junge Menschen unterrichteten: Sie trugen ihre Kindheit in deren negativer Bedeutung mit sich herum, es fehlte ihnen jede Fähigkeit, Verantwortung für das persönliche Schicksal zu übernehmen, statt dessen gehorsame Anpassung an die von außen diktierten Beschränkungen und ein passives Sichabfinden mit den Launen der ›Erwachsenen‹.

So verhielten sich jahrelang auch die Palästinenser in den besetzten Gebieten; die souveränen Staaten um sie herum, die ›Erwachsenen‹, bestimmten ihr Schicksal und enthielten ihnen das Recht auf Selbstbestimmung vor, die Mehrheit war nicht berechtigt, einen Paß zu haben, die meisten hatten nicht einmal eine Staatsbürgerschaft, die Flüchtlinge unter ihnen besaßen kein eigenes Heim. Sie wurden wie Kinder behandelt, und es kam auch niemandem in den Sinn, daß sie plötzlich aggressiv und eigensinnig werden könnten. Jahrelang hatten auch sie dieses Verhalten verinnerlicht, und unter diesem Aspekt war die Intifada die Rettungstat für sie: eine Rückkehr in die reale Zeit, ein Zusammenschluß mit den Kräften der Macht in der Erwachsenenwelt, ein Integrationsprozeß der vollständigen Persönlichkeit. So wie der Sechs-Tage-Krieg neunzehn Jahre nach der Grundsteinlegung eine Art kollektive ›Gesellenprüfung‹ für Israel war, war die Intifada, zwanzig Jahre nach der Eroberung die ›Gesellenprüfung‹ des palästinensischen Volkes in den besetzten Gebieten. Und vielleicht war es kein Zufall, daß es ausgerechnet die Jugendlichen, die Jungen waren, die mit der Revolution im palästinensischen Bewußtsein begannen: Bei manchen Treffen war zu spüren, wie sehr sie es verstanden, die Energien des Reifeprozesses mit jenen des Nationalismus zu vermengen und wie sehr die einen den anderen zugute kamen. Rassem Hamayesi war der erste Palästinenser in Israel, der im Zentrum der Metropolenplanung amtierte, heute befaßt er sich mit strategischer Stadtplanung, auch für arabische Städte. Klein, mit einem Ansatz zur Glatze, seine Augen unter der vorgewölbten Stirn sind voller Leben. Ein scharfsinniger, sich in stetem Fluß befindender Mensch, bei dem man sofort spüren konnte: durch seine Adern strömt die Zeit.

»Hör zu, wir sind gewaltig im Rückstand... die Kluft zwischen den Werkzeugen, die der Menschheit heutzutage zur Verfügung stehen, und den Werten und Inhalten, die unsere Kinder erhalten, ist sehr breit. Und diese Kluft erzeugt etwas Bedrohliches: Du-lebst-die-Zeit-nicht, in-der-du-lebst! Was bedeutet, daß du im Prinzip nur ein halbes Leben lebst! Wie im Flug! Heute hast du ein Telefon im Auto und daheim ein Fax, es gibt einen Computer, den du überall auf der Welt anschließen kannst, aber die große Frage ist, wie wird das in unsere Denkprozesse miteinbezogen? Wie kann ich das übersetzen? Denn die Zeit wartet nicht auf mich! Unser inneres Anpassungsvermögen an solche Dinge, an die Begriffswelt, die sie schaffen, ist immer noch äußerst begrenzt. Die Anzahl der Menschen, die sich mit diesen Dingen bei uns beschäftigen, ist in der Minderheit. Wir stellen uns immer noch nicht die wichtigsten Fragen in Zusammenhang mit der Verantwortung, die wir der Gesellschaft gegenüber haben: Für wie viele weitere Generationen bist du verantwortlich, wenn du imstande bist, nur bis zu deiner Nasenspitze zu schauen? Bist du auch für die Zukunft deiner Söhne verantwortlich? Oder möchtest du etwas tun, das auch noch auf die Söhne deiner Söhne Einfluß hat?« So Rassem Hamayesi.

Ich fragte andere. Wieder und wieder stellte ich die Frage, wie es möglich war, daß das repressive Verhalten des Staates die arabische Minderheit hatte stillbleiben lassen; weshalb die Palästinenser in Israel nicht darauf reagierten wie andere Minderheiten auf der Welt, die sich in einer ähnlichen Situation befinden: mit einem ambitionierten Ansturm auf die Machtzentren der Mehrheitsgesellschaft und ihrer Eliten. Sie werden abgewiesen, preschen wieder vor, bis sie dem Leben der Mehrheit ihre Präsenz aufgezwungen haben. Die natürliche Verbitterung, die ›Minderheitsvergiftung‹ verwandeln sie in einen reichhaltigen Brennstoff, in ein Ferment, die in ihnen den Konkurrenzeifer und den Drang nach Auszeichnung verstärken, und eines Tages zwingen sie die Mehrheit, sich mit ihnen zu befassen. So ist die jüdische und japanische Minderheit in den Vereinigten Staaten. So ist die chinesische Minderheit in den ostasiatischen Ländern. So sind die Palästinenser in den arabischen Ländern.

Hier sind einige der Antworten, die ich erhielt.

Nabih Kassem, einundfünfzig, Lehrer und Schriftsteller aus dem Dorf Rama.

»... Zu meinem Schüler sage ich: zuallererst mußt du an der Spitze sein. Sei ein erfolgreicher Schüler. Aber du sollst deine Grenzen kennen. Es gibt Dinge, die du in Israel nie sein kannst. Kein Minister, kein Generaldirektor, kein Pilot, nichts wirklich Wichtiges für die israelische Gesellschaft. Und deshalb sage ich zu ihnen: Das müßt ihr wissen. So weit der Traum, und nicht weiter. Wenn du zuviel träumst, zerstörst du dir deine Zukunft.«

»Wie kann man zu einem Jungen mit sechzehn Jahren kommen und sagen, ›so weit der Traum‹? Das ist doch das Alter der Träume.«

»Hör zu: Er muß die Realität kennen. Wenn er ins Leben hinausgeht und die Wirklichkeit nicht kennt, wird er am Ende daran zerbrechen. Er muß wissen, daß er seine Rechte fordern muß, aber keine Schlüsselstellung erreichen kann. Was schaust du da... Träume! Ich habe keinesfalls zuviel geträumt.«

Dr. Majed Alhaj, Soziologe, Dozent und Wissenschaftler an der Universität Haifa.

Ein junger Mann, sehr wendig, in dem manche den zukünftigen Mann sehen, der die Palästinenser in Israel führen wird.

»Die Palästinenser müßten nicht aufgeben«, sagte er, »wir sind hier achtzehn Prozent der Bevölkerung, von deren Potential der Staat überhaupt keinen Gebrauch macht! Das ist ein immenser Verlust! Wie können die Juden die Bedeutung dieses Potentials nicht begreifen? Der Staat verliert diesen Teil zunehmend, die palästinensische Elite findet hier drinnen verschlossene Türen und so gut wie keine Arbeitsmöglichkeit, die Priorität gilt Neueinwanderern und Juden, die Kluft vergrößert sich, und damit auch der bittere Entfremdungsprozeß.«

Alhaj verließ die Schule, als er in der vierten Klasse war.

Seine verwitwete Mutter nahm ihn von der Schule, damit er ihr beim Gemüseverkauf im Wadi Nisnas half. Nur auf Drängen der Lehrer kehrte er auf die Schulbank zurück. Seinen Doktortitel erhielt er an der hebräischen Universität. Sein Postgraduiertenjahr machte er an der Brown University in den Vereinigten Staaten.

»Aber ich glaube nicht, daß die Palästinenser auf ihren Anspruch verzichten müssen. Ich denke, es ist im beiderseitigen Interesse, daß sie darum kämpfen, auf allen Gebieten Leistungen zu erbringen. Daher beschäftige ich mich heute mit der Begabtenförderung im Kreise der Araber in Israel. Ohne die Pflege einer herausragenden Elite der arabischen Minderheit ist es zweifelhaft, ob die Palästinenser einen Platz in der israelischen Gesellschaft erobern können. Der durchschnittliche Araber heute hat keinerlei Chance, im jüdischen Sektor integriert zu werden. Nur einem überdurchschnittlichen Araber, der einen rein jüdisch angepaßten Beitrag zu bieten hat – wie es beim Theater passiert ist oder im Sport mit Zahi Armali –, gelingt der Durchbruch.

Und daher ist eine der Botschaften, mit denen ich heute an meine Gesellschaft herantrete, wie man außerordentliche Begabungen kultivieren kann. Die Tatsache, daß sich die Mehrheit der Bevölkerung in Israel der Illusion hingibt, sie könne dich ignorieren, muß nicht heißen, daß du dich dem unterwirfst und verschwindest, dich ignorieren läßt. Ich glaube, daß diese Neigung der arabischen Minderheit in Israel, sich selbst auszugrenzen, sich auf sich selbst zurückzuziehen – auf Dauer Selbstmord ist.

Es kann sein, daß das Dinge sind, die einige Palästinenser-Führer in Israel nicht gerne hören werden, aber ich fühle mich verpflichtet, das in objektiver Form auszusprechen: Wir, die arabische Bevölkerung, haben Anteil an diesem Scheitern. In unseren Schulen gibt es keine qualifizierte Ausbildung. Die Erziehung dieser Generation ist keine wesentliche Komponente, mit der die Gesellschaft sich weiterentwickelt. Es gibt heute zwar eine leistungsorientierte Erziehung, aber keine zu hervorragenden Leistungen. Weder für den einzelnen noch in der Gruppe. Wir brauchen einen intensivierten Lehrplan. Man muß die zu unterrichtenden Schüler schon früh auswählen. Eine junge Führungselite aufziehen. Das ist eine große Herausforderung für uns. Wir müssen eine große Frustration überwinden, vor allem in der gebildeten arabischen Schicht. Denn auch wenn du dich noch so hervorragend bewährst – es gibt immer eine Grenze für deine Träume. Es gibt ein Maximum, über das du nicht hinauskommst. Weshalb soll man sich also auszeichnen?«

Naim Araidi, Dichter und Literaturwissenschaftler:
»... Es handelt sich nicht um wirkliches Nichtwollen der Araber. Es ist eine große Furcht. Angst. Denn hier ist von zwei völlig verschiedenen Kulturen die Rede, und wenn man sich der zweiten Kultur wirklich aussetzt, verändert das den ganzen Horizont des Denkens und Fühlens. Einerseits willst du dich nicht assimilieren. Andererseits möchtest du etwas darstellen. Weder das jüdische noch das arabische Establishment ermutigen im Grunde eine solche Assimilation. Fast in jedem Staat auf der Welt, in dem eine Mehrheit und eine Minderheit leben, möchte die Minderheit immer die Mehrheit werden. Hier – nichts davon. Hier will die Minderheit nur in praktischen, materiellen und äußerlichen Dingen die Mehrheit. Der eine will eine Villa bauen, der andere Video und Auto, und damit hat es sich aber auch schon.«
Araidi, einundvierzig, kommt aus einer drusischen Gemeinde und ist in Maghar geboren. Er hat Gedichtbände in Hebräisch und Arabisch veröffentlicht und seine Doktorarbeit über den Dichter Uri Zvi Grinberg geschrieben (»Soll ich dir vielleicht weismachen, einige Dinge in seiner Dichtung hätten mich nicht geärgert? Sein Nationalismus? Doch, sie haben mich geärgert, aber für mich ist er dennoch ein Genie, dessen Poesie riesig, immens ist, eine Flut von Genialität, und dem hin und wieder ein Ausrutscher erlaubt ist.«). Er hat sechs Monate im Gefängnis gesessen, weil er über das Spio-

nagenetz Udi Adivs (syrischer, pro-arabischer Spionagefall) Bescheid gewußt und nichts verraten hatte.

»Nimm die jüdische Gesellschaft, nimm die arabische und vergleiche sie: Bei euch gibt es eine Tradition der Selbstkritik. Wenn du die Bibel liest, ist das erste, was auffällt, daß die Wirklichkeit ebensowenig idealisiert wird wie die Gestalten. Es gibt Lügenpropheten, schreckliche Sünden von König David, und auch unser Urvater Abraham lügt den ägyptischen König an und sagt, daß Sara bloß seine Schwester sei. Das ist wunderbar. Es bringt die zutiefst menschlichen Konflikte zum Ausdruck, übertüncht nichts. Und wenn der Prophet bei euch spürt, daß das Feuer der Prophezeiung in ihm brennt, dann fürchtet er niemanden, denn er hat Rückendeckung vom Himmel: ›Denn der Mund meines Herrn spricht!‹ Und das ist in euerem Bewußtsein verankert, das ist euer Wesen.

Bei uns – du gestattest, daß ich mich auf mein Betätigungsfeld beschränke, arabische Literatur und Poesie – kann der arabische Dichter oder Schriftsteller seine Gesellschaft nicht kritisieren. Man erwartet das auch nicht von ihm, denn seiner traditionellen Aufgabe nach wird er als jemand gesehen, der verpflichtet ist, die Gesellschaft zu unterstützen. Wenn die Gesellschaft lügt – muß der Schriftsteller die Lüge unterstützen, und dann vergessen alle, daß sie sie selbst in die Welt gesetzt haben, und fangen an, daran zu glauben ... Es gibt bei uns zwar ein paar Ausnahmen, Schöpfer bedeutender Werke, einzigartig in ihrer Generation, Mahmud Darwisch, Emil Habibi, aber sonst? Nur Hofdichter. Versemacher. Wirkliche Gesellschaftskritik oder eine echte Herausforderung der Gesellschaft – da kommt nichts ...«

Dann die Ansichten einer circa Zwanzigjährigen, die darum bat, anonym zu bleiben. Sie ist die Tochter einer jüdischen Mutter und eines arabischen Vaters, und als ich zu ihr sagte, daß sie eigentlich das Musterbeispiel der Koexistenz sei, daß sie der Typus sei, der, vielleicht, mit klarer Stimme sagen könnte, ›Ich bin Israelin‹, lachte sie: »Da bin ich mir nicht so sicher. Ich habe, was Israel anbelangt, dermaßen viel Bauchweh... Vielleicht kann ich wirklich sagen, daß ich Israelin bin, aber nur, was die Komplikationen angeht, und vielleicht ist das ja die Bedeutung von ›Israeli-Sein‹...«

Sie hatte schwarzes Haar, eine Grenzgängerin zwischen zwei Welten, und sehr blaue Augen, und ihre dichten Augenbrauen schwangen sich wie zwei Bögen über ein schönes Gesicht, über der Röte der Wangen. Sie sprach leise, mit der Schüchternheit eines jungen Mädchens: »Manchmal bin ich vielleicht die einzige zwischen meinen jüdischen und arabischen Freundinnen, die sehen kann, wie sehr sich die Vorurteile auf beiden Seiten gleichen und wie jeder in genau der gleichen Form die Vorurteile und Stereotypen benutzt, die er auf den anderen anwendet; ich passe die ganze Zeit auf, nicht Partei zu ergreifen, besonders in dieser Situation, in der sich jeder mit einer Seite identifizieren muß, weil er sonst praktisch nicht existent ist...«

Von Beruf war sie Grafikerin, und ihre Grafik sei, wie sie sagte, ›westlich‹, wie auch die Musik, die sie liebte; die Literatur, die sie las, war in Hebräisch und Englisch geschrieben: Die arabische Literatur war für ihren Geschmack zu sehr in das verstrickt, was hier geschah, in den Kampf, in den Alltag, zu sehr instrumentalisiert. Die Sprache, die sie bevorzugte, um sich auszudrücken, war Hebräisch. Aus dem inneren Widerspruch ihrer Situation heraus hatte sie eine eigene Identität entwickelt, die weder jüdisch noch muslimisch war: »Von klein an dachte ich, daß ich alle diese Dinge auf einmal bin, daß sie in mir sind. Und nicht, daß ich ein Teil von ihnen bin. Die ganze Zeit wird versucht, mich auf irgendeine Seite zu ziehen, aber ich wollte nicht dazugehören, sondern mir gehören. Alles in mir miteinschließen.«

Für die arabische Gesellschaft in Israel fand sie harte und entschiedene Worte: »Die Palästinenser hier befinden sich meiner Meinung nach in einer unglücklichen Lage. Was sollte ihnen auch wichtig sein und sie etwas angehen? Sie haben nicht einmal die Identifikation eines ›Ich bin ich‹, sie haben keine klare Vorstellung, wer sie sind. Was sie wirklich wollen. Was sie anstreben sollten. In dieser Situation entschädigt man sich entweder mit einer speziellen Identität als Individuum, distanziert sich generell von dem, was der Gesellschaft wichtig ist, und kümmert sich nur um sich selbst, oder man verwirklicht sich im Konsum, im Materialismus: ›Ich habe ein Haus, ich habe ein Auto, hübsche Kinder, wir reisen hin und wieder ins Ausland, mein Cousin ist Arzt, ist Rechtsanwalt...‹ Und dieser ganze Materialismus ist nur die Entschädigung für die Leere, die in einem ist.«

»Du ignorierst«, hielt ich ihr entgegen und war überrascht von ihren Schlußfolgerungen, »daß die arabische Gesellschaft in Israel zum Beispiel eine tiefe Wertschätzung für Bildung hat. Ich habe Eltern getroffen, die Analphabeten waren und bedrückend arm, aber auf die Erziehung ihres Kindes samt Privatstunden nicht verzichtet haben. Und jede Familie bemüht sich, wenigstens ein Kind auf die Universität zu schicken...«

»Das ist wunderschön«, erwiderte sie mit ruhiger Entschiedenheit, »aber wieder: diese Ausbildung ist eine Universitätsbildung und mehr nicht. Es ist keine innere Bildung. Keine Intellektualität in der wahren Bedeutung des Wortes. Kein geistiger Reichtum. Keine wirkliche Neugier. Auch das ist ein Teil des Kampfes ums Überleben. Man zieht es vor, nicht viel zu denken, sondern nur zu leben. In Frieden diese Situation zu überstehen. Denn sich mit den Schwierigkeiten auseinanderzusetzen, wie sie es in den besetzten Gebieten tun – ich kenne niemanden hier, der bereit wäre, diese Bedingungen zu ertragen. Die Leute wollen einfach gut leben. Wollen überleben, unwichtig, unter welchen Bedingungen, unwichtig, um welchen Preis. Sie werden sagen, was immer man ihnen sagt, um hier weiterleben, ihre Villen bauen, ihre Kinder auf die Universität schicken zu können. Und das Ergebnis von all dem ist die Assimilation. Du paßt dich einer anderen Gesellschaft an, die nicht die deine ist. Du verlierst die Identität. Du bist nur noch irgendein menschliches Wesen, kein Mensch von innen heraus. Irgendeine Kreatur, die danach lebt, was andere für sie bestimmen. Sie sagen dir, was gut ist und was nicht, was erlaubt ist und was nicht, und am wichtigsten – was angenehm ist. Und du kämpfst nicht dagegen. Stellst keine Forderungen. Du sagst nicht, was du im Kopf hast. Du sagst nicht, was du überhaupt bist. Du *weißt* schon gar nicht mehr, was du bist.«

Schließlich Ahmad Abu Esba aus Jatt, Ex-Lehrer, ehemaliges Ratsoberhaupt, heute Direktor eines Eisenwerks, das er aufgebaut hat.

»Wir leiden an einem prinzipiellen Defekt, der aus unserer Mitte Leute ohne Initiative und Selbstbewußtsein hervorbringt. Das fängt schon zu Hause an, wenn dem Kind der Wille der Eltern aufoktroyiert wird und man es seine Persönlichkeit nicht entwickeln läßt. Das ist ein generell arabisches Problem: Von klein an ermutigen wir unser Kind nicht zu Eigeninitiative, zu Kreativität. Was dabei herauskommt, ist ein Mensch, der sich immer auf andere stützt. Ein Parasit. Ein Mensch, der für alles eine Antwort oder Anweisung von seinen Eltern möchte, oder wer auch immer für ihn verantwortlich ist.«

Wir saßen da und unterhielten uns in einer Hütte neben dem Eisenwerk. Abu Esbas Stimme war warm, heiser und kraftvoll. Er war sechsundfünfzig, selbstsicher, ein starker, massiger Mann, der der israelischen Herrschaftsschicht keineswegs hilflos gegenüberstand: neben, zum Beispiel, dem Bürgermeister von Taibe, der einen umfassenden Entwicklungsplan für seine Stadt erstellen wollte und statt dessen auf einem Blatt Papier alle Forderungen auflistete, die er in den kommenden fünf Jahren beim Innenministerium einreichen wollte, fiel Ahmad Abu Esba als jemand auf, der sich den Spielregeln der israelischen Bürokratie schnell angepaßt hatte: »... Ariel Scharon sagte zu uns, als er Minister für Industrie und Handel war, er sei anders als alle Minister! Für ihn genüge ein ordentliches Gesuch, und schon sei er unter-

wegs und würde die Dinge ins Rollen bringen! Ich sagte: Wir werden sehen, mein Herr! Machen wir einen Versuch...
Am nächsten Tag ließ ich ihm schleunigst einen Brief zukommen: Sehr geehrter Minister, wir haben ein ausgewiesenes Industriegebiet, und ich brauche eine Basis und bitte Sie deshalb, mir für die kurze Zeit von vier Jahren ein Entwicklungsgebiet ersten Grades auszuweisen, um Investoren anzusprechen. Ich stellte ihm, gemeinsam mit einer Ingenieurberatungsgesellschaft, detailliertes Material zusammen, eine ordentliche Planung mit Kalkulationen für die Verkehrserschließung, für Strom und Kanalisation – alles. Er schickte mir sofort seinen Assistenten, er sah sich um, ich gab ihm sogar eine Fahne von Jatt«, er schluckte ein Lächeln hinunter, »ging meine Pläne durch und sagte: Na hör mal! Du bist ja wirklich startbereit! Ich sagte zu ihm: Mein Freund, ich pflege im allgemeinen meine Geschäfte ernst zu nehmen. Ich liebe es nicht, einfach nur so herumzuquatschen.«

Nur schade, daß das Ende der Geschichte nur allzu bekannt ist: »Das war vor fünf Jahren. Seitdem habe ich ihn nicht mehr gesehen. Und Scharon? Der baut jetzt Siedlungen und hat keine Zeit für alte Probleme. Er hat nur Zeit, neue Probleme zu schaffen.«

Und wir – wir sprechen von Faulheit.

»Schau dir an, was bei uns in den Schulen geschieht«, fügte Abu Esba hinzu. »Die neue, moderne Schule müßte die Eigeninitiative des Kindes fördern, sein Denken und seine Kreativität, seine Ausdrucksfähigkeit, aber bei uns zieht man es vor, weil schon die Lehrer so erzogen wurden, mit der gleichen Methode weiterzumachen. Anstatt eine Unterrichtsstunde mit Diskussion, Nachdenken und Schlußfolgerungen zu machen, machen sie Schreibübungen: ›Ihr hört mir zu und schreibt auf, was ich sage!‹

Dabei muß der Unterricht doch das sein, was der Lehrer und die Mitschüler gemeinsam klären und herausarbeiten! Aber das ist wohl zu schwierig, das ist ja eine Herausforderung für den Lehrer! Er müßte sich ja vorbereiten, sowohl auf den Stoff als auch auf die unvorhersehbaren Fragen der Kinder, und das macht natürlich Schwierigkeiten. Warum sollte er? Weil es keine Unterrichtskontrolle gibt und ihn sowieso niemand fragt, wie er unterrichtet, zieht er die alte Methode vor, und wenn er auch damit versagt, fabriziert er Parolen gegen die Regierung und trimmt sie den Kindern ein, um eine Ausrede für sein Scheitern zu haben. Und so erreicht der Junge die zwölfte Klasse und hat schon Angst davor, dir auch nur zu antworten. Versucht dir von den Augen abzulesen, wie er antworten soll, damit du zufrieden bist ...

Ein anderer Teil des Problems ist die Stellung der Frau in unserer Gesellschaft und ihre Aufgabe bei der Erziehung. Denn trotz allem, was wir der Frau beziehungsweise der Tochter auch beibringen – und sie schließt die Schule und dann das Lehrerseminar ab und macht den B. A. –, was ihren Charakter anbelangt, hat sie sich nicht geändert. Sie *weiß* mehr, aber vom Charakter her hat sie sich nicht geändert. Und wenn sie ein Kind erzieht, gibt sie ihm ihren Charakter mit, nicht das Wissen. Schau nach vorne, in die Generation meiner Enkel, und ich sage dir, auch bei ihnen wird sich nicht viel ändern. Wie denn auch? Wer könnte sie denn anders erziehen? Was für ein Bewußtsein außer dem ihren kann eine Frau ihren Söhnen mitgeben? Und ihre Töchter – was werden sie zum Weitergeben haben? Wir stecken in einem Teufelskreis.

Wenn sich also etwas verändern sollte, dann nur ganz langsam. Nicht auf revolutionäre Weise. Und die Kluft zwischen uns und der jüdischen Gesellschaft wird bleiben und sich noch vergrößern. Für lange Zeit ... So sieht die Realität aus, man muß sich ihr stellen: Es gibt fortschrittliche und weniger fortschrittliche Gesellschaften. Bei uns besteht die Notwendigkeit einer wirtschaftlichen, geistigen und praktischen Revolution. Und dabei kann uns der Staat nicht helfen. Ich kann die Schuld dafür nicht auf ihn schieben, nicht auf die Juden und nicht auf die Regierung. Was geschah zum Beispiel in der Türkei, als Atatürk die Gesellschaft verändern wollte? Er nahm den Eltern die Säuglinge weg, damit sie nicht so würden wie sie, und erzog sie zu dem, was er wollte. Formte sie neu. So etwas kann man hier unmöglich machen. Wir müssen anfangen, mit unseren Gegebenheiten zurechtzukommen: so wie sie sind wir auch... Wir haben diesen Charakter. Wir wurden nicht dazu erzogen, daß wir uns selbst helfen, und allein sind wir, wie es scheint, zu nichts in der Lage.«

Jahre einer vorsichtigen und durchdachten Existenz, die lebendige Erinnerung an das Trauma von '48 und der Anblick ihrer Brüder, die in Flüchtlingslagern dahinvegetieren, lehrten die Palästinenser in Israel, keinen extremen Schritt zu tun, auf keinem Gebiet, und keine Stellung zu beziehen, die nicht mehr rückgängig zu machen ist. Das Geheimnis, auf einem dünnen Seil über den Abgrund zu balancieren, kennt jeder Akrobat, sie aber lernten etwas noch Komplizierteres: auf diesem Seil zu *stehen*. Sich jahrelang vor jeder hastigen Bewegung zu hüten. Ein Zwischenleben zu führen, das einer permanenten Abstumpfung des Willens ausgesetzt ist.

Der palästinensische Akrobat in Israel stand lange Jahre auf dem Seil. Sein einer Fuß war erhoben, er ließ ihn nicht sinken. Er schielte nach unten: aus der Menge zu seinen Füßen drang die ganze Zeit warnendes und wütendes Geschrei zu ihm hinauf, jüdische Schreie, arabische Schreie, wehe, er bewegte sich auch nur einmal in die falsche Richtung... Also *stand* er da, auf dem dünnen Seil: Mit der Tatsache der Existenz des Staates Israel hatte er sich bereits abgefunden, aber er fühlte sich noch nicht als Teil davon; was seine Identität anging, so war er Palästinenser, aber er hütete sich davor, auch nur minimale nationale Rechte in Anspruch zu nehmen; ja, er war Palästinenser, aber im Kampf seiner Brüder, die sein Fleisch und Blut waren, enthielt er sich jeder aktiven Einmischung; offiziell war er Israeli, aber er fürchtete sich davor, für sich selbst mit Nachdruck und mittels der anerkannten israelischen Methoden der Druckausübung seine legitimen Rechte als Israeli einzufordern. Wenn er es wagte, seine staatsbürgerlichen Rechte nachdrücklich zu verlangen, würde er sofort des nationalen Radikalismus beschuldigt. Forderte er jedoch nichts und erwartete dementsprechend auch nichts, beschuldigte man ihn der Entfremdung und des Müßiggangs.

Und so ging es bereits seit zwanzig Jahren neunhunderttausend Seiltänzern.

Was blieb ihnen anderes übrig?

Wie bequem war es doch in einer solchen Lage, in eine ›Selbst-Suspendierung‹ zu verfallen, sich zu beschränken auf die ›innere Zone‹ dessen, was vielleicht verletzt werden konnte, welch eine Anziehungskraft lag darin, sich dem zu verschließen, was einer äußeren und komplizierten, gleichgültigen oder feindlichen Erfahrung angehörte.

Ohne glanzvolle Vergangenheit, nach der man sich sehnen konnte (die Vergangenheit war mit einer schweren Niederlage verknüpft, mit der Abtrennung von den restlichen Volksteilen, und mit dem Schuldgefühl, daß sie gelernt hatten, mit den Juden zu leben), ohne allzu große Hoffnungen, was eine volle Selbstverwirklichung in der Zukunft anbelangte, als Israelis wie als Palästinenser – so hin- und hergerissen zwischen ihren Forderungen, ihrem Mißtrauen und ihrer zornigen Verachtung aller Lager, die ihre Bewegungen verfolgten, hielten sich viele Palästinenser in Israel an das, was sie in der Hand hatten, an das Greifbare und Konkrete, das Hier und Sofort.

»Wir haben mehr als die in den besetzten Gebieten«, sagte mir Zuheir Yehia aus Kfar Kara, »mehr Geld, mehr Besitz, schönere Häuser, Ersparnisse auf der Bank. Aber all das ist ohne Bewußtsein. Wenn du materielle Dinge hast, siehst du vielleicht anders aus, schöner, gut angezogen, mit Brille, unser Wasser ist süßer, aber es hat keinen Tiefgang. Die in den besetzten Gebieten beschäftigen sich im Moment mehr mit dem Inhalt. Wir – wir sind nur der Körper, und dort ist die Seele.«

Viele kleben an diesem ›Materiellen‹ mit aller Macht, mit

etwas, das bisweilen nach Verzweiflung aussieht oder nach gewohnheitsmäßiger Verzweiflung (eine merkwürdige, hier aber zutreffende Kombination), und pflegen ihre daraus entstehenden opportunistischen, um jeden Preis pragmatischen, materialistischen und utilitaristischen Neigungen (was sich zum Beispiel auch darin ausdrückt, daß 42 Prozent von ihnen bei den letzten Wahlen zionistische, zum Teil rechte Parteien wählten); es ist eine Nachahmung der äußeren Lebensformen der Juden und eine Provinzialität, die sich in den arabischen Zeitungen, die in Israel herauskommen, widerspiegelt: es wird kaum über Ereignisse in der Welt berichtet, sondern fast nur über das ›jüdische‹ Israel. Für den außenstehenden Betrachter sieht es so aus, als ob sich viele, wenn nicht sogar sehr viele der Palästinenser in Israel eine enge, eingeschränkte und eskapistische Gegenwart zurechtzimmern, sich sozusagen ›an den flüchtigen Augenblick klammern‹.

Im vierten Kapitel habe ich von den ›anwesenden Abwesenden‹ unter den Palästinensern in Israel berichtet. Ich glaube, daß sich die jüdische Mehrheit in Israel gegenüber den Palästinensern insgesamt so verhält, als wären auch sie ›anwesende Abwesende‹. Auf diese Art sind sie im jüdischen Bewußtsein verankert, so werden sie im allgemeinen von den Medien wahrgenommen: als die personifizierte kollektive Abwesenheit. Als eine Gruppe, die zwar existiert, jedoch gesichts- oder namenlos ist und kollektive Eigenschaften besitzt, und zwar meist negative. Wenn die Palästinenser in Israel 1948 diejenigen waren, ›die es nicht gibt, in der Praxis aber doch‹, so wurden sie im Laufe der Jahre zu denen, ›die es gibt, aber eigentlich doch nicht‹. Die merkwürdige Empfindung, die sich während der Arbeit an diesem Buch zunehmend in mir verstärkte, war, daß diese Haltung auf diffuse und komplizierte Weise von den Palästinensern in Israel aufgenommen und vielleicht auch zu einem Teil verinnerlicht wurde: als perfekter Schutz vor den Enttäuschungen, die ihnen der Staat bereitete; ja, manchmal schien es mir, als ob es sogar Palästinenser gäbe, die die ›anwesende Abwesenheit‹ *benützten*, sich mit ihr einhüllten, um sie wie eine Trennwand zwischen sich und dem Gesicht aufzubauen, das der Staat ihnen zuwandte – einem verschlossenen, nachspionierenden Gesicht. Dem Gesicht eines geizigen, mißtrauischen Hotelbesitzers.

Aber was war das zutiefst Deprimierende, das auf dem Grund der Beziehungen zwischen uns, den Juden in Israel, und ihnen, verborgen lag (es wäre Heuchelei zu sagen, daß es hier kein ›wir‹ und ›sie‹ gäbe)?

Vielleicht: daß diese Situation der Palästinenser in Israel auch sehr bequem ist.

Ganz einfach: bequem.

Es ist angenehm, in der allgemein komplizierten Lage eine ›Funktion‹ zu haben, während sich die Minderheit in unserem Staat in einer solchen Lage befindet.

Und es ist bequem, eine Auseinandersetzung mit uns selbst und eine wirkliche Bewältigung unserer Probleme aufschieben zu können, wenn es einen solchen ›Partner‹ gibt.

»Was für eine ideale Minderheit!« hatte Majed Alhaj mit bitterem Spott gesagt. »Die ruhigste Minderheit auf der Welt...«

Ich schreibe das noch einmal, zur Überprüfung: In Israel lebt fast eine Million Bürger, Frauen, Männer und Kinder, die bequem für uns sind, weil sie sich im Zustand einer gewissen Suspendierung befinden.

Das Blatt reißt nicht. Der Stift zittert nicht: bequem. Ich hätte das Wort in doppelte Anführungszeichen zwingen müssen, aber in der Einsatzzentrale unseres Bewußtseins, den Resten unseres Bewußtseins, ist kein Platz für solche Nuancen, kein Raum für einen Blick, der sich über den gegenwärtigen Augenblick hinaus entfernt. Der kleine Sicherheitsoffizier in uns liebt die Situationsberichte, die er von dort erhält:

Wenn sie ruhig sind – ist das bequem für uns.

Wenn sie sich nicht mit nationalen Angelegenheiten beschäftigen – ist das bequem für uns.

Wenn wir sie mit minimalen Rechten versorgen und sie sich davor hüten, mit Nachdruck weitere Rechte zu fordern, die ihnen laut Gesetz zustehen – ist das bequem für uns.

Wenn sie ihre Frustrationen nur mit der Befriedigung materieller Begierden oder im Schoße der Religion abreagieren – das ist ihre Sache.

Wenn sie bereit sind, weiterhin mit dem Unrecht und der Diskriminierung zu kooperieren und uns nicht zwingen, etwas zu ändern – sehr bequem.

Wenn sie – ihren eigenen Aussagen nach – nicht die nötige Kraft in sich finden, um den versteinerten Rahmen ihrer Vergangenheit zu sprengen –, sind wir etwa verpflichtet, ihnen dabei zu helfen?

»Es gibt etwas Interessantes an dieser Geschichte der Araber in Israel«, sagte Azmi Bschara. »Unsere Ausweglosigkeit im Kampf gegen die Benachteiligung oder Erniedrigung entspringt nicht zwingenderweise der Angst. Ja, auch der Angst, aber hauptsächlich entspringt sie dieser Empfindung, daß das nicht unser Staat ist. Wir sind hier fremd. Wozu sollen wir also protestieren? Wer hat denn überhaupt Erwartungen an diesen Staat? Wer sagt, daß er uns jemals Gleichberechtigung geben wird?«

Wenn die Lage so ist, säuseln die ranghöheren Kräfte im Hintergrund der kollektiven Einsatzzentrale, weshalb sollten wir in ihnen den Drang erwachen lassen, sich aufzuraffen und aus ihrer Ecke herauszukommen, sich selbst neu zu definieren, ein gleichwertiger Teil zu sein?

Wir haben auch so schon genug Sorgen.

Sehr bequem. Bequem zur falschen Beschwichtigung.

Gibt es hier Schuld, oder nur Scheitern? Eine Versuchung, der ein Volk in unserer Situation nur schwer widerstehen konnte? Mir scheint, daß der jüdisch-israelische Fehlschlag und das arabisch-israelische Scheitern einander getroffen haben und dies eine der heftigsten und entflammbarsten Berührungen war, die zwischen den beiden Völkern im Staat Israel stattfanden.

Aus dieser zweifelhaften Paarung gingen Schuld-Zwillinge hervor. Dr. Said Zaidani, einer der mutigsten und offenherzigsten, die ich traf, beschrieb es so: »Die Lage der Araber in Israel macht keinem Ehre. Diese Selbstkastration. Der Araber in Israel wird nicht dazu erzogen, stolz auf sich zu sein. Es gibt keine Selbstsicherheit, ebensowenig das Gefühl von Verpflichtung und das Bewußtsein, dem Unrecht energisch entgegenzutreten. Man sagt, Macht korrumpiert, aber auch Machtlosigkeit, auch Schwäche korrumpiert, vielleicht sogar mehr noch als Macht. Wir bringen keinen Menschen zusammen, der seine Verpflichtungen ernst nimmt. Die Erziehung sorgt hier für Menschen, die keine gesellschaftlichen Herausforderungen sehen, für die sie zu kämpfen bereit wären. Man überläßt den Kampf den Parteien, den politischen Kräften. Und ich glaube, Israel hat mit Absicht darauf hingearbeitet, auf diese Art zu herrschen: es hat vorsätzlich eine arabische Gesellschaft geschaffen, die ruhig sein würde. Und nicht aufbegehrt. Man hat sich um ihre Erziehung nicht so gekümmert, als ob man denkende und freie Menschen erziehen wollte.«

Ja: In unserer Mitte lebt eine bequeme Minderheit. Für gewöhnlich spricht sie in einer äußerst vorsichtigen Sprache zu uns. Das enthebt uns nicht der Aufgabe, uns ehrlich dem zu stellen, was Said Zaidani mit seinen scharfen Worten sagte, und dem, was als stille, niedergezwungene Klage aus den Worten vieler anderer aus den Seiten dieses Buches heraufkommt.

Hat Israel wirklich dafür gesorgt, daß die palästinensische Minderheit ›ruhig, gehorsam, apathisch‹ sein würde? Hat der Staat mit Hilfe seiner Verwaltungsapparate darauf hingearbeitet, jeden Ausdruck von Vitalität, Stärke, eigener Identität und Ambition zu neutralisieren? Um eine nachhaltige Abstumpfung zu erzeugen?

Es ist schwer zu glauben, daß es eine so beschlossene Politik gab. Daß sich irgendwann einmal Leute hinsetzten und einen Aktionsplan entwarfen, der dies bewirken würde. Aber dann fällt einem das ›König-Papier‹ ein, jener Geheimbericht – der am Ende veröffentlicht wurde –, den der Verantwortliche für den Nordbezirk, Israel König, im Jahre 1976 in Zusammenarbeit mit drei jüdischen Ratsoberhäuptern verfaßte. Kann man annehmen, daß er der einzige seiner Art war? Die Verfasser des Berichts schlugen den Ministern der Regierung Richtlinien für die konkrete Umsetzung einer Grundsatzpolitik gegenüber den Arabern in Israel vor. Unter anderem schrieben sie:

»Es muß bewirkt werden, daß die zentralen Institutionen darauf achten, insgesamt oder im einzelnen Juden statt Araber zu beschäftigen.

Um das ›Vorrecht‹ der Trägerschaft des nationalen Kampfes und einer Vertretung der Araber Israels aus den Händen der kommunistischen Liste zu nehmen und den Siedlungen im Grenzbereich Entspannung zu verschaffen, muß eine Schwesterpartei der Arbeiterpartei etabliert werden, in der die Betonung auf Ideen der Gleichberechtigung, des Humanismus, der Kultur und Sprache liegt, auf dem sozialen Kampf und dem Hochhalten der Friedensfahne im Gebiet. Es obliegt den Institutionen, verborgene Präsenz und Kontrolle in dieser Partei herzustellen.

(...) Es muß eine Spezialtruppe ernannt werden (Schin Bet), die die persönlichen Gewohnheiten der Führer der kommunistischen Liste und anderer negativer Personen erkundet; die Ergebnisse müssen zur Kenntnis ihrer Wählerschaft gebracht werden.

Es müssen entsprechende Vereinbarungen mit der Leitung aller Unternehmen getroffen werden, die nach dem ›Kapitalinvestitionsgesetz‹ bezeichnet sind, daß in den kritischen Gebieten (im Norden des Landes – D. G.) die Anzahl der arabischen Beschäftigten keine 20 Prozent übersteigt.

Es muß durch eine Vereinbarung mit den zentralen Marktfaktoren für Bedarfsartikel erreicht werden, daß arabische Vertreter, hauptsächlich im nördlichen Gebiet, neutralisiert werden und Schwierigkeiten haben, um dadurch eine Abhängigkeit der jüdischen Bevölkerung von diesen Vertretern, vor allem in Zeiten des Notstands, zu verhindern.

Der Regierung obliegt es, einen Weg zu finden, um die Genehmigung von Zuwendungen an kinderreiche Familien der arabischen Bevölkerung zu streichen, sei es auf Grund einer argumentativen Verknüpfung mit der wirtschaftlichen Lage oder durch Einziehen solcher Zuwendungen durch die nationale Sozialversicherung, und sie der Jewish Agency oder der zionistischen Gewerkschaft zukommen zu lassen, damit sie nur Juden zukomme.«

Aber wozu sollen wir uns mit den ›Empfehlungen‹ Königs aufhalten? Die Wirklichkeit selbst schlägt uns am heftigsten ins Gesicht: Wer ›empfahl‹ eine Politik, die dazu führte, daß 55 Prozent der (im Jahre '91) unter der Armutsgrenze lebenden Familien Araber sind; daß die arabischen Ämter 6 Prozent vom Entwicklungsetat erhalten, obwohl sie etwa 30 Prozent der Bevölkerung in den kommunalen Verwaltungen im Lande darstellen; daß der Pro-Kopf-Etat bei ihnen auf ein Viertel des Etats in den jüdischen Siedlungen kommt; daß die fünfzehn größten arabischen Niederlassungen immer noch keine planungsrechtliche Bestätigung haben, was die Erteilung von Gewerbezulassungen verzögert, Investitionen bremst und die Bewohner dazu zwingt, illegal zu bauen. Übrigens: der Planungsrahmen von Nazareth, der größten arabischen Gemeinde in Israel, wurde zum letzten Mal im Jahre 1942 ausgewiesen; wer sind die Leute, die uns eine Realität vorzeichnen, in der die Menge des Wasseranteils für die arabische Landwirtschaft nur 2,4 Prozent der Gesamtwassermenge für die Landwirtschaft in Israel ausmacht, die arabischen Bauern aber 17 Prozent der Fläche bestellen; in der die Wasserzuteilung an eine landwirtschaftliche Einheit, die einem Juden gehört, 14 000 Kubikmeter beträgt, an eine arabische Einheit aber nur 1 500 Kubikmeter; wie ist es möglich, daß das Arbeits- und Wohlfahrtsministerium für die arabische Bevölkerung in Israel insgesamt nur eine einzige Einrichtung zur Pflege behinderter Kinder errichtet? Daß im

Justizministerium von tausend Angestellten nur drei Araber sind? Daß im Kreise der arabischen Bevölkerung auf je 15 000 ein einziger Sozialarbeiter kommt (bei den Juden 1:1 800); daß nur 4 Prozent der Krankenhausbetten, die für Kinder mit speziellen Behinderungen bestimmt sind, auf arabische Kinder entfallen, die jedoch 24 Prozent der Gesamtzahl an Kindern in Israel ausmachen?

Zufälle? Bloße Gleichgültigkeit? Vorsätzliche Absicht?

Die Dinge, die im vorangegangenen Kapitel über die Probleme zum Beispiel im arabischen Erziehungswesen dargelegt wurden, sind den Verantwortlichen, den Spezialisten und denen, die den politischen Kurs festlegen, ganz sicher bekannt. Es stimmt: das Gesetz der Schulpflicht gilt für die arabischen Schüler genauso wie für die jüdischen, und der Prozentsatz der des Lesens und Schreibens kundigen arabischen Mittelschulabgänger in Israel ist hoch: 93 Prozent der Schüler und 78 Prozent der Schülerinnen (zum Vergleich: in Jordanien sind es 80 Prozent der Schüler und 63 Prozent der Schülerinnen. Quelle: Statistisches Jahrbuch 1990). Es stimmt: Die Anzahl der arabischen Schüler betrug am Tag der Staatsgründung 7 000, und im Jahre 1991 lernten mehr als 220 000. Damals waren es 170 arabische Lehrer, heute sind es Zehntausende; auch sind seit damals sehr viele Schulen in den arabischen Gemeinden dazugekommen. Aber dieser beeindruckende Anstieg ist irreführend: Der Bedarf ist viel größer als das Vorhandene. Laut einem Bericht, der dem Unterrichtsministerium '85 vorgelegt wurde, wäre eine fünfzigprozentige Erhöhung der vorhandenen Anzahl der Lehrer in den arabischen Schulen vonnöten gewesen, wenn sie unter den gleichen Bedingungen wie das jüdische Unterrichtssystem hätten existieren sollen. Eine Feldstudie, die Dr. Majed Alhaj herausgab, stellte fest, daß im Jahre 1989 1 231 Unterrichtsräume für die arabischen Schüler fehlten. Der interne Bericht des Unterrichtsministeriums (im Mai 1987) deckte auf, daß 77 Prozent der für Unterrichtszwecke angemieteten Räume (und es ist fast immer von Gebäuden die Rede, die sich nach den Normen des Ministeriums nicht als Schulräume eignen) für arabische Schüler bestimmt waren, eine Folge des Mangels an ›ordnungsgemäßer Bautätigkeit von Lehreinrichtungen‹.

Es führte an dieser Stelle zu weit, die physische Notlage des arabischen Unterrichtswesens im Detail zu schildern. Die Wurzel des Problems liegt in den Inhalten und darin, was zu tun wäre, um eine Bewegung im Bewußtsein hervorzurufen und jene, die das wollen, dabei zu unterstützen, sich aus allem, was sie im Unterricht bremst, zu befreien.

Hier, an diesem Punkt und gerade beim Thema Erziehung, müssen die Tatsachen mit einem äußerst nüchternen Blick überprüft werden, um wahrzunehmen, wann die Ignoranz seitens des Staates nicht zufällig ist. Wann die Banalität der Gleichgültigkeit die gesteuerte Willkür verdeckt. Und wenn die Flut von Zahlen und Fakten auch dazu führt, Trostlosigkeit zu verbreiten, möchte ich den Leser doch bitten, sich der Anstrengung zu unterziehen, denn hinter diesen Zahlen liegt eine ganze Geschichte verborgen:

– Im Rahmen eines Plans für ›Entwicklungsbedürftige‹ schuf das Unterrichtsministerium seit 1970 40 000 zusätzliche Lehrstunden pro Jahr. Keine einzige Stunde davon wurde einer arabischen Schule zugeteilt. Nach Untersuchungen einschlägiger Spezialisten wie Professor Josef Baschi und Dr. Sami Mara'i paßte die Definition ›Entwicklungsbedürftige‹ in Hinblick auf den niedrigen sozio-ökonomischen Hintergrund und auf den hohen Prozentsatz der vorzeitigen Schulabgänge jedoch am meisten auf die arabischen Schüler. Begründung für diese unterschiedliche Behandlung war, daß die arabischen Schüler einer solchen Unterstützung nicht bedürften, weil sie nicht, wie die orientalisch-stämmigen Juden (für die dieser Plan bestimmt war), an dem Übergang von einer Kultur in eine andere litten (!).

– 80 Prozent der arabischen Schüler, die eigentlich eine Sonderschule besuchen müßten, lernen weiterhin in normalen Schulen – hauptsächlich in Ermangelung finanzieller

Mittel. Vielleicht ist das der Grund, weshalb zum Beispiel im Gymnasium von Jatt drei gemietete Rowdys mit dicken Stöcken herumgingen: »Einer von ihnen ist taubstumm, einer ist Viehhirte, und alle drei sind Analphabeten«, beschrieb sie Ahmad Abu Esba, der ehemalige Lehrer. »Wo gibt es noch eine Erziehungsinstitution im Lande, in der Ordnung mit dem Stock hergestellt wird? Manchmal, wenn es zu einer Konfrontation zwischen einem Lehrer und problematischen Schülern kommt, werden die drei Rowdys gerufen, um in der Klasse Schläge auszuteilen! Nicht einmal in Belgisch-Kongo gab es so etwas!«

– Von den 42 000 Stunden, die für einen ›langen Unterrichtstag‹ im Schulsystem zugeteilt wurden, gingen nur 3 300 (8 Prozent) an die arabischen Einrichtungen, die 20 Prozent des gesamten Schulsystems ausmachen.

– Im arabischen Schulsystem gibt es nahezu keine Fachausbildung im Bereich Elektronik und Computer. Demgegenüber steht ein großes Unterrichtsangebot für Kraftfahrzeugmechaniker für Jungen und Nähen für Mädchen.

– In den gesamten arabischen Niederlassungen wurden bis heute erst vier Sport- und Kulturzentren für die Jugend errichtet, gegenüber hundertsechsundzwanzig jüdischen.

– Den Daten zufolge, die mir ein Artikel des Unterrichtsministeriums lieferte, gibt es heute in den folgenden Abteilungen des Ministeriums keinen einzigen arabischen Arbeiter: in der Abteilung Stadtviertelrehabilitation, im Zentrum für Schulfernsehen, in der Abteilung für Erwachsenenbildung, der Abteilung für Lehrbücher und, nicht weniger wichtig, für Schulwegsicherung. Araber (dreiunddreißig an der Zahl) arbeiten nur im Referat für arabische Erziehung und Kultur.

Und: Wo ist das Videogerät und wo sind die Computer, die man heutzutage in fast jeder jüdischen Schule findet? Wo sind die Laboratorien, die Werkstätten, die Sportanlagen, wo sind die Berater, die Psychologen (nur zwölf Stellen für psychologische Behandlung existieren im gesamten arabischen

Schulsystem; nur zehn von insgesamt 416 Planstellen für Psychologen wurden dem arabischen Schulwesen zugeteilt), und wo sind die Bibliotheken (die in 84,8 Prozent der jüdischen Schulen vorhanden sind)? Wo ist das arabische Studienprogramm im Fernsehen, wo ist die fortgeschritten technologische Fachausbildung (nichtexistent im arabischen Bildungssystem in Israel), und wo sind die Tutoren- und Vorbereitungskurse? Und was ist mit musikalischer Ausbildung, mit Museumsbesuchen, Dramazirkeln und Leseräumen? Wo sind all die Hilfsmittel, die das Denken und die Phantasie anregen und neue Horizonte eröffnen können?

Und ich habe noch nichts über die Inhalte gesagt, die das israelische Bildungssystem dem Bewußtsein des arabischen Schülers eintrichtert. Nach den Worten Dr. Majed Alhajs, Exschüler in diesem System, das er heute erforscht, sind diese Inhalte dazu bestimmt, »einen demütigen Araber zu schaffen, der bereit ist, seine Minderwertigkeit gegenüber der Überlegenheit der Juden zu akzeptieren, und auf diese Weise die arabisch-palästinensische Identität zu schwächen und zu vernichten«. Und Azmi Bschara: »Vielleicht war die Sache, die mich schon in jungen Jahren dazu trieb, gesellschaftlich aktiv zu werden, die, daß in der achten Klasse in unserem Grammatikbuch geschrieben stand: Setze von der Einzahl in die Mehrzahl – ein jüdischer Lehrer, jüdische Lehrer; ein arabischer Hirte – arabische Hirten; das hätte ich lernen sollen.«

Von wo an wird permanente Unterlassung zur aktiven Tat? Was würde ein vernünftiger Mensch sagen, läse er die folgenden Zeilen aus dem berüchtigten ›König-Papier‹?:

»Man muß die Schüler (die Araber in Israel – D. G.) dazu ermutigen, sich technischen, exakten und naturwissenschaftlichen Berufen zuzuwenden. Dieser Unterricht läßt weniger Zeit für eine Beschäftigung mit der Nationalität, und die Ausfallquote ist höher... Auslandsreisen zu Studienzwecken müssen erleichtert werden, die Rückkehr und Arbeitsregelungen erschwert werden – eine solche Politik wird eine Emigration ermutigen.«

Hinter der Oberfläche der Dinge flackert etwas und ruft uns, die jüdische Mehrheit im Lande, dazu auf, noch einmal die Frage zu stellen, ob sich hier nicht doch ein paar Faktoren gepaart haben, die uns eine durchtriebene und äußerst gefährliche Falle stellen.

Wir haben – wie gesagt – ›einen bequemen Partner‹. Unser ›Interesse‹, unsere Motivation war, daß wir es auch ohne eine aufrührerische arabische Minderheit, die durchdrungen ist von nationaler Identität par excellence, schon schwer genug haben. Und für dieses ›Interesse‹ und diese Motivation gibt es, schweigend und beredt, seitens sehr großer Teile der jüdischen Öffentlichkeit breite Rückendeckung.

Der Staat Israel hat zweifellos die perfektesten und trickreichsten Mittel, um sich der ›Gehorsamkeit‹ seiner palästinensischen Minderheit zu versichern, sie zu kontrollieren, zu bedrohen und mittels verschiedener Methoden, offen und verdeckt, nach seinem Willen zu formen, hauptsächlich jedoch tut er dies durch sein Sicherheits- und Erziehungssystem.

Doch mehr als all das zusammen: Israel hat heute nicht die seelische Kraft und die moralische Fähigkeit, das Problem der palästinensischen Minderheit zu bewältigen; allem Anschein nach sieht es danach aus, als ob es keine Lösung für das Problem gäbe; eine Kombination von Umständen hat dazu geführt, daß diese Kraft und Fähigkeit sozusagen entschlummert ist. Jeder, der daran rührt, läuft Gefahr, sie zum Leben zu erwecken. Deshalb muß auf Zehenspitzen um sie herumgegangen und gebetet werden, daß sie von selbst verlöscht oder sich auflöst. Oder sonst irgend etwas.

Es ist sehr schwierig, den Finger auf die richtigen Sachverhalte zu legen, denn es handelt sich hier nicht um ein einmaliges dramatisches Ereignis. Wir haben es vielmehr mit einer Situation zu tun, in der sich die Dinge hinziehen, verwickelt und vieldeutig sind. Jeder kann diesen verschlossenen Raum mit einem anderen Schlüssel öffnen und dort nur das sehen, was seine Augen sehen *wollen*: Der Staat Israel zum Beispiel hat in seinem Verhältnis zu der Minderheit nicht wenige Leistungen vorzuweisen. Und was die Existenzbedingungen und bestimmte staatsbürgerliche Rechte angeht, ist die Situation des israelischen Bürgers, auch wenn er Araber ist, verglichen mit der Situation eines syrischen, irakischen, lybischen oder jordanischen Staatsbürgers immer noch gut. Ja, die Palästinenser in Israel haben seit 1948 einen gewaltigen Schritt vollzogen. Viele fanden ihren Platz im israelischen Leben, es gibt Gemeinschaftsunternehmen... und trotzdem...

Ich habe oben die Faktoren zusammengestellt: Motiv, Partner, Rechtfertigung, Mittel, die Versuchung zur Verdrängung, und daneben die mir bekannten Daten aufgelistet, eine lange und deprimierende Liste der minimalen Etats und dürftigen Dienstleistungen, der unterschiedlichen und tendenziösen Gesetze und der gesellschaftlichen und kulturellen Entfremdung, und angesichts all dessen fragte ich mich, ob man entschieden verneinen kann, daß seit Jahren und im Prinzip bis heute seitens der jüdischen Mehrheit ein manipulativer Prozeß der Suspendierung oder ›aktiven Unterlassung‹ oder ›Passivierung‹ gegen die palästinensischen Staatsbürger stattfindet.

Die Ausbeutung der Schwächen des Mitmenschen – oder der Ausbau seiner Behinderungen – ist nur gegenüber demjenigen ›legitim‹, dem man Böses, den man zerstören will: einem Feind gegenüber.

Aber sie sind tatsächlich der Feind!, hielten mir viele israelische Juden entgegen, vielleicht sogar die Mehrheit.

Sind sie der Feind?

Wonach legt man fest, wer der Feind ist? Nach seinen geheimen Wünschen? Danach, wie wir sie interpretieren? Nach unserem Wissen über die menschliche Natur? Gemäß unseren Befürchtungen? Gemäß seinen Taten?

Ich versuchte, von der israelischen Polizei genaue Angaben darüber zu erhalten, in welchem Maße israelische Araber in den Gebieten der grünen Linie in Terrorakte involviert waren, aber man weigerte sich, mir Daten zu geben. Die Polizei veröffentlicht zwar jedes Jahr Berichte über Terroraktionen auf israelischem Boden, die Art der Präsentation der Fakten jedoch ist irreführend: diese offizielle Statistik vermerkt nicht, wie viele von den Anschlägen von israelischen, wie viele von Palästinensern aus den besetzten Gebieten verübt werden. Meine wiederholten Bitten um genauere Angaben wurden abgelehnt. Es fällt mir auf Grund meiner Erfahrung in den letzten Monaten schwer zu glauben, daß diese Verwischung der Fakten rein zufällig ist.

»Im Laufe der ganzen vierzig Jahre der Existenz des Staates Israel wurden nur 0,4 Prozent der Araber in Israel feindlicher Aktionen gegen den Staat angeklagt und für schuldig befunden. 99,6 Prozent haben dem Staat gegenüber ihre Loyalität bewiesen«, sagte Herr Samuel Toledano, Exberater des Regierungsoberhauptes in arabischen Angelegenheiten (in einem Radio-Interview, Kol Israel, Kanal 2, am 21.3.88).

›Wenn du die Möglichkeit hättest‹, wurden Juden und Palästinenser im Juni 1989 im Rahmen einer ersten Untersuchung gefragt, die über Lösungsvorschläge für einen Frieden in Israel Aufschluß geben sollte, ›würdest du dein Leben außerhalb des Staates Israel führen wollen?‹ 80 Prozent der Juden und 75 Prozent der Palästinenser verneinten. 53 Prozent der Juden nahmen bei derselben Befragung an, daß eine jüdisch-arabische Koexistenz im Staat Israel möglich sei. Bei den Palästinensern glaubte das eine Mehrheit von 83 Prozent, und 96 Prozent der Araber unterstützten eine ›Zwei-Staaten-Lösung‹, Israel und Palästina.

Hin und wieder werden auch Studien veröffentlicht, die die Frage der Einstellung der arabischen Bürger zum Staat Israel untersuchen. Einige der Ergebnisse sind besorgniserregend (17,6 Prozent der Befragten verneinten 1987 in der Studie von Professor Sami Samoha das Existenzrecht Israels), und es geht aus ihnen hervor, daß tatsächlich *ein Teil*, eine Minderheit unter den israelischen Arabern, der Feind sein könnte. (Als das Buch in Druck ging, wurden in einem

Basislager der israelischen Armee drei Soldaten von israelischen Palästinensern ermordet. Den Reaktionen nach zu schließen scheint es, daß gerade die arabischen Bürger im Staat mehr als alle anderen die Bedrohung spürten, die diese Tat für eine zukünftige Beziehung zwischen den beiden Völkern und für ihre Zukunft darstellte, und sie distanzierten sich ganz entschieden davon. D. G.) Aber die Tendenz, die sich in diesen Studien und Untersuchungen abzeichnet, ist klar, und auch ein ›unwissenschaftlicher‹ aber aufmerksamer Blick auf die Realität in Israel bestätigt: die große Mehrheit der Palästinenser in Israel hat zugunsten eines integrativen Lebens im Staat entschieden und zugunsten eines Kampfes um Gleichberechtigung im Rahmen der israelischen Gesetzgebung. Angesichts der Aktions- und Verhaltensweisen, die die Palästinenser in Israel theoretisch zur Auswahl hätten, hat die Mehrheit beschlossen, sich mit der Realität abzufinden.

»Und ich weiß schon: auch wenn sich der Araber zweimal pro Tag auf das Grab von Baba Sali (jüdischer extremistischer Pseudoheiliger) werfen und gefilte Fisch zum Ramadan essen würde, er wäre nicht gleich und kein integraler Bestandteil der israelischen Gesellschaft. Es darf nicht sein!« seufzte der Soziologe Dr. Majed Alhaj. »Und da sage ich mir dann, hör zu, ich habe mich mit der Tatsache der Existenz des Staates als solchem abgefunden. Er hat sich nicht mit meiner Existenz als Mensch abgefunden. Es stimmt, es hat zehn Jahre gedauert, bis die Araber in Israel begonnen haben, sich mit der Existenz Israels als Staat abzufinden, aber es gibt viele Juden in Israel, die sich immer noch in der Periode zwischen Warten und Hoffen befinden. Sie haben es irgendwie verinnerlicht, daß dieser Araber, dieser Palästinenser einfach kein Israeli ist. Sondern ein potentieller Feind. Der Israel haßt. Er wird nicht zweimal überlegen, wenn du ihm die Gelegenheit gibst, dem Staat Schaden zuzufügen. Diese Auffassung ist schlicht falsch. Und sie kann Menschen erst recht in die Fremdheit, in die Radikalität treiben. Ich möchte den unglückseligen Satz

›Die Araber haben ihre Loyalität dem Staat Israel gegenüber wieder bewiesen‹ nicht wiederholen. Als ob sie dazu verpflichtet wären, immer und ewig und bei jedem Ereignis zu beweisen, daß sie ständig loyal sind. Was besagt das, ›wir haben bewiesen‹? Wir sind Bürger wie alle anderen! Aber die neue Generation, meine Söhne, werden sich das schon nicht mehr gefallen lassen! Wir waren vielleicht so eine Art Übergangsgeneration, unsere Eltern haben uns immer zurückgehalten, wir wurden von der Generation der Niederlage erzogen. Aber unsere Söhne wurden von einer Generation erzogen, die ihren Stolz hat, und sie werden nicht damit einverstanden sein, das zu akzeptieren, was wir akzeptiert haben.«

»Die Araber muß man danach beurteilen, wozu sie fähig sind, und nicht danach, was sie getan haben«, sagte David Ben Gurion Anfang der 50er Jahre und skizzierte so die grundlegende Haltung des Staates gegenüber der arabischen Minderheit. Aber seitdem sind über vierzig Jahre vergangen, und man kann die Araber in Israel unmöglich weiterhin ›vorbeugend beschuldigen‹. Bis zum Beweis des Gegenteils. Dreiundvierzig Jahre, das ist bereits ›gesetzmäßige Folter‹.

Im Augenblick warten sie noch auf uns. Warten mit erstaunlicher Geduld, daß der Staat endlich selbst entscheidet, was er von ihnen will, und was er in ihnen sieht. Einen blinden Passagier? Das fünfte Rad am Wagen? Eine Sicherheitsbelastung? Eine unerwünschte Schwangerschaft?

Aber der Staat entscheidet sich nicht. Oder richtiger: Seit 1948 hat Israel sein *inneres* Urteil über die arabische Minderheit nicht wesentlich revidiert, obwohl die Umstände heute völlig anders sind. Und diese Beurteilung – die auf vielerlei Weise zum Ausdruck kommt – hindert diejenigen Palästinenser in Israel, die das wollen, daran, Bundesgenossen und Partner zu sein. Sie kann möglicherweise dazu führen, daß am Ende die Furcht vieler Juden vor ihnen einen realen Hintergrund erhält.

Und wirklich: Wie lange kann eine verhältnismäßig große

Minderheit in den Augen der Mehrheit als Feind betrachtet werden, ohne daß sie nicht irgendwann tatsächlich dazu wird? Und wie lange kann ein Staat als stabiles politisches Gebilde existieren, wenn er sich einem Sechstel seiner Bevölkerung gegenüber so verhält?

Langsam, aber beharrlich, schlaftrunken und nicht voll verantwortlich versäumt der Staat Israel die Chance, sich selbst von dem furchtbaren Irrtum freizumachen, und schafft sich den Feind selbst, mit dem man, was Gott verhüten möge, aneinandergeraten wird, nachdem andere Feinde mit ihm Frieden geschlossen haben. Und im Krieg (was uns die Serben und Kroaten heutzutage lehren) – ist es wie im Krieg.

16. Kapitel
Das Ende des Anfangs

Wie war es möglich, daß ich so wenig von dem Autonomiestreben der Palästinenser in Israel gewußt hatte? Ich hatte zwar davon gehört, aber trotzdem – nicht gewußt. Ich hatte davon gelesen – aber ich wußte es nicht.

Wenn ich mich, auch nur für eine Stunde, an ihre Stelle, in ihre Lage versetzt hätte, hätte ich es sicher gewußt. Wenn ich mich zum Beispiel als Jude in ein anderes Land versetzt hätte, das mich nicht haben wollte, das meine Schritte überwachte und einschränkte – wahrscheinlich hätte ich in mir den Wunsch verspürt, mich von diesem Land zu trennen.

Weshalb konnte ich mir das Gefühl der alten familiären Verbundenheit nicht vergegenwärtigen, die zwischen den Palästinensern zu beiden Seiten der grünen Linie bestand. Weshalb hatte ich mich nie dem Durcheinander der Gefühle und Nöte eines Arabers ausgesetzt, der Teil der israelischen Realität sein wollte und sich unablässig abgelehnt, verdächtigt und verachtet fand. Und weshalb hatte ich nichts vom Trost und der Entschädigung erahnen können, die die Religion jemandem schenkt, der in nationaler Hinsicht ein Krüppel ist?

Ich tat es nicht, ich wußte es nicht, ich erinnerte mich nicht und ich dachte nicht.

Bei allem, was die arabische Minderheit angeht, stellt sich das kollektive Bewußtsein der jüdischen Mehrheit dar wie das einer Stadt, die gezwungen ist, eine große Resozialisierungsanstalt für Strafgefangene zu beherbergen. Allem Anschein nach geht das Leben weiter wie gewöhnlich. Das Viertel jedoch, in dem sich die Anstalt befindet, lernt man zu umgehen. Ein »anständiger Bürger« wie du und ich kann das ganze Leben in seiner Stadt verbringen, ohne in die Nähe dieses Viertels zu kommen. In seiner Vorstellung – wenn er gezwungen wird, darüber nachzudenken – ist es ein gewalttätiger, schmutziger, feindlicher Ort. Alle dort tragen eine Einheitstracht; sie haben keine eigenen Namen, sondern eine Gruppenbezeichnung; sie haben keine Gesichter, sondern nur »typische Merkmale«. Es ist diesem Bürger der Klasse A wichtig zu wissen, daß sich »die anderen« immer unter Kontrolle befinden; daß sie sorgfältigst gezählt werden; daß ihre Durchbrüche in »seine« Welt mit Vernunft und auf Wegen, die sein Selbstbildnis als kultivierter Mensch nicht verletzen, reguliert werden. Wenn der »anständige Bürger« sie draußen antrifft, auf seinem Territorium, begegnet er ihnen, aus einem staatsbürgerlichem Verantwortungsgefühl heraus, mit Mißtrauen: kann man sich wirklich auf sie verlassen? Wird in ihnen nicht plötzlich irgendein ursprünglicher Instinkt die Oberhand gewinnen? Inwieweit werden sie von ihren Verwandten aus der Unterwelt (sprich: den Palästinensern aus den besetzten Gebieten und den arabischen Ländern) möglicherweise beeinflußt? Werden sie in kritischen Zeiten ihre Zuverlässigkeit beweisen?

Ich weiß: Im Laufe der letzten Jahrzehnte wurden zwischen den Juden und Arabern in Israel auch echte Freundschaftsbande geknüpft, es gibt tiefe kameradschaftliche Beziehungen auf beiden Seiten, aber sie sind die Ausnahme. Normalerweise ist der Kontakt des »anständigen Bürgers« mit den Arabern funktional und sehr begrenzt. »Mein Araber« ist im allgemeinen der Automechaniker, der Gärtner oder der Restaurantbesitzer, der Schlosser, der Bau- oder Straßenarbeiter, und manchmal – der Student an der Universität. »Mein Araber«, der auf dem Territorium des »anständigen Bürgers« arbeitet, wird de facto als einer der Sträflinge aus der Reso-Anstalt begriffen, der Außenarbeiten verrichtet (zu einem niedrigeren Lohn als »draußen« üblich). Meistens hat er nur einen Vornamen, wie ein Kind; es macht nachdenklich, daß der israelische Jude Schwierigkeiten mit den arabischen Namen hat, die im alltäglichen Leben des Orient so geläufig sind. Mit seinen positiven Eigenschaften stellt »mein Araber« eine aufregende Ausnahme in der Gesellschaft dar, aus der er aufgetaucht ist (Sein Hebräisch ist überwältigend! Er ist so höflich! Sooo sauber! Und ehrlich!), und mit seinen negativen Eigenschaften bestätigt er alles, was man immer schon gewußt hat.

Aber die Araber in Israel haben nicht nur keinen eigenen Namen: uns fehlen in der hebräischen Sprache auch allgemein die richtigen Worte für unsere komplizierten Beziehungen mit ihnen. Um die problematischen Beziehungen mit den Palästinensern in den besetzten Gebieten zu beschreiben, gibt es im Hebräischen dagegen eine Menge Ausdrücke.

Wann hat in Israel jemand zum letzten Mal ganz deutlich gesagt: »Das Palästinenser-Problem in Israel«? Oder: »Die nationalen Bestrebungen der Araber in Israel«? Oder auch nur: »Die nationale palästinensische Minderheit innerhalb Israels«? All das existiert aber.

Die Menschen selbst werden im Hebräischen »die Araber Israels« genannt, eine Bezeichnung, die keinesfalls aufrichtig ist (auch wenn ein Teil der Araber sie selbst benützt, vielleicht aus sprachlicher Nachlässigkeit, während sich die Palästinenser in den besetzten Gebieten in Gesprächen auf hebräisch manchmal mit »die Araber von Jehuda, Schomron und Gaza« bezeichnen). Eine andere, weitverbreitete Bezeichnung ist »Minderheitsangehörige«, was dem Anschein nach den Tatsachen entspricht, jedoch dem obersten Prinzip huldigt, daß sie »sauber« ist, das Wort »Araber« umgeht (und jemand, der mit der Sprache Ende der 40er Jahre vertraut ist, weiß ganz genau, wie sich das in den Ohren der Araber anhört: wie ein Denkzettel, eine ständige Beleidigung). Übrigens: In den staatlichen Statistiken lautet die offizielle Bezeichnung für die Palästinenser in Israel »Nichtjuden«.

Die geläufigste Bezeichnung ist »der arabische Sektor«: wieder eine sozusagen neutrale Definition, die in den Ohren jedoch irgendwie wie die Beschreibung von etwas widerhallt, das von beiden Seiten häufig als eine Teilbezeichnung eines Gesetzerlasses skizziert wird. Bestenfalls würde jemand sagen: »das Minderheitenproblem«, oder das »Problem der Araber in Israel«. Und im allgemeinen hat der Sprecher dabei nicht den ganzen Komplex der Beziehungen im Auge, sondern ihren enggefaßten Sicherheitsaspekt.

Es gibt keine richtigen Bezeichnungen: es gibt nur Fachausdrücke, die von den militärischen, bürokratischen und juristischen Systemen geschaffen wurden, sterile Greifzangen, um damit etwas anzufassen, das man mit der Hand nicht zu berühren wagt.

Erst vor ungefähr vier Jahren, mit Ausbruch der Intifada, haben wir den Preis für diese Selbsttäuschung entdeckt. Seit '67 haben wir sukzessive aufgehört, neue Wörter zu finden, um unsere Herrschaft über die Araber in den besetzten Gebieten zu beschreiben. Je schlimmer die Situation wurde, desto weniger sprachen wir darüber, was dort geschah; unsere Kraft, neue Wörter zu finden, die der Wärme und Lebenskraft bedurft hätten, um die Situation wahrheitsgetreu wiederzugeben, erlahmte. Wir gaben den Dingen Decknamen, benützten beschönigende Worte.

Weil wir die Fähigkeit verloren, die richtigen Worte zu finden, erwachten wir eines Tages in einer Wirklichkeit, die schwer zu beschreiben ist. Israel übte sich in einem gelungenen Selbstbetrug, bis die israelische Armee nicht einmal mehr Pläne in der Schublade hatte, um mit den Massendemonstrationen fertig zu werden, und in den ersten Tagen der Intifada schwärmten ihre Beauftragten aus, um auf äußerst zweifelhaften Märkten Fangnetze, Gummi- und Steingeschosse einzukaufen, und was man sonst noch so alles braucht.

Wahrscheinlich muß jeder Staat, der ein anderes Volk erobert und unterdrückt, mit einem solchen Massenaufstand rechnen. Israel aber rechnete nicht damit, man wußte nicht, daß man besetzte, dachte nicht daran, daß man unterdrückte, und glaubte nicht, daß es dort ein Volk gab. Wir haben eine Lektion erhalten: Wenn man sich nicht unaufhörlich neue Fragen stellt, um dem zaghaften, trägen, zurückhaltenden Bewußtsein die problematische Realität aufzuzwingen, verschwindet sie aus dem Bewußtsein. Aber auch nur von dort.

Unser Sicherheitsminister Mosche Arens sagte einmal: »Es gibt keine Relation zwischen der Zeit, die die Regierung den Beratungen zum Thema der Araber in Israel widmet – vielleicht ein Promille der Sitzungen oder noch weniger –, und seiner Bedeutung. Es gibt auch keine allgemein durchgängige Haltung der Regierung in Israel, was ihre Politik den israelischen Arabern gegenüber anbelangt. Das hat seine Ursache in einer Mischung aus Unverständnis, Interesselosigkeit und mangelnder Bereitschaft.«

Der Dichter Michel Hadad aus Nazareth schrieb einmal, daß die Araber in Israel nach dem Krieg von 1967 entdeckten, daß sie ihr Leben nur »mit einer Lunge« bestritten. Dieser Vergleich hat auch für Israel seine Gültigkeit: In den Versäumnissen gegenüber den Arabern glich der Staat jemandem, der mit Hilfe seiner einen Lunge atmet und die andere verkümmern läßt. Nahezu ein Fünftel Israels wurde suspendiert, liegt »auf der Reservebank«. Wenn man die arabische Gesellschaft näher betrachtet, entdeckt man das eigentlich Selbstverständliche: Sie ist eine eigene Welt. Es verbirgt sich ein spezielles Vergnügen in dieser Begegnung mit ihr, die im Prinzip das kollektive Fremde darstellt, ein versiegeltes Paket, das zweifellos auch mit Vorurteilen, Stereotypen und Mißtrauen verschnürt ist, und da öffnet sich nun vor einem die Verpackung, und es sind Gesichter, Stimmen, Körperbewegungen, Schwächen, Schmerzen... Auch mir selbst bin ich begegnet, und nicht immer zu meiner Freude; den Grenzen meiner Toleranz dem Fremden und Andersartigen gegenüber; den Selbsttäuschungen und abstrusen Befürchtungen; der Versuchung, »wir« zu sagen, wenn man es nicht erträgt zuzugeben, daß man eigentlich »ich« meint.

Meist traf ich auf dieser Reise durch mein Land (die bisweilen tatsächlich eine Reise durch ein unbekanntes Land war) palästinensische Menschen, Frauen und Männer, die ich gerne überall in Israel sehen würde. Auch in der Regierung. Auch in der Armee. (Sicherheitsminister Mosche Arens initiiert zur Zeit eine solche Integration der christlichen Araber und strebt an, auch eine freiwillige Mobilisierung der Muslime zu erreichen.) In der Regierung? In der Armee? Hast du davor keine Angst? – Doch. Ich habe Befürchtungen. Wie vor Antritt einer großen Reise. Oder bevor man beginnt, ein neues Buch zu schreiben.

Ich habe Menschen getroffen, mit denen man einen Staat aufbauen kann. Sie kämen dem Staat Israel zugute, wenn sie ihm von ihrem Können, ihrem Verstand und ihren Begabungen, und auch von der speziellen kulturellen Note, die sie in unser westliches, technokratisches Leben bringen können, etwas abgeben würden. Wie kann ein an natürlichen Ressourcen so armes Land wie Israel auf einen so wichtigen Teil des »menschlichen Minerals« verzichten. Weshalb versperrt man Rima Othman, Tagrid Yunes, Said Zaidani die Wege ins Zentrum des Geschehens – dem Geschehen nicht nur im engen Umfeld ihrer Gemeinde, sondern in seiner ganzen israelischen Aktionsbreite? Sicher: In der arabischen Bevölkerung gibt es – wie auch in der jüdischen – Leute, die keine »nützlichen Bürger«, manchmal sogar eine Belastung sind. Aber diese Belastung bürdet sich der Staat in jedem Falle auf. Weshalb soll er nicht die Vorzüge nutzen, die ihm die anderen bieten können – und wollen?

Wie gesagt, man darf die objektiven Gegebenheiten, die zu dieser besonderen Situation geführt haben, nicht ignorieren. Seit einigen Jahren jedoch herrschen im Staat und im Land neue Bedingungen; Juden wie Araber sind von der Realität aufgerufen, das Potential, das in ihnen steckt, zu nützen – aber wir sind immer noch Gefangene unserer alten Anschauung. Unsere Kraft ist erlahmt.

Auf vielen Wegen, offen und versteckt, hat der Staat Israel

seine Minderheit suspendiert und versperrt ihr – wie sich selbst – die Chance einer Eingliederung, einer gegenseitigen Befruchtung: wenn zum Beispiel von 5100 festangestellten Dozenten an den Universitäten nur zwölf Araber sind; wenn von den circa 13 000 Beschäftigten in den wichtigsten Ministerien nur fünf Prozent Araber sind; wenn unter den ca. 400 Staatsanwälten im Justizministerium kein einziger Araber ist; wenn an der Spitze der Abteilung für islamische Angelegenheiten im Religionsministerium immer noch ein Jude steht; wenn in die Beraterkommission des Regierungsoberhauptes, die zwanzig Mitglieder hat, erst Ende '91 das erste arabische Mitglied aufgenommen wurde; wenn im Medienrat kein einziger Araber ist, was bedeutet, daß die Araber keinerlei Einfluß auf den politischen Kurs in den Medien haben; wenn der Leiter des arabischen Radioprogramms ein Jude ist; wenn in den Augen der nationalen Versicherung ein jüdisches Kind aus einer kinderreichen Familie zwei arabische Kinder »aufwiegt«, wenn all das hier geschieht – was wird hier dann noch geschehen...

Verhält sich Israel so, weil das angeblich der richtige Weg zur Verwirklichung seiner Ziele ist, oder einfach nur, weil es keine Kraft hat, einen anderen Weg zu suchen? Manchmal scheint es, als sei in dem jüdisch-israelischen Gen, in der langen Erinnerungsreihe von Verfolgung, Pogromen, Ritualmordanklagen und Massenvernichtung, die Möglichkeit einer anderen Verhaltensweise gegenüber jemandem, der gefährlich sein könnte, nicht einprogrammiert, auch wenn dessen Handlungsweise im Verlauf von fast fünfzig Jahren das pure Gegenteil bewiesen hat.

Es ist verständlich, daß Israel in seinen engen Grenzen das Gefühl hat, nur aus einer einzigen Grenze zu bestehen, sich in einem permanenten Belagerungszustand zu befinden, in dem das »ganze Volk eine Armee« ist, aber gegen diese Denkweise dürfen wir wohl – endlich – zu revoltieren beginnen: Gerade weil sich weite Bereiche unseres Lebens in jeder Hinsicht so nahe der Grenze abspielen, müssen wir dafür kämpfen, uns in dem wenigen »grenzfreien« Raum ein Leben einzurichten, das uns weiten seelischen und geistigen Spielraum und die Selbstbefreiung von ein paar rostigen Panzern einräumt, ein Leben, in dem man der Andersartigkeit des Nächsten, die nicht notwendig als feindlich empfunden werden muß, großzügig und tolerant begegnen kann.

Ich schreibe diese Zeilen am 1. Dezember 1991. Heute vor fünfundzwanzig Jahren endete die Militärherrschaft, der die Araber in Israel seit 1948 unterworfen waren. Zur Zeit der Militärverwaltung war das Land in Distrikte aufgeteilt, an deren Spitze jeweils ein Militärgouverneur mit nahezu unbegrenzten Vollmachten stand: er war befugt, Ausweisungen vorzunehmen, Besitz und Land zu beschlagnahmen, Ausgangssperren zu verhängen, Häuser zu sprengen und Verkehrsbeschränkungen anzuordnen. Um zum Beispiel von Ramalla nach Tel Aviv zu gelangen, mußte jemand mit einer speziellen Genehmigung ausgerüstet sein, die nach Gutdünken vom Distriktkommandant erteilt wurde, oder auch nicht. Und wenn sie erteilt wurde, war seitens des Empfängers im Austausch dafür eine Geste »guten Willens« erforderlich. Die Bewilligung einer Fahrerlaubnis, Baugenehmigung oder eines Zeugnisses war von einem Loyalitätsnachweis den Behörden (sprich: den Sicherheitskräften) gegenüber abhängig. Ist es heute noch vorstellbar, daß es den Drusen erst im Jahre '62 erlaubt wurde, sich frei im Land zu bewegen? Daß erst '63 das Nachtfahrverbot für Araber in den Distrikten aufgehoben wurde?

Wieviel Ängste, Mißtrauen und Haß flossen während der Dauer dieses Regimes, das die volle Gewaltherrschaft über jeden Augenblick, jede Handlung und jedes Wort im Leben der Araber im Land hatte, in die Argumentation seiner Parteigänger mit ein! Als das Militärregime aufgelöst wurde – traf keine von all den finsteren Prophezeiungen über ein Zusammenbrechen der Sicherheit ein. Im Gegenteil: Die Aufhebung der strengen Kontrollen nahm den Druck von beiden Teilen der Bevölkerung und entlastete die getrübten Beziehungen ein wenig. Ich bin sicher, daß viele von uns heute die Position gerne vergessen möchten, die sie damals bei den nicht enden wollenden Diskussionen in dieser Frage einnahmen – ob sich Israel eine Aufhebung des Militärregimes erlauben konnte.

In den letzten Monaten habe ich – aus dem Munde israelischer Juden – unablässig den Seufzer vernommen: »Aussichtslos: Verzichten wir auf die Palästinenser in den besetzten Gebieten, errichten wir dort einen Palästinenserstaat, aber selbst wenn Israel die Araber innerhalb des Landes noch so vernünftig und gleichberechtigt behandelte, sie würden nach einiger Zeit immer noch ihr Leben in einem Rahmen leben wollen, der sie nicht auf die Definition von Nicht-Juden beschränkt. Und dann wird es hier, innerhalb des Staates, zu einem neuen Aufstand kommen, bei dem die Autonomie gefordert wird. Und da das sowieso nicht zugelassen wird, weshalb sollte sich Israel dann dermaßen anstrengen und alles umkrempeln, um die Lebensbedingungen seiner potentiellen Feinde zu verbessern?«

Es stimmt: Es liegt in der Natur des Menschen, in der Natur eines Volkes, soweit wie möglich über seine eigenen Angelegenheiten bestimmen zu wollen. In der ganzen Welt wird das momentan von nationalen Minderheiten angestrebt, und wenn die Palästinenser in Israel auch aus verschiedenen Gründen noch außerhalb dieses »Frühlingserwachens« stehen, ist es durchaus möglich, daß auch sie einmal ihr Leben als autonome nationale Minderheit führen wollen.

Zunächst einmal muß gesagt werden, daß die Rufe danach momentan noch sehr vereinzelt sind. Vielleicht ist es nur eine taktische Warteposition, man kann darin jedoch auch den dezidierten Ausdruck einer nüchternen Akzeptanz der Tatsache sehen, daß die Palästinenser ihr Leben im Staat Israel führen und in ihm für Gleichberechtigung kämpfen werden.

Heute herrscht Israel über circa 2,5 Millionen Araber zu beiden Seiten der grünen Linie, deren Existenz von der Regierung abgeleugnet wird, und gleichzeitig wendet man gegenüber der eigenen Minderheit auf nahezu allen Gebieten ein diskriminierendes System an. Was beklagen wir uns da über die Araber in unserer Mitte, die sich selbst immer weniger als Staatsbürger und immer mehr als rechtloses, benachteiligtes Volk betrachten, das sich aus diesem Zustand befreien möchte?

Eine entschieden andere Postion würde Israel angesichts separatistischer Bestrebungen einnehmen, wenn es sich dabei um eine arabische Minderheit (mit vielerlei Rechten) handelte, die mit einem bunten Spektrum der Ausdrucksmöglichkeiten und der Selbstverwirklichung ausgestattet und mit den Eliten im Staat verknüpft wäre, an der Festlegung seines Charakters Anteil nähme und für seine Entscheidungen mitverantwortlich wäre – und trotzdem und dennoch nach einer Autonomie verlangen würde.

Das überzeugt mich nicht, würde der Gesprächspartner sagen: Schau Jugoslawien an. Dort herrschte lange ein vernünftiges Gleichgewicht zwischen den verschiedenen Bevölkerungsgruppen. Es gab Spannungen, aber jede Gruppe hatte ihre Ausdrucksmöglichkeiten, alle waren gleichberechtigt (oder alle gleichermaßen nicht-gleichberechtigt), und es gab einen Austausch zwischen den Eliten. Und trotzdem, schau, was jetzt dort passiert. Und hier, bei uns...

Darauf kann ich nur unter einer Voraussetzung antworten: daß man im Nahen Osten sehr bald zu einer Friedensordnung kommt, wenigstens zwischen Israel, den Palästinensern und Jordanien. Wenn ein solches Abkommen nicht zustande kommt, wenn die gegenwärtigen Verhandlungen enden, ohne dem palästinensischen Volk wirkliche Rechte und vor allem das Recht auf Selbstbestimmung zuzugestehen – wer weiß, wo das hinführen wird.

Aber nehmen wir einmal an, es kommt eine Regelung zustande, und nach ein paar Jahren der Autonomie und der Errichtung eines Palästinenserstaates würden sich auch die Palästinenser mit israelischem Paß separieren wollen – wie würde Israel auf eine solche Herausforderung reagieren? Das ist die eigentlich entscheidende Frage, die viele von uns davon abhält, sich der Bürde von Mißtrauen und Feindschaft zu entledigen, selbst wenn sie das wollen. Mir scheint, daß die Gespaltenheit innerhalb Israels bezüglich der besetzten Gebiete zum Teil daher rührt, daß sich im Bewußtsein der meisten Juden in Israel »die Gebiete« nicht mit der israelischen Identität decken. Die israelische Identität der meisten jüdischen Israelis reicht bis zur grünen Linie. Jenseits davon ändert sich der Charakter dieser Identität: entweder sie erkaltet und erlahmt, oder sie verwandelt sich in übertriebene Begeisterung. Es ist eine Tatsache, daß es bis heute, fünfundzwanzig Jahre nach dem Sechs-Tage-Krieg, schwierig ist, in Israel einen Konsens zum Beispiel über die Idee einer Annektierung der Gebiete, geschweige denn über ein Friedensabkommen herzustellen.

Man darf annehmen, daß ein Verzicht auf die besetzten Gebiete die israelischen Juden auf das authentische Gebiet ihrer Identitätserfahrung, der echten israelischen Empfindung der Neuzeit zurückführen würde. Es gäbe zum ersten Mal seit Jahren wieder eine Deckung zwischen den Grenzen von Staat und Identität. Man kann nicht sagen, daß dies dann die Grenzen einer »nationalen Übereinkunft« wären, denn ein solcher Rückzug wäre für viele inakzeptabel, aber in diesen neu-alten Grenzen würde die Empfindung einer inneren Berechtigung der jüdischen Mehrheit in Israel zweifellos bestärkt werden.

Die Palästinenser konnten unser Recht, sie zu beherrschen, deshalb mit solcher Entschlossenheit ins Wanken bringen, weil uns in unserem tiefsten Inneren der Glaube daran fehlte. Unsere Identität füllt die Grenzen der »grünen Linie« des Staates Israel mit vollem Nachdruck aus, dort besitzt sie auch ihre moralische Stärke – und dort ist die kollektive Botschaft, die von uns ausgestrahlt wird, eindeutig.

Wenn zusätzlich zu dem äußerlichen, dem geographischen Wandel auch ein kognitiver bezüglich des Platzes der palästinensischen Bürger in der Gesellschaft einträte, wenn es zu einer Verinnerlichung der Tatsache käme, daß sie gleichberechtigte Partner sind, wenn den Palästinensern ein vermehrtes Maß an Autonomie in Bereichen zugelassen würde, die die Herrschaft des Staates nicht erschüttern (Erziehung, Kultur, Religion, gemeindliche Aufgaben, Medien etc.), wenn sich in Israel eine geläufige kulturelle Koexistenz entwickeln würde und man arabische Bürger in jedem Ministerium, jeder Institution, jeder Zeitungsredaktion, jedem Lehrerzimmer im Lande finden könnte, dann könnte sich die Mehrheit im Lande (und ich schließe hier Juden und Araber mit ein) mit Recht gegen den Separatismus entscheiden. Die gleiche Mehrheit würde auch ein Gegengewicht gegen den passiven Isolationismus bilden, gegen die »anwesende Abwesenheit«, die – in letzter Konsequenz – ebenfalls zerstörerisch für einen Staat ist. Eine echte Chancengleichheit würde nicht nur die Juden, sondern auch die Palästinenser in Israel auf die Probe stellen: Wie steht es wirklich mit ihrer Bereitschaft, sich emanzipiert in die israelische Gesellschaft einzugliedern? Inwieweit sind sie bereit, aus dem Zustand der Zwischenzeit auszubrechen und in eine Gegenwart und Zukunft einzutreten? In welchem Maße würden sie bereit sein, Verbundenheit und Zugehörigkeit zu empfinden, wenn ihnen der Staat weitgehende Gleichstellung garantierte und mit Achtung behandelte?

Sicher würde eine Lösung des Palästinenserproblems in den besetzten Gebieten das Dilemma der Identität bei den Palästinensern in Israel um vieles leichter machen. Aber es wäre ein Fehler, darauf zu warten, bis die Friedensverhandlungen abgeschlossen sind. Ein Ende der Besetzung kann sich noch Jahre hinziehen, und gerade deshalb muß die spezielle Situation der Araber in Israel jetzt, auch in den Friedensgesprächen, aufgegriffen werden: Jede Übereinkunft, die mit den Palästinensern getroffen wird, muß umfassend und endgültig sein, alle Grenz- und Landkonflikte müssen damit vollständig geregelt und alle Forderungen und Unklarheiten zwischen den beiden Völkern ausgeräumt werden.

Es wird Leute geben, die ein solcher Vorschlag alarmieren wird: Was für Ideen setzt du ihnen da in den Kopf, und das auch noch auf dem Höhepunkt der Verhandlungen?! Was gibt es hier überhaupt zu debattieren, es handelt sich schließlich um israelische Bürger! Schlägst du vielleicht vor, auf die Übereinkünfte zu verzichten, die schon vor Jahren erreicht wurden? – Und trotzdem: Hunderte Stunden von Gesprächen haben in mir das Gefühl gefestigt, daß jetzt der Augenblick dafür gekommen ist, auch die Frage der israelischen Palästinenser offen zur Diskussion zu stellen, daß es nun ganz entschieden im Interesse Israels liegt, dies jetzt zu tun, solange wir noch am Zug sind, und nicht, zu glauben, daß alles von selbst eine Lösung finden wird – nichts wird von selbst eine Lösung finden.

Wenn der Frieden zustande kommt, werden die Beziehungen der beiden palästinensischen Volksteile um vieles enger werden. Es ist möglich, daß diejenigen Palästinenser, die – nach Abschluß des Friedensprozesses – in Israel leben, palästinensische Pässe haben werden und das palästinensische Parlament wählen können. Es kann eine Situation entstehen, die nicht weniger kompliziert ist als die gegenwärtige, und nur kühnes Denken (und nicht das eines Volkes im Belagerungszustand, nicht ein nur defensives Denken in der Tradition von Exil und Minderheit) kann ein dynamisches Beziehungssystem erzeugen, das die israelischen Staatsbürger allmählich von der Freund-Feind-Mentalität befreien wird.

Können wir glauben, daß Israel versuchen wird, eine gemeinsame staatsbürgerliche Identität mit jenen zu formen, die ein Teil der verfeindeten Familie sind? Ein solch entschiedenes Umschwenken bedarf gewaltiger, fast übermenschlicher Anstrengungen. Ob es Israel gelingt, diese Kräfte zu mobilisieren? Oder besser sollte man fragen: Begreifen wir wirklich, was es bedeuten würde, wenn die Nahostgespräche scheiterten?

Wir sind keine Gäste im Nahen Osten. Wir bedürfen auch

keiner ausdrücklichen Genehmigung oder Zustimmung der arabischen Länder für unsere Existenz hier – wir haben sie ohnehin nie erhalten. Aber in den Dingen, die ich gehört und auf diesen Seiten wiedergegeben habe, in den gesenkten Blicken waren die unsichtbaren Verbindungen sehr deutlich zu spüren, die wir immer wieder mit einer überstürzten Bewegung oder mit Roheit oder einfach nur Gleichgültigkeit zerrissen haben. Es wird viel Klugheit unsererseits erforderlich sein, um unsere Situation und unsere Beziehungen zu verbessern und endlich ein Teil der Region zu werden.

Ich kann nicht schließen, ohne noch etwas zu erzählen, das vielen israelischen Juden vielleicht nicht bekannt ist und in meinen Augen auf schmerzliche und grausame Weise ein Licht auf die Zustände wirft, um die sich dieses Buch dreht:

»Es gibt keinen Araber, der sich nicht vorstellen kann, wie sie ihn ausbürgern, und ich bin auch nicht frei von dieser Angst«, sagte der Chirurg Dr. Nazir Yunes zu mir. »Ich habe das die ganze Zeit im Hinterkopf: entweder wird man uns an die Wand drängen, und ich werde hier nichts mehr zu tun haben, oder sie tun mir das physisch an, bringen mich zur Grenze, zu Fuß, mit einem Lastwagen, und sagen zu mir – raus! Was wundert dich das so?«

»Wovon sprichst du eigentlich?« erwiderte ich wütend und ein wenig erschrocken. »Wie kannst du glauben, daß so etwas überhaupt möglich ist. Wer würde so etwas zulassen? Von außen wie von innen her würden wir einen solchen Versuch nie zulassen!« Yunes lächelte traurig und schüttelte seinen schweren Kopf: »Die Leute, die sich das auf die Fahnen geschrieben haben, haben genügend Erfahrung damit... Sie haben diese Methoden an uns bereits ausprobiert – und zwar mit Erfolg.«

Ich dachte, daß er übertrieb, daß er eine ganz persönliche und individuelle Furcht zum Ausdruck brachte, ich war sogar beleidigt, solche Dinge aus dem Munde Yunes' zu hören, der in meinen Augen ein Beweis für die Möglichkeit war, die Idee einer gemeinsamen israelischen Staatsbürgerschaft zu realisieren. Aber dann, bei den vielen anderen Begegnungen, die ich mit einfachen und mit gebildeten Leuten hatte, mit Alten wie mit Kindern, klang immer wieder das drohende Echo einer Ausbürgerung an, und ich spürte die Angst. Es war erstaunlich und bedrückend, was meine Gesprächspartner an technischen Fachausdrücken und praktischen Details parat hatten: wie man sie holen, wohin man sie bringen, womit man sie befördern würde. Viele waren sich zum Beispiel sicher, daß das Friedensabkommen ein Tauschgeschäft mit sich bringen würde: Die Araber würden aus Israel in den neu errichteten Palästinenserstaat abgeschoben werden, und in ihre Dörfer und Häuser im Galil, im Wadi Ara und im Negev würden die Siedler gebracht, die aus den »Gebieten« evakuiert worden wären. Ein Mann, der darum bat, nicht genannt zu werden, ein bedächtiger und eindrucksvoller Mensch, erzählte mir, daß er seit Jahren auf allen Straßen im Land zwanghaft auf eine bestimmte Art Militärlaster achtete, um erraten zu können, »wieviel es davon in Israel schon gibt und ob es schon reicht«.

Seitdem denke ich immer wieder darüber nach: daß Menschen, die ich kenne, Bürger wie ich, unter einem solch grauenhaften Alptraum leben. Heute, im nachhinein, bin ich nicht mehr so sicher, ob der Zorn, den ich Dr. Nazir Yunes gegenüber zum Ausdruck brachte, nicht etwas übertrieben war und dazu diente, um (vor mir selbst) die Tatsache zu kaschieren, daß ich irgendwo, ganz tief im Innersten, wußte, daß seine Angst nicht völlig aus der Luft gegriffen war. Wer weiß, welch hinterhältigen Gebrauch viele von uns von dieser Furcht der Araber machen, um ihr Problem nie offen zur Diskussion stellen zu müssen?

Als der Mann von den Lastwagen sprach, die er zählte, dachte ich in meinem Inneren: hier, in meinem Buch, das jetzt geschrieben wird, gibt es den Willen, dir hier einen Platz einzuräumen, auch wenn ich nicht immer weiß, wie das konkret aussehen soll; und mein Empfinden ist das genaue

Gegenteil von dem Gedanken an eine Ausbürgerung. Es ist ein Versuch, euch, den Arabern in Israel, endlich einen Platz im israelischen Leben einzuräumen; euch an den Platz zu stellen, der euch mit uns, den Juden in Israel, bestimmt ist, und der uns vor etwa vierundvierzig Jahren aufgezwungen wurde und seitdem starr und deformiert geblieben ist, wie eine harte Kruste, die aufgebrochen und wieder zusammengewachsen ist; jede unvorsichtige Bewegung droht sie ein zweites Mal aufbrechen zu lassen, und der Körper hat sich selbst beigebracht, sich zu bewegen, ohne daß das passiert. Es ist der Platz, an dem wir uns alle zusammen aufhalten, und an diesem Platz könnte auch das erste Gespräch über all das beginnen, was wir uns über vierzig Jahre lang angetan und was wir vor uns verheimlicht haben. In meinen Augen ist dieses Buch – der hebräische Vorschlag, diesen Platz zu betreten und zu beginnen.